浙江省重点教材建设项目
21 世纪高职高专规划教材·国际经济与贸易系列

进出口单证实务（第二版）

主　编　芮宝娟
副主编　齐朝阳　朱惠茹　张娴

中国人民大学出版社
·北京·

第二版前言

《进出口单证实务》自2010年出版以来，得到了广大高职高专院校任课教师和学生的欢迎与支持，在教学中发挥了积极作用。此次修订，在征集了高职高专院校的教师以及广大读者在使用第一版教材中发现的问题及意见的基础上，针对我国近两年来在外贸方面出台的新政策，进行了与时俱进的修改。

本次修订对原书的基本框架未作大的调整，主要针对近年来变化较大的产地证内容进行了修改和补充，新增了2010年以后国家实行的中国—秘鲁自由贸易区优惠原产地证明书、中国—哥斯达黎加自由贸易区优惠原产地证明书和ECFA原产地证书三类区域产地证，同时补充了CEPA原产地证书的相关内容，并删除了已经取消的输欧盟纺织品产地证的相关内容。此外，根据我国国家外汇管理局发布的2012年第1号公告（2012年8月1日开始的货物贸易外汇管理制度改革）的相关政策，在相应的项目任务中进行了补充。

本书第一版出版以来，许多高职高专院校的教师向我们反馈了在使用本书过程中的感受，在充分肯定编写体系和内容编排方面的优点的同时也指出了缺点，在此表示衷心的感谢，并希望今后继续得到他们对本书的支持。虽然我们确信第二版较第一版有明显的改进，但随着我国在外贸改革方面不断出台新政策，本书肯定存在不足和需进一步改进之处，我们欢迎广大读者提出批评，不吝赐教。

编者

第一版前言

根据教育部《关于加强高职高专教育教材建设的若干意见》的要求，本着“理论知识够用为度”和“加强实践教学环节、注重学生职业能力培养”的指导思想，以及“细化教学目标为应知、应会目标”的原则，我们编写了这本《进出口单证实务》教材。在编写体系上，以职业能力为本位，以工作过程为导向，通过知识支撑、工作任务实训（任务情境、工作任务、任务实施）以及训练测试题目三部分内容来实现学生的边学边练，强化学生的实际操作能力和应用能力。

在内容结构上，本书根据外贸业务实践中的出口和进口两个环节分为出口单证操作和进口单证操作两篇。出口单证操作篇以 CIF 贸易术语、信用证结算方式下一笔交易的单证流转为主线，根据外贸公司单证员的工作过程分为信用证的审核与修改、海运出口货物的托运、出口货物报关等 8 个项目共 15 个工作任务；并以电汇和付款交单两种结算方式相结合的合同项下主要议付单据制作为辅线，从另一个角度介绍了汇付（托收）项下与信用证项下的制单方式的差异；在项目 10 中还介绍了其他一些常用单据如空运订舱委托书、航空货运单、船公司证明、价格单、生产过程证明等的缮制方法。在进口单证操作篇，根据进口单证的流转分为进口批件的申领、开证申请书的填制等 5 个工作项目。

本书结构新颖、内容完整、业务翔实、实例丰富。全书由芮宝娟担任主编，负责提纲拟订、修改、编纂和定稿。具体编写分工如下：芮宝娟编写绪论、第一篇的项目 9 和第二篇，齐朝阳编写第一篇的项目 1、2、3、4、7 以及训练测试题目，朱惠茹编写第一篇的项目 5 和项目 10，张娴编写第一篇的项目 6，李宏亮编写第一篇的项目 8。

为方便学生学习，我们还编写了相关综合训练题，读者可登陆 http：//www.crup.com.cn/jiaoyu，输入书名即可找到。

在本书的编写过程中，浙江省东方集团轻工业品进出口有限责任公司的王洁小姐、吴岚小姐、陈力先生，中远上海有限公司穆黎寅先生，杭州瑞茨贸易有限公司的沈燕小姐，浙江三星纸业股份有限公司的凌洁婷小姐，杭州中远报关有限公司的姜勇先生和杭州万事利进出口公司的吴月娥小姐不仅为教材提供了第一手的企业实例，也对教材的编写提出了宝贵的意见，在此向他们表示衷心的感谢。

由于编者水平有限，书中定有不少疏漏和不妥之处，恳请广大读者批评指正。

编者

2010年2月

目录

绪论

一、外贸单证的含义

外贸单证是指外贸进出口业务过程中使用的单据、文件与证书，买卖双方凭借这些单据、文件与证书来处理货物的交付、运输、保险、商检、报关、结汇等工作。狭义的单证主要指单据和信用证，广义的单证则指各类文件和凭证。

《跟单信用证统一惯例》（以下简称《UCP600》）第 5 条规定："银行处理的是单据，而不是单据可能涉及的货物、服务或履约行为。"可见，单证在现代国际贸易结算过程中（尤其在信用证结算方式下）具有非常重要的地位。

二、外贸单证工作的重要性

单证工作贯穿于进出口业务中的销售、进货、运输和收汇的整个过程，具有工作量大、时间性强、涉及面广的特点，因此，单证和单证工作在国际贸易业务中发挥着重要的作用。

（一）单证是国际结算的基本工具

国际贸易活动是国与国之间的商品买卖，是货物与货币的交换。但买卖双方处在不同的国家、地区，商品与货币不能简单地直接交换，而必须以单证作为交换的凭证。因此，国际货物买卖又称为单据买卖。例如，在信用证结算方式下，卖方凭与信用证要求完全一致的全套单据来收取货款，因此正确缮制各种单证，以保证交货后能及时地收回货款就显得十分重要。

（二）单证是履行合同的证明

单证具有证实出单人（或签发人）业已履行合约或满足信用证某项要求的作用。如在象征性交货的贸易术语下，卖方凭单交货，买方凭单付款，卖方只要提交符合合同或符合信用证规定的与货物有关的单据就算完成交货义务，而买方的付款则是以卖方提交信用证或合同规定的货物单据为前提的。

（三）单证工作是企业经营管理的重要环节

单证是为贸易全过程服务的，贸易合同的内容、信用证条款、货船衔接、审证改证、交单议付等业务管理的问题，最后都会在单证工作中反映出来。单证工作是外贸企业经营管理中一个非常重要的环节，单证工作组织管理的优劣直接关系到外贸企业的经济利益。

（四）单证工作是政策性很强的涉外工作

单证工作是一项政策性很强的涉外工作，体现着平等互利和按国际惯例办事的政策精神。外贸单证为涉外商务文件，必然体现国家的对外政策，因此必须严格按照国家有关外贸的法规和制度办理。例如，进出口许可证关系到国家对某些出口商品的计划管理，甚至还会涉及两国之间的贸易协定。外贸单证作为收汇的依据，当发生贸易纠纷时，又常常是处理争议、解决索赔的依据和法律文件。又如，货物在运输途中受损，被保险人向保险公司提出索赔，保险单就是赔偿的凭证；如关系到赔偿额的计算问题，发票就是赔偿的依据；如属于承运人的责任，向承运人索赔，提单或其他运输单据就是处理索赔的依据；如因货物品质发生争执，品质检验证书就是处理纠纷的依据。

三、单证制作的基本要求

外贸单证制作的质量如何，直接关系到企业能否安全顺利结汇，所以，单证不可随意缮制，必须符合商业法规、国际惯例和实际需要。因此，外贸单证的制作必须做到：正确、完整、及时、简明、清晰。

（一）正确

正确是单证工作的前提，单证不正确就意味着不能安全结汇。

在制单过程中要做到正确，包括两个方面的内容：一方面要保证各种单据必须做到“三相符”，即单据与信用证相符、单据与单据相符、单据与贸易合同相符；另一方面则要求各种单据必须符合有关国际惯例和进口国的有关法令与规定。信用证结算方式下，从银行角度来说，它们只控制“单证相符”和“单单相符”；从外贸出口企业角度来说，除以上三个“相符”外，还有一个“单货相符”需要严格控制，只有这样，单证才能真实代表出运的货物，才能确保正常履约，安全收汇。

在跟单托收业务中，对单据的要求虽然不像信用证那样严格，但如果不符合买卖合同的规定，也有可能使进口商找到借口，拒付货款或延付货款。

（二）完整

完整是指全套单证必须完整无缺。单证完整主要包括三层意思：一是单证种类完整，即单证在通过银行议付或托收时，一般都是成套、齐全的，而不是单一的。遗漏任何一种单证，就是单证不完整。二是单证内容完整，即每一种单证本身的内容（包括单证本身的格式、项目、文字和签章、背书等）必须完备齐全，否则不能构成有效文件。三是单证份数完整，即出口商提供的各种单证，要按信用证或买卖合同的要求和惯例如数交齐，不能短缺。

（三）及时

外贸单证工作的时间性很强，各种单证都要有一个适当的出单日期。及时出单是指各种单证的出单日期必须合理可行（如信用证结算方式下，必须紧紧掌握信用证的装运期、有效期、交单期），并保证各种单证的出单日期及交单日期符合实际的操作顺序。

（四）简明

单证的内容要力求简化，力戒烦琐。单证的内容应按合同或信用证的要求和国际惯例填写，力求简明，切勿加列不必要的内容，以免画蛇添足。简化单证不仅可以减少单证人员的工作量，提高工作效率，而且有利于提高单证的质量和减少单证的差错。

（五）清晰

清晰是指单证表面要清洁、美观、无涂改，单证的各项内容清晰易认，记载简洁明了。清晰主要体现在：一是单证的格式设计和文字使用力求标准化、规范化；二是单证内容的排列要行次整齐、主次有序、重点项目突出醒目，字迹清晰，语法通顺，用词简明扼要、恰如其分；三是如有更改，则更改处一定要盖校对章或校签，如果更改处较多，则应重新缮制单证。

四、外贸单证的流转程序

（一）出口单证的流转程序（以L/C、CIF贸易术语为例）

1. 信用证的审核与修改

（1）来证登录。

信用证一般由出口国的银行（通知行）传递给出口企业。出口企业收到信用证后必须立即做好登录，登录的内容主要有信用证号码、合同号码、开证申请人、开证行、总金额、装运期、信用证有效期等，以便查考和管理。

（2）信用证的审核。

信用证的审核应以合同为基础，参照《UCP600》来进行，必须对信用证的全文和附件以及证实书等，从头到尾、上下前后、逐条、逐字地进行仔细审核，并结合外贸业务实际情况加以审核。如果信用证有附件或证实书、修改书等文件，要与原证对照，对这些相关文件进行同样细致的审核，并执行最终有效的条款。

（3）信用证的修改。

信用证在审核过程中，如发现有问题，应及时通知国外客户通过开证行进行修改。

2. 出口单证的缮制程序

（1）缮制商业发票和装箱单。

发票是所有单据的核心单据，其他单据的主要内容都是根据发票制作的，所以缮制发票时一定要符合信用证、合同的规定，同时还要与交货情况一致。L/C 要求提供的文件中，对商业发票要求最严格。发票的日期要确定在开证日之后、交货期之前。发票中的货物描述要与 L/C 上的完全相同，小写和大写金额都要正确无误，信用证对发票的填制要求应显示出来。如果发票需办理对方大使馆认证，一般要提前 20 天办理。有时一批出口商品有多个品种，包装情况又很复杂，而信用证没有要求在发票上详细列明，则可以在装箱单上补充列明。装箱单应清楚地表明货物装箱情况，要显示每箱内装货物的数量，每箱的毛重、净重、外箱尺寸。按外箱尺寸计算出来的总体积要与标明的总体积相符。要显示唛头和箱号，以便于客户查找。装箱单的重量、体积要与提单相符。

（2）缮制商检申请书并报检。

凡属于法定检验的商品，在出口前必须由出入境检验检疫机构实施强制检验。这类商品出口时，出口企业应在报关前先行报检。

不属于法定检验的出口商品，如果合同、信用证中没有要求商检，则不必报检。

（3）缮制出口托运单并办理托运手续。

在贸易条件是由出口方办理运输时，出口企业在备货的同时，就要根据具体情况办理托运工作。根据合同中的运输条款，按照不同的运输方式办理不同的托运手续，缮制不同的托运单。

在 CIF 或 CFR 条件下，租船订舱是卖方的主要职责之一。出口货物数量较大，需要整船载运的，则要办理租船手续；出口货物数量不大，不需要整船载运的，可洽订班轮或租订部分舱位运输。

租船订舱的简单程序为：

1）出口商委托货代公司办理托运手续，填写托运单（Shipping Note），亦称“订舱委托书”，递送货代公司作为订舱依据。

2）货代公司收到托运单后，审核托运单，确定装运船舶后，将托运单的配舱回单退回，填写全套装货单（Shipping Order），然后由货代公司代表出口商作为托运人向船公司办妥货物托运手续。

3）货物经海关查验放行后，即由船长或大副签收“收货单”（又称大副收据，Mate's Receipt）。收货单是船公司签发给托运人的表明货物已装妥的临时收据。托运人凭收货单向船公司交付运费并换取正本提单。

（4）缮制出口货物报关单并报关。

报关是指进出口货物装船出运前，向海关申报的手续。按照《中华人民共和国海关法》（以下简称《海关法》）的规定：凡是进出国境的货物，必须经由设有海关的港口、车站、国际航空站进出，并由货物的收发货人或其代理人向海关申报，经过海关放行后，货物才可提取或者装船出口。当前，我国的出口商在办理报关时，必须填写出口货物报关单，必要时还需提供出口合同副本、发票、装箱单或重量单、商品检验证书及其他有关证件，向海关申报出口。根据我国海关规定，一般货物在出运的24小时前报关，集装箱货物可于出运的前3天报关。报关时，凭报关单向海关申报，海关验明货物无误后，商品才可以装上运输工具出运。

（5）缮制运输单据。

在CIF或CFR条件下，出口企业在收到外运或外代公司的配舱回单后，就应该按信用证和其他有关规定缮制提单。由于提单非常重要，所以各项目的填制都必须符合信用证、合同的要求。缮制完毕，即送外运或外代公司，由该公司在货物装运完毕后，根据大副收据签发正本提单，交出口企业。

（6）缮制投保单并投保。

出口商品的投保手续一般都是逐笔办理的。投保人在投保时应将货物名称、保额、运输路线、运输工具、开航日期、投保险别等一一列明。有些进出口公司同保险公司的业务量较大，为简化手续，一般不填写投保单，而是利用出口货物明细单或货物出运分析单等替代投保单，保险公司接受投保，签发保险单或保险凭证。

（7）发送装运通知。

出口商在开船后几天之内，要通知客户发货的细节，包括船名、航班次、开船日、预计抵港日、货物及数量、金额、包装件数、唛头、目的港代理人等。有时L/C要求提供发送证明，如传真报告书、发函底单等，应在客户要求的时间内办理。

（8）审单。

各种单据缮制完后，出口企业应进行审核。审单的基本要求是确保“单证一致，单单一致”。

（9）交单、议付、结汇。

交单是指出口企业将审核无误的单证按所需的份数及时送交有关银行。议付是指议付行在保留追索权的条件下，购买信用证受益人出具的汇票及所附单据。结汇是指银行在审单后，将汇票与单证寄交进口方开证行或指定付款行，向其索款，待款到后，出口企业按银行牌价将外汇货款结售给银行，银行将人民币结付给出口企业。至此，才履行完一个合同的所有环节，达到出口创汇的目的。

出口企业交单的基本要求是：单证齐全完整、提交及时。

（10）改单。

出口企业交单后，银行进行审单，如发现单证有错，则将单证退回，出口企业应及时进行改单，不可拖延。如果进口方开证行或付款行审单后，拒付或退回要求更正的单证，应立即查明原因并及时解决。

（11）单证的留底和保管。

所有出口单证，尤其是议付单证，必须有一套副本留底存档，以备改单和查阅。

（二）进口单证的流转程序（以L/C、FOB贸易术语为例）

1. 进口许可证的申领

如果进口的商品属于国家进口贸易管制的范围，则在开立信用证前，必须先向指定的发证机构申领进口许可证。

2. 开证申请书的填制

许可证申领完后，以信用证为付款方式的进口合同，进口企业要在合同规定日期内向银行申请开立信用证。

3. 办理订舱手续

如果合同是以 FOB 贸易条件签订的，进口企业要负责安排运输工具，即办理租船订舱，填制订舱委托书。

4. 办理预约保险手续

根据买卖合同书向保险公司办理预约保险单，等卖方装运通知书发来后，预约保险单生效。

5. 审核到货单证

进口企业收到银行转过来的相关单据后，应认真审核。经审核，如发现单据不符或有问题，应通过银行及时提出拒付的理由。

6. 办理进口报检手续

货物到达目的港后，进口企业应抓紧时间做好货物的数量和质量的检验工作。属于法定检验的，必须在规定的时间内向国家质量监督检验检疫总局指定的检验机构进行报检，填写“入境货物报检单”。

7. 办理进口报关手续

进口货物到货后，进口商应在海关规定的时间内向进口地海关申报进口，填写“进口货物报关单”，法定检验的还要附上检验检疫机构签发的入境货物通关单，向海关申请放行。

8. 办理进口付汇

待进口货物到货，办完海关完结手续后，在 30 天内凭进口报关单核销联、付汇申请书或对外付款的核销联及相关资料，到外汇管理局（以下简称外管局）办理进口付汇核销手续（自 2012 年 8 月 1 日起，进口付汇核销手续已简化，具体见第二篇项目 5）。

第一篇

出口单证操作

买卖双方签订合同后就进入了合同的履行阶段，以 CIF 条件成交和 L/C 方式支付的合同，出口商必须经过以下环节：落实信用证、租船订舱、投保、报检、报关、制作结算单证、审单、核销退税。以 FOB 条件成交和汇付（T/T）或托收方式支付的合同，对出口商来说，则主要经过报检、报关、制作结算单证、核销退税四个环节。报检、报关这两个环节，在实际业务中大多数出口商都是委托货代公司办理的。因此，在信用证结算方式下，对出口商而言，业务的流转过程涉及的单证工作项目相对于汇付（T/T）或托收来说，要更为复杂。

本篇主要分为两条线：

一条主线以 CIF 交易条件、信用证结算方式成交的一笔交易为例，根据单证员的工作内容，从项目 1 至项目 8，详细介绍了出口合同履行过程中的单证流转过程：审核信用证——撰写改证函，海运出口货物的托运办理——订舱委托书的填制，出境货物的报检——出境货物报检单的填制，出境货物的报关——报关委托书和出口货物报关单的填制，出口货物投保——投保单的填制和审核保险单，制作结算单证——商业发票、装箱单、一般原产地证书、海运提单、受益人证明、装船通知、汇票，审单——审核商业发票、装箱单、海运提单、一般原产地证明书、保险单，出口核销退税——出口核销单的填制。

另一条线以 FOB 交易条件、前 T/T 与 D/P 相结合的结算方式为例，主要介绍了在两种结算方式结合下的商业发票、装箱单、海运提单、普惠制产地证、汇票等结算单证的填制方法。

最后，项目 10 还介绍了在出口业务中其他常用单据（包括航空运输的国际货物托运书、其他产地证、生产过程证明、船籍证明、价格单等）的填制。

项目1 信用证的审核与修改

项目引入

在信用证结算方式下，对出口商来说，落实信用证是履行出口合同不可缺少的重要环节。落实信用证工作主要包括催证、审证和改证三项。如果买方在合同规定的期限内开出信用证，催证工作就可以免去。但是在收到信用证后，审证工作却是必不可少的，因为信用证是一份自足文件，处理的只是纯粹的单据交易——信用证项下有关各方的权利与义务仅以信用证条款为依据，不受贸易合同的约束，即使信用证援引了相关合同号码，开证银行的付款与拒付也仅以单据为唯一依据，而不管单据之外的事实。所以，卖方必须严格审核信用证条款（Examination of the L/C），对来证中不符合买卖合同的条款及时更改（Amendment of the L/C），以便掌握安全收汇的主动权。

学习目标

应知目标

1. 熟悉信用证的审证要点
2. 熟悉信用证的修改程序

应会目标

1. 能够读懂信用证条款
2. 能够对照合同找出信用证的问题条款
3. 能够撰写信用证修改函

任务 审证与改证

★ 知识支撑

一、审证的依据和要点

信用证的审核一般可分为通知银行审核和出口企业审核两部分，两者审核的侧重点不同。通知银行一般从国家政策、开证行的资信、信用证的真伪以及信用证的保证条款等方面进行审核。出口企业的单证员主要审核信用证的内容，即信用证条款。这里主要介绍出口企业应该如何审核信用证。

（一）审证的依据

1. 外贸合同

信用证是依据外贸合同开立的，所以其条款应与外贸合同的条款相符。外贸合同是开立信用证的基础，因此，审查信用证条款是否与外贸合同的条款相符，是单证员收到信用证后首先要做的工作。信用证条款比合同条款严格时，应当对信用证中存在的问题提出修改（在实际业务中应以是否影响出口商安全收汇和顺利履行合同义务为前提）；信用证条款比合同条款宽松时，可以不要求修改。

2. 国际商会的第 600 号出版物《跟单信用证统一惯例》

单证员审核信用证时，应遵循《UCP600》的规定来确定是否可以接受信用证的某些条款。例如，关于分批装运和转运，如果合同中有规定允许分批装运（或转运），而信用证没作规定，根据《UCP600》，则视为允许分批装运（或转运）。

3. 实际业务中的操作情况

对于外贸合同中未作规定或无法根据《UCP600》来作出判断的信用证条款，单证员应根据实际业务中的操作情况来进行审核。这里的实际业务中的操作情况，是指信用证条款对安全收汇的影响程度、进口国的法令和法规以及开证申请人的商业习惯等。

（二）审证的要点

1. 信用证的类别

《UCP600》第 3 条规定：“信用证是不可撤销的，即使信用证中对此未作指示也是如此。”因此，所有的信用证都是不可撤销信用证，在检查信用证的类别时要注意检查是否可保兑和可转让。如合同规定买方开立不可撤销的保兑的信用证，则应检查信用证中有无注明“CONFIRMED”字样、保兑行名称以及保兑行明确的保兑条款或声明。如合同规定为不可撤销的可转让的信用证，则应检查信用证有无注明“TRANSFERABLE”字样以及自由议付信用证项下的经开证行特别授权作为转让行的银行名称。

2. 开证行的资质

虽然通知银行为了给客户提供便利和服务，可以代为调查审核开证行的资质，但银行对其提供的信息不负任何法律责任。因此，如果出口商对开证行的资信和付款能力有疑问，可要求开证行所在国或第三国的信誉卓著的大银行对信用证加具保兑。

3. 信用证开证申请人与受益人的名称和地址

信用证开证申请人与受益人的名称和地址，如果来证出错，应及时修改更正，以免制单时发生困扰而影响收汇，因为开证行可以拒付由非受益人出具的单据。

4. 信用证有效期及各相关日期的合理性

信用证的期限主要包括三项内容：装运期、有效期和交单期。

（1）装运期：如果来证的装运期太近，或因生产、船期等原因无法按时装运，受益人应及时联系开证申请人要求展期，以免被动。要注意信用证上的装运期是否与合同相符、是否合理。在申请展期的时候，应将信用证的有效期同时顺延，因为最后装运日期的展期并不意味着信用证有效期的顺延。另外，还应注意若信用证中未规定装运期，则最迟装运期与信用证截止日为同一天，即通常所称的“双到期”。在实际业务操作中，应将装运期提前一定的时间（一般在信用证截止日前15天），以便有合理时间来制单结汇。

（2）有效期（截止日）：按《UCP600》第6条d款的规定，信用证必须规定一个交单的截止日，没有规定有效期的信用证为无效信用证。若信用证规定了付款、承兑或议付的截止日，则这一日期为信用证的有效期。

（3）交单期：一般信用证都规定一个交单期限，即运输单据签署后的某段时间但同时又在信用证的有效期内。按《UCP600》第14条c款的规定，提示若包含一份或多份按照本惯例第19条、20条、21条、22条、23条、24条或25条出具的正本运输单据，则必须由受益人或其代表按照相关条款在不迟于发运日后的21个公历日内提交，但无论如何不得迟于信用证的截止日。这句话通俗地讲，就是如果信用证未规定交单期，最迟的交单期为运输单据日期后第21天，但又必须在信用证的有效期之内。

应当注意，如果信用证的截止日和最迟交单日适逢接受交单的银行歇业（法定节假日或银行休息日，非天灾、暴动、战争、罢工等原因），则截止日或最迟交单日可顺延至其重新开业的第一个银行工作日。但最后装运日期则不能因为载货的船公司的法定节假日或休息日而顺延。

5. 信用证的到期地点

信用证一般会规定一个交单地点，该地点可以是出口地，也可以是进口地或者第三国。出口地交单对出口商最有利，进口地交单和第三国交单对出口商都不利，因为交单地点均在国外，容易产生迟交单和寄丢单的风险。为此，出口商应争取在出口地交单，若争取不到，则必须提前交单，以防逾期。如果合同中没有明确规定到期地点，而来证规定是在进口商所在地，应特别注意是否有足够的邮寄单据的时间。

6. 关于装运货物与金额的描述

信用证规定的装运货物和金额是受益人装船交货和制单结汇的依据，这些内容必须与合同条款一致，否则会使出口商在执行合同时发生困难、造成损失。因此，审核时必须依据合同对信用证规定的品名、规格、数量、包装、价格条件和金额等内容逐项予以核对。详细内容如下所述：

（1）注意单价、数量与总金额是否匹配，总金额是否超过合同总价，总金额是否带有佣金，加佣的方法和付佣的对象是否有错。对有“溢短装”条款的来证，应注意允许数量增减的同时，总金额有无增减的规定，两者的增减幅度是否一致。

（2）对于不能分批，又没有“溢短装”规定的货物，应一次性出运完毕，但大宗散装货物，可以在不超过信用证总金额的情况下，允许5%的伸缩。以个数计量（如件、个、打、双、只等）的货物不适合上述规则。

（3）注意信用证所使用的币制是否与合同币制一致，来证所使用的货币应为可自由兑换的货币，否则应提出修改，以防由于汇差而遭受损失。

（4）注意价格条件与合同是否一致，如果合同规定CFR目的港，而来证为CIF目的港，则应修改信用证。

7. 关于保险条款的审核

对信用证内保险条款的审核要注意以下几点：

（1）核对信用证中的价格条款是否应由卖方办理保险。

（2）核对信用证中规定的投保险别是否与合同规定的一致。

（3）核对信用证中规定的保险金额是否与合同规定的一致。如果来证规定以发票金额的130%或以上投保，受益人不仅需注意所增加的额外保险费由谁承担，还要征得保险公司的同意后才能考虑接受。

8. 关于运输条款的审核

信用证中的运输条款规定是否合理可行，直接关系到装运工作能否顺利进行。对运输条款的审核应注意以下事项：

（1）如果信用证规定由集装箱装运，在审证时应考虑到：商品适合装什么性质的集装箱和装什么规格的集装箱，货物能否全部装入，货量与箱容是否匹配等，若不合适，应及时修改。

（2）在CIF或CFR价格条件下，如果来证规定某班轮或某船公司装运，受益人应先向船公司了解装运期内的航班情况，如果操作有难度，应及时联系开证申请人修改信用证。

（3）如果合同规定可以分批装运，也可以转运，但信用证中没有明示，则视为可以分批装运，也可以转运。

（4）信用证中的装运港（地）与目的港（地）须与合同规定的一致。对于出口信用证，如果装运港（地）是中国，则不需要更改，因为这样对出口商有利。但是如果目的港

（地）为欧洲国家或美国，则一定要修改，因为范围太广，很容易引起贸易纠纷。

9. 银行费用

如果信用证没有另外规定，银行费用（开证费、通知费、议付费、偿付费、承兑费、修改费、电报费、邮寄费等）由发出指示的一方（即开证申请人）承担。如果信用证要求受益人承担全部银行费用，显然是不合理的。一般来讲，开证银行的费用由开证申请人承担，开证银行以外的费用由受益人承担。

10. 开证行的保证条款

按照惯例，开证行一般都在信用证中注明“本证受《跟单信用证统一惯例》（UCP600）约束”和“如果单证一致、单单一致，我们保证付款”的文句，但以SWIFT方式开立的信用证可以除外。如果来证既无受约束声明，又无保证付款声明，甚至附加类似“保留”、“限制”等条款，受益人应提出修改。

知识链接

在审核信用证的过程中，还要注意信用证中的软条款：

“软条款（Soft Clause）”是指对受益人不利的弹性条款，即信用证中无法由受益人自主控制的条款。虽然国际商会始终不赞成在信用证中加列软条款，但软条款仍以不同方式出现或隐匿于信用证中，一旦受益人处理不当，就会引发收汇风险甚至导致出口损失。因此，受益人务必要提高对软条款的认识与防范能力，及时通知开证申请人修改，以消除隐患。

常见的软条款有：

（1）暂不生效条款。例如，信用证尚未生效，须待进口商取得进口许可证或其他有关文件后，开证行将以信用证修改的形式通知生效。

（2）开证行免去第一性付款责任。例如，货物抵达目的港后，由进口商指定的检验人员检验货物合格并出具有关检验证书后，开证行才履行付款责任。

（3）缺乏安全性与有效性。例如，来证要求开证申请人或指定人签署的检验证，且签署人的签名须与留在开证行的签名一致。

（4）以本国法律干预信用证业务。例如，信用证中规定审证标准除了《UCP600》外，还有进口国的法律。

二、改证

（一）改证的原则

对于审证后发现的信用证问题条款，受益人应遵循“利己不损人”的原则进行修改。

即受益人改证既不影响开证申请人的正常利益，又维护自己的合法利益。一般来说，针对审核中发现的信用证问题条款，有以下 5 种处理意见：

（1）对我方有利且不影响对方利益的问题条款，一般不改。

（2）对我方有利但会严重影响对方利益的问题条款，一定要改。

（3）对我方不利但在不增加或少量增加成本的情况下可以完成的问题条款，可以不改。

（4）对我方不利且要在增加较大成本的情况下可以完成的问题条款，若对方愿意承担成本，则不改；否则，要改。

（5）对我方不利且不改会严重影响安全收汇的问题条款，则坚决要改。

（二）改证的程序

受益人不能直接与开证银行联系改证，这样可能会导致开证行不理睬而影响合同执行。改证的正确程序是：受益人→开证申请人→开证银行→通知银行→受益人。改证的具体操作程序及须提示的内容如下。

1. 申请修改

开证申请人以书面形式向开证行提出改证申请，如果涉及货物品名、单价、数量、金额、受益人名称的变更，还须提供变更后的合同副本，并由进出口双方重新签署。

2. 履行改证

开证行经过审核，接受申请人的修改意愿后，以加押电传或 SWIFT 方式向信用证原通知行发出修改通知书 MT707，修改书一经发出就不能撤回，即开证行对该修改书负有不可撤销的义务。如果涉及受益人的变更，开证行应该在修改书中明示通知行，须先告知原信用证受益人，并将其接受或拒绝此修改书的态度及时反馈给开证行。

3. 通知改证

原信用证通知行验明修改书的表面真实性后，及时转告原信用证受益人。除非电传或 SWIFT 电文中有其他规定，电讯通知修改应被视为有效的修改文件。

4. 修改生效

除《UCP600》第 38 条另有规定外，未经开证行、保兑行（如有的话）及受益人同意，信用证既不得修改，也不得撤销。在受益人告知通知修改的银行其接受该修改之前，原信用证（或含有先前被接受的修改的信用证）的条款对受益人仍然有效。自受益人接受修改的那一刻起，信用证修改生效。

工作任务实训

一、任务情境

2009 年 4 月，杭州婉丽进出口有限公司和英国的 Versions Limited Co. 通过阿里巴巴国际站认识，经过两个多月的往来函电，双方于 2009 年 6 月 20 日就20 000个坐垫套和 4 500条挂毯的买卖签署了号码为 WL09E0620 的买卖合同（见图 1—1—1）。

杭州婉丽进出口有限公司
HANGZHOU WANLY IMP. AND EXP. CO., LTD.
258 MOGANSHAN ROAD, HANGZHOU CHINA

销售确认书
SALES CONFIRMATION

To:
VERSIONS LIMITED
23 COSGROVE WAY
LUTON, BEDFORDSHIRE
LU1 1XL U. K.

S/C No.: WL09E0620
Date: 20 JUN., 2009
Place: HANGZHOU, CHINA

Dear Sirs:
We hereby confirm having sold to you the following goods on terms and conditions as specified below:

Shipping Marks	Description of Goods	Quantity	Unit Price	Total Amount
AS PER SELLER'S OPTION	CUSHION COVERS AND RUGS		CIF FELIXSTOWE	
	CUSHION COVERS	20 000PCS	GBP2. 20	GBP44 000. 00
	RUGS	4 500PCS	GBP6. 70	GBP30 150. 00
VERSIONS' ORDER NO. 599/2009		24 500PCS		GBP74 150. 00

大写总值：
Total Amount in Words: SAY G. B. POUNDS SEVENTY FOUR THOUSAND ONE HUNDRED FIFTY ONLY

装运港：
Loading Port: SHANGHAI / NINGBO

目的港：
Destination: FELIXSTOWE

装运期限：
Time of Shipment: BEFORE 10 AUG., 2009

分批 / 转运：
Partial / Transshipment: PARTIAL SHIPMENTS ALLOWED, TRANSSHIPMENT PROHIBITTED

保险：
Insurance: COVERED BY THE SELLER FOR AT LEAST 110 PCT OF INVOICE VALUE COVERING ALL RISKS AND WAR RISK AS PER ICC (A), CLAIMS PAYABLE AT DESTINATION IN THE SAME CURRENCY OF THE DRAFTS

包装：
Packing: IN ONE 40 FEET FULL CONTAINER LOAD

付款条件：
Terms of Payment: BY IRREVOCABLE LETTER OF CREDIT IN FAVOUR OF THE SELLER TO BE AVAILABLE BY DRAFTS AT SIGHT, TO BE OPENED AND REACH CHINA BEFORE 25 JUN., 2009 AND TO REMAIN VALID FOR NEGOTIATION IN CHINA UNTIL 15 DAYS AFTER THE ACTUAL TIME OF SHIPMENT

其他：
Others: All disputes arising from the execution of or in connection with this contract shall be settled amicable by negotiation. In case of settlement can't be reached through negotiation the case shall then be submitted to China International Economic and Trade Arbitration Commission in Beijing for arbitration in act with its sure of procedures. The arbitral award is final and binding upon both parties for setting the Dispute. The fee for arbitration shall be borne by the losing party unless otherwise awarded (Other details please read overleaf carefully).

The Seller:
杭州婉丽进出口有限公司
张婉丽

The Buyer:
VERSIONS LIMITED
Cathy Versions

图 1—1—1 买卖合同

2009 年 6 月 24 日，英国的 Versions Limited Co. 根据合同规定开出了以杭州婉丽进出口有限公司为受益人的第 DC LDI300954 号信用证（见资料 1—1—1）。

资料 1—1—1

SEQUENCE OF TOTAL　＊27：1/1
FORM OF DOC. CREDIT　＊40A：IRREVOCABLE AND TRANSFERABLE
DOC. CREDIT NUMBER　＊20：DC LDI300954
DATE OF ISSUE　31C：090624
EXPIRY　＊31D：DATE 090809 PLACE AT OUR COUNTER
APPLICANT　＊50：VERSIONS LIMITED
23 COSGROVE WAY
LUTON，BEDFORDSHIRE
LU1 1XL U. K.
APPLICANT BANK　51A：HSBC BANK PLC（FORMERLY MIDLAND BANK PLC）
LONDON
BENEFICIARY　＊59：HANGZHOU WANLY EXP. AND IMP. CO.，LTD.，
258 MOGANGSHAN ROAD，
HANGZHOU，
CHINA
AMOUNT　＊32B：CURRENCY USD AMOUNT 74 150.00
POS. / NEG. TOL.（%）　39A：05/05
AVAILABLE WITH/BY　＊41D：ANY BANK
BY NEGOTIATION
DRAFT AT...　42C：AT 15 DAYS AFTER SIGHT
DRAWEE　＊42D：MIDLGB22BXXX
＊HSBC BANK PLC
＊（FORMERLY MIDLAND BANK PLC）
＊LONDON
＊（ALL U. K. OFFICES）
PARTIAL SHIPMENT　43P：ALLOWED
TRANSSHIPMENT　43T：NOT ALLOWED
PORT OF LOADING　44E：CHINA
PORT OF DISCHARGE　44B：FELIXSTOWE
LATEST DATE OF SHIP　44C：090809
DESCRIPT. OF GOODS　45A：
CUSHION COVERS AND RUGS
AS PER S/C NO. WL06E0820 AND APPLICANT'S ORDER
NO. 995/2009
CIF FELIXSTOWE
DOCUMENTS REQUIRED　46A：
＋ORIGINAL SIGNED INVOICE PLUS THREE COPIES
＋FULL SET OF ORIGINAL CLEAN MARINE BILL OF LADING MADE OUT TO SHIPPERS ORDER AND BLANK ENDORSED,

MARKED FREIGHT COLLECT NOTIFY APPLICANT WITH FULL NAME AND ADDRESS
+ORIGINAL PACKING LIST PLUS THREE COPIES INDICATING DETAILED PACKING OF EACH CARTON
+ORIGINAL CERTIFICATE OF ORIGIN PLUS ONE COPY ISSUED BY CHAMBER OF COMMERCE
+CERTIFICATE SENT BY BENEFICIARY TO APPLICANT, EVIDENCING THAT COPIES OF INVOICE, BILL OF LADING AND PACKING LIST HAVE BEEN FAXED TO APPLICANT ON FAX NO. 01-5824-3470 WITHIN 3 DAYS AFTER BILL OF LADING DATE

ADDITIONAL COND. 47A:
+ APPLICANT'S ORDER NO. 599/2009 MUST BE SHOWN ON ALL DOCUMENTS
+ UNLESS OTHERWISE EXPRESSLY STATE, ALL DOCUMENTS MUST BE IN ENGLISH
+EXCEPT SO FAR AS OTHERWISE EXPRESSLY STATE, THIS DOCUMENTARY CREDIT IS SUBJECT TO UNIFORM CUSTOMS AND PRACTICE FOR DOCUMENTARY CREDIT ICC PUBLICATION NO. 600
+ALL BANK CHARGES IN CONNECTION WITH THIS DOCUMENTARY CREDIT INCLUDING ISSUING BANK'S OPENING COMMISSION AND TRANSMISSION COSTS ARE FOR THE BENEFICIARY

PRESENTATION PERIOD 48: WITHIN 5 DAYS AFTER THE DATE OF SHIPMENT BUT WITHIN THE VALIDITY OF THE CREDIT

CONFIRMATION *49: WITHOUT

INSTRUCTION 78: ON RECEIPT OF DOCUMENTS CONFIRMING TO THE TERMS OF THIS DOCUMENTARY CREDIT, WE UNDERTAKE TO REIMBURSE YOU IN THE CURRENCY OF THE CREDIT IN ACCORDANCE WITH YOUR INSTRUCTIONS, WHICH SHOULD INCLUDE YOUR UID NUMBER AND THE ABA CODE OF THE RECEIVING BANK

SEND. TO REC. INFO. 72: DOCUMENTS TO BE DISPATCHED BY COURIER SERVICE IN ONE LOT TO HSBC BANK PLC, TRADE SERVICES, LD1 TEAM LEVEL 26, 8 CANADA SQUARE, LONDON E14 5HQ

二、工作任务

单证员陈小安的工作是根据第 WL09E0620 号合同审核第 DC LDI300954 号信用证，并提出修改意见。

三、任务实施

杭州婉丽进出口有限公司的单证员陈小安从业务员处拿到合同和信用证后开始审证工

作，操作如下：

（1）熟悉合同，对合同的主要条款做到心中有数。

（2）熟悉信用证的内容和条款，特别注意信用证的有效期、交单地点、交单期、装运期、要求提交的单据等条款。

（3）根据合同审核信用证，找出信用证中与合同不符的问题条款。

经过审核，发现信用证存在如下不符之处：

1）信用证的种类为不可撤销的可转让信用证，与合同规定的不可撤销信用证不符。

2）信用证规定的到期地点在开证行所在地，有效期和装运期为同一天，对我方备运和交单不利，同时也与合同不符，合同规定装运日期后的第 15 天在中国到期。

3）信用证中受益人的名称和地址错误，正确的应是 HANGZHOU WANLY IMP. AND EXP. CO.，LTD.，258 MOGANSHAN ROAD，HANGZHOU，CHINA。

4）信用证中的币制错误，应该是英镑 74 150.00，而不是美元。

5）信用证中汇票的付款期限错误，正确的应该是即期 AT SIGHT。

6）合同中的起运港是上海/宁波，信用证开来是中国，虽然与合同不符，但不需要更改。

7）信用证中的合同号和客户订单号错误，正确的分别是 WL09E0620 和 599/2009。

8）信用证中 46A 第二条“提单”要求中少“ON BOARD”字样，且运费支付情况应该是“FREIGHT PREPAID”。

9）根据合同规定的 CIF 贸易术语，卖方办理保险，信用证没有要求出具保险单，对买方不利。

10）信用证中有关银行费用不应该全部由受益人承担，应将“INCLUDING”改成“EXCEPT”。

11）信用证规定在装运日后 5 天交单，与合同不符，按照合同规定是“提单日后 15 天交单”。

（4）审核后，对信用证存在的问题提出修改意见。

陈小安经审核找出了信用证上的不符之处后，立即给进口商 Versions Limited Co. 发了封电子邮件，提出了信用证中出现的不符之处，希望 Versions Limited Co. 修改信用证，使合同能顺利执行。邮件如下：

26 June 2009

Dear Mr. Versions，

The Credit under S/C No. WL09E0620 is received with thanks. It is a pity that we find mistakes in it. Please amend them as follows：

1. 40A wrong，it should be：Irrevocable according to the S/C.

2. 31D wrong，it should be：Date 090824 Place in China according to the S/C.

3. 59 wrong，it should be：Hangzhou Wanly Imp. and Exp. Co.，Ltd.，258 Moganshan Road…according to the S/C.

4. 32B wrong，it should be：Currency GBP Amount 74 150.00 according to the S/C.

5. 42C wrong，it should be：at sight according to the S/C.

6. In 45A，S/C No. and Order No. wrong，it should be：as per S/C No. WL09E0620 and applicant's Order No. 599/2009 according to the S/C.

7. In 46A, Transport document wrong, A. the words "ON BOARD" is losing, please add it after the word "CLEAN", B. it should be: ... marked freight prepaid and notify applicant ... according to the S/C.

8. In 46A, Insurance Policy is losing. Please add the insurance clause according to the S/C.

9. In 47A, Bank charges wrong. We can't pay all banking charges. Please change this sentence as: All bank charges in connection with this documentary credit except issuing bank's opening commission ...according to the S/C.

10. 48 wrong. As per the S/C, it should be: within 15 days after the date of shipment but ...according to the S/C.

Please try your best to do the amendment so that we can execute the sales confirmation successfully.

Best regards!

Hangzhou Wanly Imp. and Exp. Co., Ltd.

修改后的正确的信用证见资料 1—1—2。

资料 1—1—2

SEQUENCE OF TOTAL	*27: 1/1
FORM OF DOC. CREDIT	*40A: IRREVOCABLE
DOC. CREDIT NUMBER	*20: DC LDI300954
DATE OF ISSUE	31C: 090624
EXPIRY	*31D: DATE 090824 PLACE IN CHINA
APPLICANT	*50: VERSIONS LIMITED 23 COSGROVE WAY LUTON, BEDFORDSHIRE LU1 1XL U. K.
APPLICANT BANK	51A: HSBC BANK PLC (FORMERLY MIDLAND BANK PLC), LONDON
BENEFICIARY	*59: HANGZHOU WANLY IMP. AND EXP. CO., LTD., 258 MOGANSHAN ROAD, HANGZHOU, CHINA
AMOUNT	*32B: CURRENCY GBP AMOUNT 74 150.00
POS. / NEG. TOL. (%)	39A: 05/05
AVAILABLE WITH/BY	*41D: ANY BANK BY NEGOTIATION
DRAFT AT...	42C: AT SIGHT
DRAWEE	*42D: MIDLGB22BXXX *HSBC BANK PLC (FORMERLY MIDLAND BANK PLC) *LONDON *(ALL U. K. OFFICES)
PARTIAL SHIPMENT	43P: ALLOWED
TRANSSHIPMENT	43T: NOT ALLOWED
PORT OF LOADING	44E: CHINA
PORT OF DISCHARGE	44B: FELIXSTOWE
LATEST DATE OF SHIP	44C: 090809

DESCRIPT. OF GOODS 45A：
CUSHION COVERS AND RUGS
AS PER S/C NO. WL09E0620 AND VERSIONS' ORDER NO. 599/2009
CIF FELIXSTOWE

DOCUMENTS REQUIRED 46A：
+ORIGINAL SIGNED INVOICE PLUS THREE COPIES
+FULL SET OF ORIGINAL CLEAN ON BOARD MARINE BILL OF LADING MADE OUT TO SHIPPER'S ORDER AND BLANK ENDORSED，MARKED FREIGHT PREPAID NOTIFY APPLICANT QUOTING FULL NAME AND ADDRESS
+ORIGINAL PACKING LIST PLUS THREE COPIES INDICATING DETAILED PACKING OF EACH CARTON
+INSURANCE POLICY IN TWO COPIES FOR 110 PCT OF INVOICE VALUE COVERING ALL RISKS AND WAR RISK AS PER ICC（A）DATED 01/01/1982 INCLUDING W/W CLAUSE CLAIMS PAYABLE AT DESTINATION IN THE SAME CURRENCY OF THE DRAFTS
+ORIGINAL CERTIFICATE OF ORIGIN PLUS ONE COPY ISSUED BY CHAMBER OF COMMERCE
+CERTIFICATE SENT BY BENEFICIARY TO APPLICANT，EVIDENCING THAT COPIES OF INVOICE，BILL OF LADING AND PACKING LIST HAVE BEEN FAXED TO APPLICANT ON FAX NO. 01-5824-3470 WITHIN 3 DAYS OF BILL OF LADING DATE

ADDITIONAL COND. 47A：
+ APPLICANT'S ORDER NO. 599/2009 MUST BE SHOWN ON ALL DOCUMENTS
+ UNLESS OTHERWISE EXPRESSLY STATE，ALL DOCUMENTS MUST BE IN ENGLISH
+EXCEPT SO FAR AS OTHERWISE EXPRESSLY STATE，THIS DOCUMENTARY CREDIT IS SUBJECT TO UNIFORM CUSTOMS AND PRACTICE FOR DOCUMENTARY CREDIT ICC PUBLICATION NO. 600
+ALL BANK CHARGES IN CONNECTION WITH THIS DOCUMENTARY CREDIT EXCEPT ISSUING BANK'S OPENING COMMISSION AND TRANSMISSION COSTS ARE FOR THE BENEFICIARY

PRESENTATION PERIOD 48：WITHIN 15 DAYS AFTER THE DATE OF SHIPMENT BUT IN THE VALIDITY OF THE CREDIT

CONFIRMATION *49：WITHOUT

INSTRUCTION 78：ON RECEIPT OF DOCUMENTS CONFIRMING TO THE TERMS OF THIS DOCUMENTARY CREDIT，WE UNDERTAKE TO REIMBURSE YOU IN THE CURRENCY OF THE CREDIT IN ACCORDANCE WITH YOUR INSTRUCTIONS，WHICH SHOULD INCLUDE YOUR UID NUMBER AND THE ABA CODE OF THE RECEIVING BANK

SEND. TO REC. INFO. 72：DOCUMENTS TO BE DISPATCHED BY COURIER SERVICE IN ONE LOT TO HSBC BANK PLC，TRADE SERVICES，LD1 TEAM LEVEL 26，8 CANADA SQUARE，LONDON E14 5HQ

? 训练测试题目

请根据合同（见图 1—1—2）审核信用证（见资料 1—1—3），找出信用证与合同不符的地方，并提出修改意见。

上海凯利纺织品进出口公司

SHANGHAI KARY TEXTILES IMP & EXP CORP.

127 ZHONGSHAN ROAD, SHANGHAI CHINA

销售确认书

SALES CONFIRMATION

To:
THOMSON TEXTILES INC.
3384 VINCENT STREET
DOWNS VIEW, ONTARIO
M3J 2J4 CANADA

S/C No.: 23CA1006
Date: 06 MAR., 2009
Place: SHANGHAI, CHINA

Dear Sirs,

We hereby confirm having sold to you the following goods on terms and conditions as specified below:

Description of Goods and Packing		Quantity	Unit Price	Total Amount
DYED JEAN FABRIC COTTON 80%, POLYESTER 20%, 94×60, 112/114CM, 40M FOR ONE CUT			CIF TORONTO	
ART. NO. 77 111	COLOUR	M	USD/M	USD
	RED	4 000	1.56	6 240.00
	SILVER	3 000	1.32	3 960.00
	BROWN	4 000	1.56	6 240.00
	DK. NAVY	3 000	1.62	4 860.00
	WINE	2 200	1.62	3 564.00
	GREY	3 000	1.44	4 320.00
	BLACK	4 800	1.62	7 776.00
5% MORE OR LESS BOTH IN AMOUNT AND QUANTITY ARE ALLOWED		24 000M		USD36 960.00

大写总值:
Total Amount in Words: SAY U. S. DOLLARS THIRTY SIX THOUSAND NINE HUNDRED SIXTY ONLY

装运港:
Loading Port: SHANGHAI

目的港:
Destination: TORONTO

装运期限:
Time of Shipment: ON OR BEFORE 20 APR., 2009

分批 / 转运:
Partial / Transshipment: PARTIAL SHIPMENTS AND TRANSSHIPMENT ALLOWED

包装:
Packing: FULL WIDTH ROLLER ON TUBES OF 1.5 INCHES IN DIAMETER, AND IN SEAWORTHY CARTONS

付款条件:
Terms of Payment: BY 100 PCT IRREVOCABLE L/C AVAILABLE BY DRAFTS AT 30 DAYS AFTER SIGHT, TO BE OPENED IN SELLERS FAVOUR 40 DAYS BEFORE THE DATE OF SHIPMENT, AND THE L/C TO REMAIN VALID IN CHINA FOR NEGOTIATION FOR A PERIOD OF 15 DAYS AFTER THE LAST SHIPMENT DATE

The Seller:
上海凯利纺织品进出口公司
李明

The Buyer:
THOMSON TEXTILES INC
Charles Brown

图 1—1—2 买卖合同

资料 1—1—3

TO：BANK OF COMMUNICATIONS SHANGHAI BRANCH

FM：CANADIAN IMPERIAL BANK OF COMMERCE，TORONTO

MT：700

27：SEQUENCE OF TOTAL：1/1

40A：FORM OF DOC. CREDIT：IRREVOCABLE

20：DOC. CREDIT NUMBER：T-017641

31C：DATE OF ISSUE：20090310

31D：EXPIRY：DATE 20090430

PLACE THE PEOPLES REP. OF CHINA

50：APPLICANT：THOMSON TEXTILES INC.

3384 VINCENT STREET

DOWNS VIEW ONTARIO

M3J 2J4 CANADA

59：BENEFICIARY：SHANGHAI KARY TEXTILES IMP. AND EXP. CORP.

127 ZHONSHAN ROAD

SHANGHAI CHINA

32B：AMOUNT：CURRENCY USD AMOUNT 36 960.00

39A：POS / NEG TOL（%）：05/05

41D：AVAILABLE WITH/BY：CANADIAN IMPERIAL BANK OF COMMERCE

BY NEGOTIATION

42C：DRAFTS AT：AT SIGHT

42D：DRAWEE：CANADIAN IMPERIAL BANK OF COMMERCE，

TORONTO

43P：PARTIAL SHIPMENTS：PROHIBITTED

43T：TRANSSHIPMENT：PERMITTED

44E：PORT OF LOADING：SHANGHAI

44F：PORT OF DISCHARGE：ONTARIO

44C：LATEST DATE OF SHIP：090420

45A：SHIPMENT OF GOODS：

DYED JEAN FABRIC

POLYESTER 80 PCT COTTON 20 PCT

OTHER DETAILS AS PER S/C NO. 23OA1006

PACKING：FULL WIDTH ROLLER ON TUBES OF 1.5 INCHES IN DIAMETER

AND IN SEAWORTHY CARTONS

CIF TORONTO

46A：DOCUMENTS REQUIRED：

＋ COMMERCIAL INVOICE IN QUADRUPLICATE

＋ FULL SET BILLS OF LADING MADE OUT TO OUR ORDER MARKED FREIGHT PREPAID TO TORONTO NOTIFY APPLICANT (SHOWING FULL NAME AND ADDRESS)

＋ INSURANCE POLICY OR CERTIFICATE IN DUPLICATE ISSUED BY PEOPLES INSURANCE COMPANY OF CHINA INCORPORATING THEIR OCEAN MARINE CARGO CLAUSES ALL

RISKS AND WAR RISKS FOR 110 PERCENT OF CIF INVOICE VALUE WITH CLAIMS PAYABLE IN CANADA INDICATING INSURANCE CHARGES

+ DETAILED PACKING LIST IN TRIPLICATE

+ CANADA CUSTOMS INVOICE IN DUPLICATE

47A：ADDITIONAL COND：

1. THE NUMBER AND THE DATE OF THIS CREDIT AND THE NAME OF OUR BANK MUST BE QUOTED ON ALL DRAFTS REQUIRED

2. AN ADDITIONAL FEE OF USD 80.00 OR EQUIVALENT WILL BE DEDUCTED FROM THE PROCEEDS PAID UNDER ANY DRAWING WHERE DOCUMENTS PRESENTED ARE FOUND NOT TO BE IN STRICT CONFORMITY WITH THE TERMS OF THIS CREDIT

71B：DETAILS OF CHARGES：

ALL BANKING CHARGES OUTSIDE CANADA INCLUDING ADVISING COMMISSION ARE FOR ACCOUNT OF BENEFICIARY AND MUST BE CLAIMED AT THE TIME OF ADVISING

48：PRESENTATION PERIOD：

NOT LATER THAN 10 DAYS AFTER THE DATE OF ISSUANCE OF THE SHIPPING DOCUMENTS BUT WITHIN THE VALIDITY OF THE CREDIT

49：CONFIRMATION：WITHOUT

78：INSTRUCTIONS：

UPON OUR RECEIPT OF DOCUMENTS IN ORDER WE WILL REMIT IN ACCORDANCE WITH NEGOTIATING BANK'S INSTRUCTIONS AT MATURITY

MAC / OBTDE84E

DLM

SAM

=03261058

NNNN

项目2 海运出口货物的托运

项目引入

在实际业务中，如果海关要求提供出口商品的出口许可证，出口商必须在落实信用证的过程中及时向商务部配额许可证事务局授权的出证机构提出申领。如果不需要出口许可证，出口商在落实好信用证后，就要执行下一环节的工作，即安排工厂生产、包装、刷唛和办理托运手续。

托运是实现出口货物空间位移和实现国际商务单证流转的第一个实际操作阶段，是完成外贸运输和实现安全结汇的关键。因此，根据合同和信用证规定的装运时间以及工厂的生产进度向货代公司订舱就是单证员在确认买方信用证之后的第一项工作。

学习目标

应知目标

1. 熟悉水路运输的托运流程
2. 熟悉海运订舱的国际货物运输托运单的内容

应会目标

能够根据信用证和/或合同以及有关资料缮制国际货物运输托运单

任务 填制国际货物运输托运单

★ 知识支撑

一、（集装箱装运）水路运输出口托运流程

（1）出口企业在货、证备齐后，填制订舱委托书，随附商业发票、装箱单等其他必要单据，委托货代公司代为订舱。有时还需委托其代理报关及货物储运等事宜。

（2）货代公司接受订舱委托后，缮制集装箱货物托运单，随同商业发票、装箱单等其他必要单证一同向船公司办理订舱。

（3）船公司根据具体情况来确定是否接受货代公司订舱，如果接受订舱，则在集装箱托运单的第五联上编上号码（此号码就是日后的 B/L 号码），填上船名与航次，并签署，即表示已确认托运人的订舱，同时把配舱回单和装货单（简称 S/O，即集装箱托运单第五联）等与托运人有关的单据退还给托运人。

（4）托运人持船公司签署的 S/O，连同出口货物报关单、商业发票、装箱单等其他有关单证，向海关办理出口货物报关手续。

（5）海关根据有关规定对出口货物进行查验，如同意出口，则在 S/O 上盖放行章（或特制的海关放行条），并退还给托运人。

（6）托运人持海关盖过章的 S/O 或特制的海关放行条要求船长装货。

（7）装货后，由大副在集装箱托运单第六联“场站收据副本大副联（D/R Copy for Mate）”上签署，交给托运人。

（8）托运人持“场站收据副本大副联”向船公司换取正本已装船提单。

（9）船公司凭“场站收据副本大副联”签发正本提单并交给托运人凭以结汇。

二、托运用发票的缮制

托运用发票是一张简单明了的商业发票，可以与装箱单并在一起缮制，将报关及缮制提单所需的信息（如收货人、发货人、商品名称、包装、毛净重、体积、起运地、目的地等）填写完整即可。至于信用证上规定的如产品规格、信用证号码、订单号码等，可以省略，但注意这些内容在日后缮制结汇用商业发票时是必不可少的。

商业发票的缮制将在本篇项目 6 中进行详细的阐述。

三、（出口商）国际货物运输托运单的缮制

（一）国际货物运输托运单的内容

出口商填写的国际货物运输托运单一般由出口商自己设计，没有固定格式，一般含 30 项内容（空白单据见图 1—2—1），将托运、订舱（订箱）的要求说清楚即可。

<table>
<tr><th colspan="6">(出口商)国际货物运输托运单</th></tr>
<tr><td colspan="2" rowspan="2">(12)托运人(Shipper)</td><td>(1)发票号码</td><td colspan="2">(2)贸易方式</td><td>(3)收汇方式</td></tr>
<tr><td colspan="2">(4)运输方式</td><td colspan="2">(6)运费支付方式(到付/预付)</td></tr>
<tr><td colspan="2" rowspan="2">(13)收货人(Consignee)</td><td colspan="2">(5)货物备妥时间</td><td colspan="2">(7)杂费支付方式(到付/预付)</td></tr>
<tr><td colspan="2">(8)可否转运</td><td colspan="2">(9)可否分批</td></tr>
<tr><td colspan="2" rowspan="2">(14)被通知人(Notify Party)</td><td colspan="2">(10)装运期限</td><td colspan="2">(11)信用证有效期</td></tr>
<tr><td colspan="4">(15)装箱方式(自送/门对门)</td></tr>
<tr><td>(17)装运港</td><td>(18)卸货港</td><td colspan="4" rowspan="2">(16)门到门装货地址</td></tr>
<tr><td>(19)最终目的地</td><td>(20)提单份数</td></tr>
<tr><td colspan="6">(21)标记唛头　(22)件数及包装种类　(23)货物描述　(24)毛重　(25)体积</td></tr>
<tr><td colspan="6"></td></tr>
<tr><td colspan="6">(26)备注或特殊条款</td></tr>
<tr><td colspan="6">(27)配载要求</td></tr>
<tr><td colspan="6">(28)托运人签署</td></tr>
<tr><td colspan="6">(29)联系人及联系方式
(30)托运日期</td></tr>
</table>

图 1—2—1　空白国际货物运输托运单

具体缮制要求如下：

（1）发票号码：由出口商自行编写，易认好记便可。

（2）贸易方式：可以是一般贸易、易货贸易、来料加工、补偿贸易、进料加工、外资企业出口、边境贸易、其他贸易等。一般情况下，信用证项下以“一般贸易”为主。

（3）收汇方式：常见的有信用证、托收、汇付等方式，信用证项下就填写“信用证”或“L/C”。

（4）运输方式：常见的有水路运输、航空运输、铁路运输、国际多式联运等方式，按照信用证的规定填写。

（5）货物备妥时间：这里是指集装箱到工厂装货的时间，或工厂将货物自行送至集装箱货运站的时间。按照相关规定，此时间要比货物装船时间早两至三天，比报关时间早一至两天。

（6）运费支付方式：一般情况下，提单上不显示具体运费，只填写“运费到付”或“运费预付”。贸易术语 CIF/CIP 或 CFR/CPT 项下，填写“预付”（FREIGHT PREPAID），贸易术语 FOB/FCA 项下，填写“到付”（FREIGHT COLLECT）。

（7）杂费支付方式：这里的杂费，指的是集装箱到工厂拖货的费用、报关费用、内装箱费用等，一般情况下都是到付的，即由货代公司先垫资金支付给船公司，出口商再支付给货代公司。

（8）可否转运：按照合同或信用证条款，在“允许”或“不允许”两者中选择一个。如果信用证规定可以转运，但转运港指定在某港，这时此栏就要留空，并在备注栏内作详细说明。

（9）可否分批：按照合同或信用证条款，在“允许”或“不允许”两者中选择一个。如果信用证规定可以分批出运，但每批的数量是规定的，不能随意增减，这时此栏就要填“不允许”，以免船公司或货代公司在操作时漏装。

（10）装运期限：此栏填写受益人与货代公司商定的装载出口货物船舶的船期，该日期须早于或等于信用证规定的最迟装运日期。例如，信用证规定最迟装运日期是3月31日，而载货船舶的船期是3月29日，该栏就填写3月29日。

（11）信用证有效期：此栏参照信用证规定的有效期，根据上栏（第10栏）“装运期限”要求，再加上信用证的交单期来填写。如上例，信用证规定的有效期是4月15日，交单期是15天，该栏就必须填写早于4月15日的日期，如4月13日。

（12）托运人（Shipper）：根据《UCP600》的规定，若信用证没有特别指示，银行接受任何人作为托运人的提单。所以，一般情况下填写信用证的受益人，可只填写出口公司的名称，而不填写出口公司的地址。如果信用证中有指定托运人，就要按照信用证的要求填写。

此栏必须用英文填写。

（13）收货人（Consignee）：提单中的“收货人”俗称“抬头”，在进出口实务中，抬头通常有如下两种填写方法：

1）记名抬头：即直接将收货人的名称和地址完整地填写在收货人栏内。记名抬头的提单不能背书转让给第三方，除了提单上记名的收货人，其他任何人不能提货。这种做法有利于进口商提货，但对于出口商来说有一定的风险。万一国际市场有变，进口商不想要货，出口商想转卖都不行。

2）指示抬头：因为提单是物权凭证，谁持有提单谁就拥有了货物，所以在实务中提单收货人常用“凭指示”或“凭某人指示”的形式来表示。“凭指示”也称“空白抬头”，需要托运人背书后才能转让物权；“凭某人指示”也称“记名指示抬头”，需要“某人”背书后才能转让物权。

受益人在托运时，应根据信用证的要求填写，最常见的“空白抬头、空白背书”提单，是指出口商在收货人栏内填写“凭指示（TO ORDER)”，并在提单背面做空白背书。这种做法对出口商有利。

此栏必须用英文填写。

（14）被通知人（Notify Party）：在指示抬头的提单里，不显示收货人的具体名称，只用“凭指示”的泛指来表示，船公司担心货到目的港后无人提取，因此设置了“被通知人”一栏，列明某个公司的名称和地址，以便承运人在货物到目的港时通知其来办理报关提货手续。

在记名抬头的情况下，信用证通常不规定被通知人的内容，受益人可以不填写，也可以填写“如上（SAME AS ABOVE)”；在指示抬头的情况下，若信用证中没有明示提单的被通知人，受益人应事先要求更改信用证，或将正本提单此栏处留空，将副本提单此栏处填写开证申请人的名称和地址；如果信用证要求两个或两个以上的公司作为被通知人，受益人应把这两个或两个以上公司的名称及地址完整地填写在这一栏中，填不下时可以用“***”符号连接到提单的空白处。

此栏必须用英文填写。

（15）装箱方式：此栏在“自送”和“门对门”两者中选填一个。一般情况下，整箱货出口采用“门对门”的方式装箱为多，也有工厂用卡车将货物运至货代公司指定仓库进行内装箱的，此种情况下填写“自送”。拼箱货一般采用“自送”的方式。填写“自送”的时候，一般要加上“请告知仓库地址与联系人及电话”的字样，以便工厂及时送货。

（16）门对门装货地址：在“装箱方式”栏内填写“自送”的，此栏可以留空不填；填写“门对门”的，此栏中填写工厂的名称和地址，有时候（如节假日装箱）也可以加上工厂联系人及电话。

（17）装运港：此栏按信用证规定的装运港填写，如果信用证中规定的装运港是“CHINA”、“ANY SEA PORT IN CHINA”或类似的词语，此栏不能机械地照抄，而要根据托运的实际情况填写实际装运港。

此栏必须用英文填写。

（18）卸货港：此栏按信用证规定的卸货港填写，填写时注意重名港口的现象，如“金斯敦”在牙买加、加拿大和澳大利亚都有，受益人应在托运单的空白处作说明。如果信用证中规定的卸货港后面有国家名称，那么填写时应该将国名加上去。

此栏必须用英文填写。

（19）最终目的地：如果是FOB、CFR和CIF这三种贸易术语，该栏可以留空，因为这三种贸易术语的起运地和目的地都必须是港口。如果使用FCA、CPT和CIP这三种贸易术语并且采用国际多式联运，该栏填写货物到进口国的内地城市名称。例如，以FCA

上海成交，从上海到洛杉矶采用海运，从洛杉矶到拉斯维加斯采用陆运，最终目的地是拉斯维加斯，那么装货港填写“SHANGHAI”，卸货港填写“LOS ANGELES”，最终目的地填写“LAS VEGAS”。

此栏必须用英文填写。

（20）提单份数：此栏填写提单正本的份数，纸质提单一般为三份，三份正本提单皆有效，一份正本提货之后，其余两份自动失效。根据《UCP600》第 20 条 a 款的规定，除非信用证另有规定，提单一般仅有一份正本，如果出具了多份正本，则应在提单中显示全套正本份数。

此栏必须用英文填写，不能写阿拉伯数字，但可以同时填写字母与数字（如 THREE/3）。

（21）标记唛头：此栏填写信用证或合同规定的唛头，如果合同和信用证都没有规定唛头，整箱出口的可以填写 N/M，也可由受益人编一个标准唛头；拼箱出口时，受益人必须编一个唛头并填写上去。

（22）件数及包装种类：件数是指出口货物的运输包装件数，如12 000件 T 恤衫装入 200 箱，就填写 200 而不是12 000；包装种类是指运输包装的种类，如箱、包、捆等，如有1 400捆的不锈钢铲头出口，就填写“1 400 BUNDLES”。

此栏必须用英文填写。

（23）货物描述：此栏填写出口货物的名称，可以填写大类名称或统称，不填写规格、颜色等细目，不能与信用证规定的货物描述相矛盾。如果同时出口不同的商品，应分别列明，不允许只填写数量较多或金额较大的那种商品。

此栏必须用英文填写。

（24）毛重：此栏填写出口货物的总毛重。如某批货物（有两种商品）出口共有 350 箱，其中 200 箱的商品每箱 22 千克，150 箱的商品每箱 18 千克，则该货物的总毛重就是 7 100千克。按照惯例，毛重四舍五入，保留两位小数，即使是整数，小数点后面也应填写“00”。例如，某货物毛重 2 345.60 千克，则在托运单上填写 2 346.00 千克。

（25）体积：此栏填写出口货物的尺码总数，一般单位为立方米。按照惯例，体积保留三位小数，即使是整数，小数点后面也应填写“000”。例如，200 箱的商品纸箱尺寸是 46×46×34（厘米），计算结果是14.388 8立方米，150 箱的商品纸箱尺寸是 153×128×15（厘米），计算结果是 44.064 立方米，两者相加，保留三位小数，总体积就是 58.453 立方米。

（26）备注或特殊条款：此栏填写出口商要求的提单副本份数、信用证规定的特别要求（如提单上显示信用证号码）等内容。提单副本一般是指出口商留底份数＋寄单所需份数＋信用证对正本提单要求的份数。如某信用证要求结汇时除提交整套正本提单外，还要提交 3 份副本提单，寄给客户 1 份副本提单，该受益人需要自己留 1 份副本提单，所以应要求船公司给予 5 份副本提单。

（27）配载要求：此栏根据信用证中有关运输方面的特殊条款填写，比如冷藏箱的温度、危险品的等级等，也可以填写要求配载的船舶所属的船公司的名称。

（28）托运人签署：托运人（出口商）盖章。

（29）联系人及联系方式：出口企业的单证员签上自己的名字及联系方式（手机号或

办公室电话）。

(30) 托运日期：填写托运时的日期。一般情况下，受益人在预期装运的前两星期至前十天托运，如果是每年的七、八、九月运输的高峰期，还要适当提前托运。

(二) 缮制国际货物运输托运单的注意事项

1. 内容一定要正确

(出口商）国际货物运输托运单是受益人在货物出口前向船公司或其代理人（货代公司）申请租船订舱（订箱）的单据，是缮制提单的主要背景资料。如果托运单缮制错误或延误，就会影响其他单证的正常流转。因此，受益人必须正确、快速地缮制国际货物运输托运单，从而保证安全收汇。

2. 文字的使用

(出口商）国际货物运输托运单的内容与托运用发票的内容必须一致。单据上的内容除了必须在提单上显示的使用英文填写以外，其余皆可使用汉字填写。

工作任务实训

一、任务情境

杭州婉丽进出口有限公司的陈小安与一直有业务往来的上海德威国际集装箱货运公司联系，得知2009年8月5日有中远集装箱运输有限公司的船舶从上海开往英国菲里克斯托（Felixstowe），与生产厂家联系后得知，工厂能够在8月2日前完成生产任务，于是就委托“德威”联系船公司安排订舱（集装箱出口时也称订箱）和装运，并委托“德威”在上海代理出口报关。

“婉丽”提供给“德威”用于订舱（订箱）的单据有发票（此处的发票与交给银行的商业发票不同，仅与托运单一起，用来说明货物的发货人、收货人、货物名称、包装种类与件数、数量、体积、毛重、起运地、目的地、装箱地点等运输详情）和（出口商）国际货物运输托运单，合同 WL09E0620 项下的货物明细如下：

坐垫套20 000个，100个一箱，共计200箱，纸箱尺码：46×46×34厘米，毛重：22千克/箱，净重：20千克/箱，税则号：6302401010，法定商检产品，唛头：

VERSIONS
C COVER
O/NO. 599/2009
FELIXSTOWE
NO. 1-200

挂毯4 500条，30条一箱，共计150箱，纸箱尺码：153×128×15厘米，毛重：18千克/箱，净重：15千克/箱，税则号：5803009000，不需要商检，唛头：

VERSIONS
RUG
O/NO. 599/2009
FELIXSTOWE
NO. 1-150

其他相关资料：

起运港：上海　　　　　　　　发票号码：09WLE0718
发票日期：2009 年 7 月 18 日　　　贸易方式：一般贸易
货物备妥时间：2009 年 8 月 2 日　　装箱方式：门对门
装箱地点：杭州市余杭区余杭镇宇航路 718 号杭州双溪制衣厂
配载要求：配装中远集装箱运输有限公司的船舶
陈小安电话：13123456789　　　　托运日期：2009 年 7 月 18 日
“婉丽”法人代表：张婉丽

二、工作任务

单证员陈小安在托运环节的工作是根据本篇项目 1 中的合同（见图 1—1—1）、改后的信用证（见资料 1—1—2）和上述“任务情境”中的明细及相关资料，缮制托运用发票和（出口商）国际货物运输托运单，填好后交给上海德威国际集装箱货运公司。

三、任务实施

（一）托运用发票的缮制

托运用发票（标准格式）可以与装箱单联合在一起缮制，所以也称发票/装箱单，共八项内容，具体填写如下：

（1）发货人（Issuer）：填写出口商的名称与地址，即信用证中的受益人的名称与详细地址，也就是“婉丽”的英文名称与详细地址。

（2）收货人（To）：填写信用证中的开证申请人 Versions Limited Co. 的名称与详细地址。

（3）运输细节（Transport Details）：填写“FROM SHANGHAI TO FELIXSTOWE BY VESSEL”，既说明了货物的起讫地点从上海到菲里克斯托，也说明了货物的运输方式是海运。

（4）号码与日期（No. and Date）：根据有关资料，分别填写发票号码和发票日期。因为该发票/装箱单仅用于托运，所以可以不填写信用证号码，也不用填写合同号码。

（5）商品名称、数量及金额（Description of Goods，Quantity，Unit Price and Amount）：根据合同、有关资料和信用证，分别注明坐垫套的数量、单价与金额，以及挂毯的数量、单价与金额，再将两者的金额相加，相加后的金额不能超过信用证总金额。

（6）唛头（Marks & Nos）：根据有关资料，填写货物的唛头，注意两个唛头之间要留空，不能连在一起，以免造成误解。

（7）包装（Packing）：根据有关资料，填写货物的包装，坐垫套是 200 箱，挂毯是 150 箱。

（8）重量与体积（Weight and Measurement）：根据有关资料，填写货物的毛重、净重和体积。坐垫套的毛重是 4 400 千克，净重是 4 000 千克，体积是 14.389 立方米；挂毯的毛重是 2 700 千克，净重是 2 250 千克，体积是 44.064 立方米。

缮制好的托运用发票/装箱单见图 1—2—2。

(1) Issuer: HANGZHOU WANLY IMP. AND EXP. CO., LTD. 258 MOGANSHAN ROAD HANGZHOU CHINA	**发票/装箱单** **INVOICE/PACKING LIST**	
(2) To: VERSIONS LIMITED 23 COSGROVE WAY LUTON BEDFORDSHIRE LU1 1XL U. K.	**(4) No.** 09WLE0718	**(4) Date** 18 JUL., 2009
(3) Transport Details FROM SHANGHAI TO FELIXSTOWE BY VESSEL	**L/C No.**	**S/C No.**
	Country of Origin CHINA	

(6) Marks & Nos	**(5) Description of Goods and (7) Packing**	**(5) Quantity**	**(5) Unit Price**	**(5) Amount**
	CUSHION COVERS AND RUGS			CIF FELIXSTOWE
VERSIONS C COVER O/NO. 599/2009 FELIXSTOWE NO. 1-200	CUSHION COVERS 100PCS/CTN **(8) Weight and Measurement** G. W.: 22KGS/CTN, TTL: 4 400KGS, N. W.: 20KGS/CTN, TTL: 4 000KGS MEASMT: 46×46×34CMS/CTN, TTL: 14.389CBM	20 000PCS	GBP2.20	GBP44 000.00
VERSIONS RUG O/NO. 599/2009 FELIXSTOWE NO. 1-150	RUGS 30PCS/CTN **(8) Weight and Measurement** G. W.: 18KGS/CTN, TTL: 2 700KGS, N. W.: 15KGS/CTN, TTL: 2 250KGS MEASMT: 153×128×15CMS/CTN, TTL: 44.064CBM	4 500PCS	GBP6.70	GBP30 150.00
		24 500PCS		GBP74 150.00

SAY G. B. POUNDS SEVENTY FOUR THOUSAND ONE HUNDRED FIFTY ONLY.
SAY THREE HUNDRED AND FIFTY CARTONS ONLY.

杭州婉丽进出口有限公司（章）
HANGZHOU WANLY I/E CO., LTD.

张婉丽（章）

图 1—2—2 托运用发票/装箱单实例

（二）（出口商）国际货物运输托运单的缮制

（出口商）国际货物运输托运单，具体缮制如下：

（1）发票号码：根据已缮制好的发票填写。

（2）贸易方式：根据有关资料，填写“一般贸易”。

（3）收汇方式：填写“信用证”或“L/C”。

（4）运输方式：根据信用证，填写“水路运输”。

（5）货物备妥时间：填写“2009 年 8 月 2 日”。

（6）运费支付方式：填写“运费预付”。

（7）杂费支付方式：填写“杂费到付”。

（8）可否转运：根据信用证，填写“不允许”。

（9）可否分批：根据信用证，填写“允许”。

（10）装运期限：根据有关资料，填写“2009 年 8 月 5 日”。

（11）信用证有效期：根据有关资料与信用证，填写“2009 年 8 月 20 日”。

（12）托运人：根据信用证，填写“婉丽”的英文名称。

（13）收货人：根据信用证，填写“TO SHIPPER'S ORDER”。

（14）被通知人：根据信用证，填写开证申请人的名称与详细地址。

（15）装箱方式：根据有关资料，填写“门对门”。

（16）门对门装货地址：根据有关资料，填写“杭州市余杭区余杭镇宇航路 718 号杭州双溪制衣厂”。

（17）装运港：根据有关资料，填写“SHANGHAI”。

（18）卸货港：根据信用证，填写“FELIXSTOWE”。

（19）最终目的地：根据有关资料和信用证，此栏留空。

（20）提单份数：根据惯例，填写“THREE”。

（21）标记唛头：根据有关资料，填写与发票上一样的唛头。

（22）件数及包装种类：根据有关资料，填写“350CTNS”。

（23）货物描述：根据信用证，填写“CUSHION COVERS AND RUGS”。

（24）毛重（千克）：根据有关资料计算得出，坐垫套与挂毯的总毛重是7 100千克，此栏填写“7 100.00”。

（25）体积：根据有关资料计算得出，坐垫套与挂毯的总体积是 58.453 立方米，此栏填写“58.453”。

（26）备注或特殊条款：根据信用证的要求，此栏填写“提单上显示：APPLICANT'S ORDER NO. 599/2009”。

（27）配载要求：根据有关资料，此栏填写“请配装中远集装箱运输有限公司的船舶”。

（28）托运人签署：“婉丽”盖章。

（29）联系人及联系方式：陈小安签上自己的名字及电话号码。

（30）托运日期：根据相关资料，填写“2009 年 7 月 18 日”。

图 1—2—3 是缮制好的国际货物运输托运单。

（出口商）国际货物运输托运单

<table>
<tr><td rowspan="2">托运人（Shipper）
HANGZHOU WANLY IMP. AND EXP. CO.，LTD.
258 MOGANSHAN ROAD
HANGZHOU
CHINA</td><td>发票号码
09WLE0718</td><td>贸易方式
一般贸易</td><td>收汇方式
信用证</td></tr>
<tr><td>运输方式
水路运输</td><td colspan="2">运费支付方式
预付</td></tr>
<tr><td rowspan="2">收货人（Consignee）
TO SHIPPER'S ORDER</td><td>货物备妥时间
2009 年 8 月 2 日</td><td colspan="2">杂费支付方式
到付</td></tr>
<tr><td>可否转运
不允许</td><td colspan="2">可否分批
允许</td></tr>
<tr><td rowspan="2">被通知人（Notify Party）
VERSIONS LIMITED
23 COSGROVE WAY
LUTON BEDFORDSHIRE
LU1 1XL U. K.</td><td>装运期限
2009 年 8 月 5 日</td><td colspan="2">信用证有效期
2009 年 8 月 20 日</td></tr>
<tr><td colspan="3">装箱方式（自送/门对门）
门对门</td></tr>
<tr><td>装运港
SHANGHAI　　卸货港
FELIXSTOWE</td><td colspan="3" rowspan="2">门对门装货地址
杭州市余杭区余杭镇宇航路 718 号，杭州双溪制衣厂</td></tr>
<tr><td>最终目的地　　提单份数
THREE</td></tr>
</table>

标记唛头	件数及包装种类	货物描述	毛重	体积
VERSIONS C COVER O/NO. 599/2009 FELIXSTOWE NO. 1-200 VERSIONS RUG O/NO. 599/2009 FELIXSTOWE NO. 1-150	350CTNS	CUSHION COVERS AND RUGS	7 100.00 千克	58.453 立方米

备注或特殊条款
提单上显示：VERSIONS'ORDER NO. 599/2009

配载要求
请配装中远集装箱运输有限公司的船舶

托运人签署：

杭州婉丽进出口有限公司托运专用章

联系人及联系方式：陈小安
手机：13123456789

托运日期：2009 年 7 月 18 日

图 1—2—3 国际货物运输托运单实例

？训练测试题目

请根据信用证中的部分条款（见资料 1—2—1）及有关资料填写（出口商）国际货物运输托运单。

资料 1—2—1

TO：BANK OF COMMUNICATIONS SHANGHAI BRANCH
FM：CANADIAN IMPERIAL BANK OF COMMERCE，TORONTO
MT：700
20：DOC. CREDIT NUMBER：T-017641
31C：DATE OF ISSUE：090315
31D：EXPIRY：DATE 090505
PLACE：THE PEOPLES REP. OF CHINA
50：APPLICANT：THOMSON TEXTILES INC.
3384 VINCENT STREET
DOWNS VIEW，ONTARIO
M3J 2J4 CANADA
59：BENEFICIARY：SHANGHAI KARY TEXTILES IMP. AND EXP. CORP.
127 ZHONGSHAN ROAD
SHANGHAI CHINA
32B：AMOUNT：CURRENCY USD AMOUNT 36 960.00
39A：POS / NEG TOL（%）：05/05
……
43P：PARTIAL SHIPMENTS：PERMITTED
43T：TRANSSHIPMENT：PERMITTED
44E：PORT OF LOADING：SHANGHAI
44F：PORT OF DISCHARGE：TORONTO
44C：LATEST DATE OF SHIP：090420
45A：SHIPMENT OF GOODS：
DYED JEAN FABRIC
COTTON 80 PCT POLYESTER 20 PCT
OTHER DETAILS AS PER S/C NO. 23CA1006
PACKING：FULL WIDTH ROLLER ON TUBES OF 1.5 INCHES IN DIAMETER
AND IN SEAWORTHY CARTONS
CIF TORONTO
46A：DOCUMENTS REQUIRED：
……

＋FULL SET CLEAN ON BOARD BILL OF LADING MADE OUT TO OUR ORDER MARKED FREIGHT PREPAID TO TORONTO NOTIFY APPLICANT（SHOWING FULL NAME AND ADDRESS）

……

其他资料：

件数：60 包	毛重：7 500 千克
体积：7.722 立方米	发票号码：ABC090404
装运期限：2009 年 4 月 19 日	装箱方式：自送
配载要求：请配 APL 的船舶	托运日期：2009 年 4 月 7 日
联系人：张凌	电话：021-56781234

唛头：

THOMSON
23CA1006
TORONTO
NO. 1-60

3 项目 出境货物报检

项目引入

根据《中华人民共和国进出口商品检验法》的规定，属于法定检验的商品，在装运前必须办理报检手续。对于一般的法定检验的商品，出口商或其代理人必须最晚在出口报关前或装运前7天向出入境检验检疫机构进行报检，海关根据出入境检验检疫机构签发的出境货物通关单予以放行。外贸公司在完成托运手续的办理后，一般开始联系工厂办理报检。

学习目标

应知目标

1. 了解我国的报检制度和相关规定
2. 熟悉我国对报检时间与地点的规定
3. 掌握出境货物报检单的填制内容

应会目标

能够根据信用证和/或合同以及有关资料缮制出境货物报检单

任务 填制出境货物报检单

★ 知识支撑

一、报检概述

（一）报检的含义

报检是申请人按照法律、法规或规章的规定向出入境检验检疫机构报请检验检疫工作的手续。进出口货物的收发货人可以自行办理报检手续，也可以委托报检企业办理报检手续。采用快件进出口商品的，收发货人应当委托快件运营企业办理报检手续。进出口货物的收发货人应当依法向出入境检验检疫机构备案；代理报检企业、出入境快件运营企业从事报检业务，应当依法经出入境检验检疫机构注册登记。

（二）我国法定检验的范围

进出口商品法定检验是国家出入境检验检疫部门根据国家法律法规规定，对规定的进出口商品或有关的检验检疫事项实施强制性的检验检疫，未经检验检疫或经检验检疫不符合法律法规规定要求的，不准输入输出。

我国根据保护人类健康和安全、保护动物或者植物的生命和健康、保护环境、防止欺诈行为、维护国家安全的原则，由国家检验检疫部门制定、调整必须实施检验的进出口商品目录并公布实施。法定商检的范围是：

（1）出入境检验检疫机构实施检验检疫的进出境商品目录所列商品。

（2）有关国际公约规定须经出入境检验检疫机构检验检疫的进出口商品。

（3）对出口危险品的货物包装容器的性能鉴定和使用鉴定。

（4）对装运出口易腐烂变质食品、冷冻品的船舱、集装箱等运输工具的适载检验。

（5）运载动植物、动植物产品的车、船、飞机以及包装、铺垫材料、饲养工具等。

（6）动物疫苗、血清、诊断液、动植物性废弃物。

（7）出口食品卫生检验。

（8）进口食品、食品添加剂、食品容器、包装材料和食品用工具及设备。

（三）报检的依据

（1）《中华人民共和国进出口商品检验法》及其实施条例。

（2）《中华人民共和国进出境动植物检疫法》及其实施条例。

（3）《中华人民共和国国境卫生检疫法》及其实施细则。

（4）《中华人民共和国食品安全法》及其实施条例。

（5）其他与出入境检验检疫相关的法规。

（四）出境货物的报检时间和地点

法定检验的出口商品应当在生产地检验，出口商或生产厂家应当持合同、发票、装箱单、出境货物报检单、包装性能结果单等必要的单据和凭证以及相关批准文件，向生产地所在的检验检疫部门申请报检，检验合格后，生产地检验检疫部门出具出境货物换证凭条或凭单，并在出境地由出境地检验检疫部门出具出境货物通关单，用于出口报关。法定检验的出口商品未经检验检疫或检验检疫不合格的，不予出境。

一般出境货物最迟在装运前7天报检，个别检验检疫周期长的货物，应留有相应的检验检疫时间；需隔离检疫的出境动物在出境前60天预报，隔离前7天报检。

二、出境货物报检单的填制

出境货物报检单（见图1—3—1）的填制栏目较多，有31栏，所列各栏必须填写完整、准确、清晰，没有内容填写的栏目用“***”表示，不得留空。出境货物报检单的填制规范如下：

（1）报检单位：指向检验检疫机构申报检验、检疫、鉴定业务的单位，在自理报检的情况下，一般是生产厂家，也可以是出口公司。在实务中，报检单位加盖公章即可。

（2）报检单位登记号：指报检单位在出入境检验检疫机构登记时，由出入境检验检疫机构给予的编号。

（3）联系人：填写报检员的姓名。

（4）电话：填写报检员的联系电话。

（5）报检日期：填写报检日期，按照规定，一般产品的最迟报检时间为货物装运前7天。

（6）发货人：指申报检验的出口货物的出口商或信用证中的受益人名称，一般填写中文即可，如杭州婉丽进出口有限公司，英文处用“***”表示。如果信用证规定要出入境检验检疫机构出具商检证书，则要填写出口商或信用证中的受益人的英文名称。

（7）收货人：指申报检验的出口货物的收货人或信用证中的开证申请人名称，一般可以不填写，中、英文处皆用“***”表示。如果信用证规定要出入境检验检疫机构出具商检证书，则要填写进口商或信用证中的开证申请人的英文名称，中文处用“***”表示。

（8）货物名称：填写出口货物的中、英文名称，注意不能填写货物统称（如纺织品/TEXTILES），而必须写具体货名（如坐垫套/CUSHION COVERS）。

（9）H. S. 编码：指商检货物对应的税则号，填写 8 位数或 10 位数。

（10）产地：指报检出口货物生产加工的省（自治区、直辖市）以及地区（市）名称，如浙江杭州、安徽蚌埠等。

CIQ

中华人民共和国出入境检验检疫
出境货物报检单

报检单位（加盖公章）　　（1）　　　　*编号________

报检单位登记号　（2）　联系人　（3）　电话　（4）　报检日期　（5）

发货人（6）	（中文） （外文）				
收货人（7）	（中文） （外文）				

货物名称（中/外文）	H. S. 编码	产地	数/重量	货物总值	包装种类及数量
（8）	（9）	（10）	（11）	（12）	（13）

运输工具名称号码	（14）	贸易方式	（15）	货物存放地点	（16）
合同号	（17）	信用证号	（18）	用途	（19）
发货日期	（20）	输往国家（地区）	（21）	许可证/审批号	（22）
起运地	（23）	到达口岸	（24）	生产单位注册号	（25）
集装箱规格、数量及号码	（26）				

合同、信用证订立的检验检疫条款或特殊要求	标记及号码	随附单据（划“√”或补填）（29）	
（27）	（28）	□合同 □信用证 □发票 □换证凭单 □装箱单 □厂检单	□包装性能结果单 □许可/审批文件 □ □ □ □

需要证书名称（划“√”或补填）（30）		*检验检疫费	
□品质证书　__正__副 □重量证书　__正__副 □数量证书　__正__副 □兽医卫生证书　__正__副 □健康证书　__正__副 □卫生证书　__正__副 □动物卫生证书　__正__副	□植物检疫证书　__正__副 □熏蒸/消毒证书　__正__副 □出境货物换证凭条 □出境货物通关单 □ □ □	总金额（人民币）	
		计费人	
		收费人	

报检人郑重声明：（31）	领取证书	
1. 本人被授权报检。 2. 上列填写内容正确属实，货物无伪造或冒用他人的厂名、标志、认证标志，并承担货物质量责任。 签名：	日期	
	签名	

注：有“*”号栏由出入境检验检疫机关填写　　◆国家出入境检验检疫局制

图 1—3—1　空白出境货物报检单

（11）数/重量：填写申报商品的计量计价数量。如果是以重量计量计价的，就填写净重。若填写的是毛重或者"以毛作净"的，需要说明。

（12）货物总值：按所申报的出口货物发票上所列总值填写。如果同一报检单报检多种货物，则要分别列明，再注明总值。

（13）包装种类及数量：填写所申报的货物的包装种类及数量，如1 400捆、200包、30箱等，须与托运单、提单、保险单等其他单据中所显示的包装种类及数量一致。

（14）运输工具名称号码：从理论上讲，此栏填写货物实际装载的运输工具名称（如船名）以及运输工具编号（如航次）。但因最晚的报检时间是装运前7天，那时尚不知船名、航次、飞机航班号等，因此此栏填写船舶、飞机等运输工具类别即可。但是，如果是在出境地报检，以换证凭条或凭单换取通关单时，此栏必须照实填写船名、航次、飞机航班号等内容。

（15）贸易方式：在"一般贸易"、"来料加工"、"进料加工"、"其他"四项中选择一种，不能同时填写两种或两种以上。若采用两种或两种以上的贸易方式，要分开申报。

（16）货物存放地点：填写申报货物的存放地点。

（17）合同号：填写申报货物所属的合同号码。

（18）信用证号：填写申报货物所属的信用证号码，非信用证结算方式的，此栏填写"***"。

（19）用途：按照有关规定，"用途"共九种，分别是：繁殖或种用、奶用、药用、饲用、食用、实验、动物伴侣、观赏或演艺、其他。申报时，在九种用途中选择一种（只能选一种）。若有两种用途，则要分开申报。

（20）发货日期：填写货物的实际装运日期，即托运单上的装运日期。在实务中，此日期一般要早于合同或信用证规定的最晚装运日期。

（21）输往国家（地区）：填写合同或信用证中规定的目的港所在的国家（地区）。

（22）许可证/审批号：对限制出口商品，报检时必须填写许可证或审批单号码；对自由出口商品，此栏填写"***"。

（23）起运地：填写合同或信用证中规定的起运地，如果合同或信用证规定的是"CHINA"，此栏必须填写实际起运港，如上海、宁波等，而不能机械照抄"CHINA"。

（24）到达口岸：填写合同或信用证中规定的卸货港。如果采用国际多式联运，到达地点是内陆城市，则填写最终目的地。如果合同或信用证规定的是"JAPAN"，此栏必须填写实际到达口岸，如横滨、大阪等，而不能机械照抄"JAPAN"。

（25）生产单位注册号：填写生产加工出口商品的工厂在检验检疫部门的注册号。

（26）集装箱规格、数量及号码：从理论上讲，此栏填写载货的集装箱的规格（如20尺还是40尺）、数量（如一个还是两个）及集装箱号码（如APLU2341253）。由于报检时间最晚不能迟于货物装运前7天，而此时生产企业或出口商无法知道集装箱的号码，所以此栏可以仅填写"集装箱"三字，如果已事先知道集装箱的规格数量，一起填入亦可，如"一个20尺集装箱"。如果是拼箱出口，工厂自送货到码头仓库的，此栏可以填写"***"。

（27）合同、信用证订立的检验检疫条款或特殊要求：如果仅是法定检验商品，要求出具出境货物通关单或者出境货物换证凭条或凭单的，可以在此栏填写"***"；合同或信用证要求出入境检验检疫机构出具检验证书的，可以在此栏填写“详见信用证副本”。

（28）标记及号码：填写与发票上一样的唛头，如果唛头太多写不下，可以用附页。若发票上没有唛头，此栏可以填写“N/M”。

（29）随附单据：一般情况下，报检时提供的单据有：发票（副本）、装箱单（副本）、合同（副本）、厂检单（正本）和包装性能结果单（正本），企业可以按照要求，在对应的□内打“√”。如果有报检单上没有印刷的但却需要提供的单据，可以在空的□内打“√”，并在后面加上提供的单据的名称。如果合同或信用证要求出入境检验检疫机构出具检验证书，企业提供了信用证副本，就不再需要提供合同副本了。

（30）需要证书名称：按照合同或信用证要求，在所需证书前的□内打“√”，并填写上正本和/或副本的数量。如果仅是法检产品出具“通关单”，则在出境货物通关单前面的□内打“√”。

（31）报检人郑重声明及签名：报检人的声明已经印就在上面，报检员必须亲笔签名，此时报检单才真正缮制完毕。

工作任务实训

一、任务情境

杭州婉丽进出口有限公司办理好托运手续后，经查询，坐垫套需提供出境货物通关单，挂毯不需，因此，单证员陈小安准备好与坐垫套相关的单据：发票、装箱单与合同（副本），交予坐垫套生产工厂（杭州双溪制衣厂）的报检员李莉，由其填写好出境货物报检单，将这些单证和报检单再加上工厂事先准备好的包装性能结果单（俗称纸箱合格证）一起交到浙江省出入境检验检疫局报检。

其他相关资料：

报检日期：2009 年 7 月 25 日	联系人：李莉
坐垫套的税则号：6302401010	电话：86345678
货物总值：44 000.00 英镑	货物存放地点：工厂厂内
生产单位注册号：5678913579	报检单位登记号：1234524680
起运地：上海	合同号码：WL09E0620
集装箱规格：一个 40 尺集装箱	到达口岸：菲里克斯托

二、工作任务

单证员陈小安的工作是协助工厂报检员根据第 DC LDI300954 号信用证以及上述相关资料，填写出境货物报检单。

三、任务实施

第1栏，报检单位：在本次任务中，由生产厂家自理报检，所以由“杭州双溪制衣厂”盖章。

第2至第5栏，报检单位登记号、联系人、电话和报检日期：分别填写“1234524680”、“李莉”、“86345678”和“2009年7月25日”。

第6栏，发货人：中文处填写“杭州婉丽进出口有限公司”，英文处用“***”表示。

第7栏，收货人：中、英文处皆用“***”表示。

第8栏，货物名称：填写“坐垫套/CUSHION COVER”。

第9栏，H. S. 编码：填写“6302401010”。

第10栏，产地：填写“浙江杭州”。

第11栏，数/重量：填写“20 000个”。

第12栏，货物总值：填写“44 000.00英镑”。

第13栏，包装种类及数量：填写“200纸箱”。

第14栏，运输工具名称号码：填写“船舶”。

第15栏，贸易方式：填写“一般贸易”。

第16栏，货物存放地点：填写“厂内”。

第17、18栏，合同号与信用证号：照实填写“WL09E0620”和“DC LDI300954”。

第19栏，用途：填写“其他”。

第20、21栏，发货日期和输往国家(地区)：照实填写“2009年8月5日”和“英国”。

第22栏，许可证/审批号：填写“***”。

第23、24栏，起运地和到达口岸：照实填写“上海”和“菲里克斯托”。

第25栏，生产单位注册号：填写“5678913579”。

第26栏，集装箱规格、数量及号码：填写“一个40尺集装箱”。

第27栏，合同、信用证订立的检验检疫条款或特殊要求：填写“***”。

第28栏，标记及号码：填写与发票上一样的唛头。

第29栏，随附单据：在发票、装箱单、合同和包装性能结果单前面的□内打“√”。

第30栏，需要证书名称：在出境货物通关单前面的□内打“√”。

第31栏，报检人郑重声明及签名：李莉签字。

李莉填好报检单（见图1—3—2）后，提交给出入境检验检疫机构，进行报检并联系检验，第三天，出入境检验检疫机构下厂检验，第五天，陈小安收到了出境货物通关单，如图1—3—3所示。

中华人民共和国出入境检验检疫
出境货物报检单

*编号

报检单位登记号 1234524680　　联系人 李莉　　电话 86345678　　报检日期 2009 年 7 月 25 日

发货人	（中文）	杭州婉丽进出口有限公司
	（外文）	***
收货人	（中文）	***
	（外文）	***

货物名称（中/外文）	H. S. 编码	产地	数/重量	货物总值	包装种类及数量
坐垫套 CUSHION COVER	6302401010	浙江杭州	20 000 个	44 000.00 英镑	200 纸箱

运输工具名称号码	船舶	贸易方式	一般贸易	货物存放地点	厂内
合同号	WL09E0620	信用证号	DC LDI300954	用途	其他
发货日期	2009 年 8 月 5 日	输往国家（地区）	英国	许可证/审批号	***
起运地	上海	到达口岸	菲里克斯托	生产单位注册号	5678913579
集装箱规格、数量及号码	一个 40 尺集装箱				

合同、信用证订立的检验检疫条款或特殊要求	标记及号码	随附单据（划“√”或补填）	
***	VERSIONS C COVER O/NO. 599/2009 FELIXSTOWE NO. 1-200	☑合同 ☐信用证 ☑发票 ☐换证凭单 ☑装箱单 ☐厂检单	☑包装性能结果单 ☐许可/审批文件 ☐ ☐ ☐ ☐

需要证书名称（划“√”或补填）				*检验检疫费	
☐品质证书	__正__副	☐植物检疫证书	__正__副	总金额（人民币）	
☐重量证书	__正__副	☐熏蒸/消毒证书	__正__副		
☐数量证书	__正__副	☐出境货物换证凭条		计费人	
☐兽医卫生证书	__正__副	☑出境货物通关单			
☐健康证书	__正__副	☐		收费人	
☐卫生证书	__正__副	☐			
☐动物卫生证书	__正__副	☐			

报检人郑重声明：(31)	领取证书	
1. 本人被授权报检。 2. 上列填写内容正确属实，货物无伪造或冒用他人的厂名、标志、认证标志，并承担货物质量责任。 签名：李莉（手签）	日期	
	签名	

注：有“*”号栏由出入境检验检疫机关填写　　◆国家出入境检验检疫局制

图 1—3—2　出境货物报检单实例

中华人民共和国出入境检验检疫
出境货物通关单

编号 310616188018204

1. 发货人 杭州婉丽进出口有限公司 ***			5. 标记及唛码 VERSIONS C COVER O/NO. 599/2009 FELIXSTOWE NO. 1-200
2. 收货人 *** ***			
3. 合同/信用证号 WL09E0620/ *** ***	4. 输往国家或地区 英国		
6. 运输工具名称及号码 船舶 ***	7. 发货日期 2009. 08. 05		8. 集装箱规格及数量 1×40FCL
9. 货物名称及规格	10. H. S. 编码	11. 申报总值	12. 数/重量、包装数量及种类
坐垫套 CUSHION COVER 以下空白	6302401010 以下空白	44 000. 00 英镑 以下空白	20 000 个 200 纸箱 以下空白

13. 证明

上述货物已经检验检疫，请海关予以放行。

本通关单有效期至 2009 年 9 月 27 日。

签字：许昌　　日期：2009 年 7 月 29 日

14. 备注

图 1—3—3　出境货物通关单实例

训练测试题目

2009 年 4 月 10 日，江苏江阴红星织造厂张晓敏根据外贸公司提供的发票、装箱单、合同（副本）和自己企业准备的纸箱合格证，向江苏江阴出入境检验检疫局报检，有 24 000米棉涤染色牛仔布（DYED JEAN FABRIC）将于 2009 年 4 月 19 日从上海出口到加拿大的多伦多。请按照惯例和下面提供的资料帮助张晓敏缮制出境货物报检单。

发货人：上海凯利纺织品进出口公司　　报检单位登记号：3309211223

生产单位注册号：4158422334　　联系人：张晓敏

电话：68029378　　商品编码：5210320010

包装：60 包　　总值：36 960 美元

信用证号码：T-017641　　合同号：23CA1006

产地：江苏江阴　　装运：40 尺集装箱拼箱出口

唛头：

THOMSON
23CA1006
TORONTO
NO. 1-60

项目4 出口货物报关

项目引入

在我国，一般货物的出口必须通过海关的审单、查验、征税、放行四个环节，因此出口货物的发货人（出口商）或其代理人（货代或报关行）必须按照海关的规定办理相应的出口申报、配合查验、缴纳税费和装运手续。

进出口货物报关是一项十分复杂和专业性很强的工作，需要由既熟悉国际贸易、法律、税务、商品学等各方面知识，又掌握海关法律法规和海关业务制度的专业人员办理。而且报关行为的发生意味着当事人与海关行政法律关系的产生，如果当事人在报关行为中出现差错、纰漏，将依法受到相关的行政处罚，若触犯法律，还要受到刑事处罚。

因此在进出口实务中，为了提高通关效率，节省通关费用，避免无意识的违法违规行为发生，一些外贸公司通常自己不办理报关手续，而是委托一些具备了报关资格，同时又熟知国际贸易常识的报关企业（货代或报关行）办理有关货物的进出口报关手续，并向其支付相应的代理手续费。所以在实务中，外贸公司的单证员将相应的报关所需单据交给报关企业即可。

学习目标

应知目标

1. 了解报关的基本知识
2. 熟悉进出口货物的报关程序和随附单据种类
3. 掌握出口货物报关单的内容

应会目标

1. 能够根据信用证和/或合同以及有关资料填制代理报关委托书
2. 能够根据信用证和/或合同以及有关资料缮制出口货物报关单

任务1 填制代理报关委托书

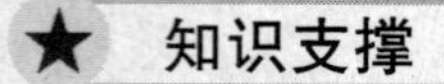

一、自理报关与代理报关

《海关法》第9条规定："进出口货物，除另有规定的外，可以由进出口货物收发货人自行办理报关纳税手续，也可以由进出口货物收发货人委托海关准予注册登记的报关企业办理报关纳税手续。"这一规定从法律上明确了进出口货物的报关行为根据实施者不同，可以分为自理报关和代理报关两大类。

（1）自理报关：进出口货物收发货人自行办理报关业务。根据我国海关目前的规定，进出口货物收发货人必须依法向海关注册登记后方能办理报关业务。

（2）代理报关：报关企业代理货物的收发货人进行报关。报关企业必须获得注册登记许可并且进行注册登记。代理报关可分为直接代理报关和间接代理报关。直接代理报关是指以委托人的名义报关纳税。在直接代理报关中，法律后果直接作用于被代理人即委托人。间接代理报关是指以报关企业自身名义报关纳税。在间接代理报关中，报关企业承担委托人责任。

二、报关单位

报关单位是指依法在海关注册登记的进出口货物收发货人和报关企业。进出口货物收发货人是指依法直接进口或者出口货物的中华人民共和国关境内的法人、其他组织和个人。报关企业是指按照规定经海关准予注册登记，接受进出口货物收发货人的委托，以进出口货物收发货人的名义或者自己的名义，向海关办理代理报关业务，从事报关服务的境内企业法人。

进出口货物报关是一项专业性很强的工作。有些进出口货物收发货人由于经济、时间、地点等方面的原因不能或者不愿自行办理报关手续，便在实践中产生了委托报关的需要。在我国的外贸实践中，进出口货物收发货人大多委托报关企业办理货物出入境的报关手续。

三、代理报关委托书

(一) 代理报关委托书的含义

代理报关委托书是一种格式文书，是进出口货物收发货人委托报关企业办理报关等通关事宜，明确双方责任和义务的书面证明。目前使用的版本是2005年5月1日开始启用的全国规范统一的“代理报关委托书/委托报关协议”，其正面内容如图1—4—1所示。

代理报关委托书

(1) 编号：□□□□□□□□□□□□□

(2) 我单位现（A逐票、B长期）委托贵公司代理　　　　等通关事宜（A填单申报、B辅助查验、C垫缴税款、D办理海关证明联、E审批手册、F核销手册、G申办减免税手续、H其他）。详见《委托报关协议》。

我单位保证遵守《海关法》和国家有关法规，保证所提供的情况真实、完整、单货相符。否则，愿承担相关法律责任。

本委托书有效期自签字之日起至　　年　　月　　日止。

委托方（盖章）：

法定代理人或其授权签署《代理报关委托书》的人（签字）：

年　　月　　日

委托报关协议

为明确委托报关具体事项和各自责任，双方经平等协商签订协议如下：

委托方	(3)
主要货物名称	(4)
H.S. 编码	(5)
货物总价	(6)
进出口日期	(7)　年　月　日
提单号	(8)
贸易方式	(9)
原产地/货源地	(10)
其他要求：	
背面所列通用条款是本协议不可分割的一部分，对本协议的签署构成了对背面通用条款的同意。	
委托方业务签章：(11) 经办人签章： 联系电话： 年　月　日	

被委托方	(12)			
*报关单编码	(13)			
收到单证日期	(14)			
收到单证情况(15)	合同	□	发票	□
	装箱单	□	提(运)单	□
	加工贸易手册	□	许可证件	□
	其他			
报关收费(16)	人民币：			
承诺说明：				
背面所列通用条款是本协议不可分割的一部分，对本协议的签署构成了对背面通用条款的同意。				
被委托方业务签章：(17) 经办报关员签章： 联系电话： 年　月　日				

（白联：海关留存，黄联：被委托方留存，红联：委托方留存）　　中国报关协会监制

图1—4—1　空白代理报关委托书

（二）代理报关委托书的缮制

代理报关委托书有17项内容，填写要领如下：

（1）委托书编号：共11位数字，由委托方按流水号填入。

（2）委托事宜：在A至H项中选一项或若干项填入，如“我单位现B委托贵公司代理A、B、D等通关事宜”，意思是：我单位现长期委托贵公司代理填单申报、辅助查验、办理海关证明联等通关事宜。委托事宜填完后，还要填入委托书有效期、委托日期，以及委托方盖章签字。

（3）委托方：填写出口商名称及在海关登记备案时的10位数海关代码。

（4）主要货物名称：填写该批出口货物的名称。

（5）H.S. 编码：填写该批出口货物的税则号。

（6）货物总价：填写该批出口货物的总价。

（7）进出口日期：出口时填写出口日期，进口时填写进口日期。

（8）提单号：此栏出口商往往不填，等配舱办妥后，有了提单，报关企业再添加上去。

（9）贸易方式：填写“一般贸易”、“进料加工”、“来料加工”等。

（10）原产地/货源地：出口时填写货源地，进口时则填写原产地。

（11）委托方业务签章：由出口商盖章，并写上出口公司的具体联系人以及联系电话与填写委托报关协议的日期。

（12）被委托方：填写报关企业的名称。

（13）报关单编码：此栏出口商可以不填写，由报关企业在报关时自行添加。

（14）收到单证日期：由报关企业填写收到出口商的报关单证的日期。

（15）收到单证情况：由报关企业在收到的单证名称后的□内打“√”，如果出口商提供的单证名称没有在委托报关协议中列出，就在“其他”后面加填。

（16）报关收费：一般情况下，一次报关费用为人民币100元。

（17）被委托方业务签章：此处由报关企业盖章，还要写上报关企业的报关员姓名，一般由具体经办报关员签章，以及填写委托报关协议的日期。

另外，“其他要求”和“承诺说明”是出口商与报关企业之间的约定，可以由双方协商填写（具体的约定各不相同）。

工作任务实训

一、任务情境

杭州婉丽进出口有限公司的陈小安在安排杭州双溪制衣厂办理报检的同时，填写代理报关委托书和出口货物报关单，寄给上海德威国际集装箱货运公司，委托“德威”在上海代理出口报关。

其他相关资料如下：

委托日期：2009 年 7 月 29 日

委托方：3301911567 杭州婉丽进出口有限公司

被委托方：上海德威国际集装箱货运公司

主要货物名称：坐垫套/挂毯

H. S. 编码：6302401010/5803009000

货物总价：74 150 英镑

出口日期：2009 年 8 月 5 日

贸易方式：一般贸易

货源地：杭州

收到单证情况：发票、核销单、装箱单、通关单

报关收费：人民币 100 元

经办人：陈小安

联系电话：13123456789

报关员：王健/3105980015203216

联系电话：58021234

二、工作任务

单证员陈小安的工作是根据第 DC LDI300954 号信用证和上述相关资料，填写代理报关委托书，然后寄给上海德威国际集装箱货运公司由其进行报关。

三、任务实施

根据上述有关资料，代理报关委托书第 3 栏至第 15 栏的填写如下所述：

第 3 栏，委托方：填写“3301911567”和“杭州婉丽进出口有限公司”。

第 4 栏，主要货物名称：填写“坐垫套/挂毯”。

第 5 栏，H. S. 编码：填写“6302401010”和“5803009000”。

第 6 栏，货物总价：填写“74 150 英镑”。

第 7 栏，进出口日期：填写出口日期“2009 年 8 月 5 日”。

第 8 栏，提单号：“婉丽”不填写，报关时由“德威”加上去。

第 9 栏，贸易方式：填写“一般贸易”。

第 10 栏，原产地/货源地：填写货物产地“浙江杭州”。

第 11 栏，委托方业务签章：由“婉丽”盖章，并写上陈小安的姓名、联系电话，填写委托报关协议的日期。

第 12 栏，被委托方：填写“德威”的名称。

第 13 栏，报关单编码：“婉丽”不填写，报关时由“德威”加上去。

第 14 栏，收到单证日期：由“德威”填写收到“婉丽”报关单证的日期。

第 15 栏，收到单证情况：由“德威”在收到的单证（发票、装箱单）后的□内打“√”，并加注出境货物通关单和核销单。

第 16 栏，报关收费：填写人民币“100 元”。

第 17 栏，被委托方业务签章：由“德威”盖章，并写上报关员王健的姓名、联系电话，填写委托报关协议的日期。

填写好的“代理报关委托书”见图 1—4—2。

代理报关委托书

编号：12345678901

我单位现 B（A 逐票、B 长期）委托贵公司代理 A、B、D 等通关事宜（A 填单申报、B 辅助查验、C 垫缴税款、D 办理海关证明联、E 审批手册、F 核销手册、G 申办减免税手续、H 其他）。详见《委托报关协议》。

我单位保证遵守《海关法》和国家有关法规，保证所提供的情况真实、完整、单货相符。否则，愿承担相关法律责任。

本委托书有效期自签字之日起至 2009 年 8 月 8 日止。

委托方（盖章）：杭州婉丽进出口有限公司(章)

法定代理人或其授权签署《代理报关委托书》的人（签字）：陈小安

2009 年 7 月 29 日

委托报关协议

为明确委托报关具体事项和各自责任，双方经平等协商签订协议如下：

委托方	3301911567 杭州婉丽进出口有限公司
主要货物名称	坐垫套/挂毯
H. S. 编码	6302401010/5803009000
货物总价	74 150 英镑
进出口日期	2009 年 8 月 5 日
提单号	
贸易方式	一般贸易
原产地/货源地	浙江杭州
其他要求：	
背面所列通用条款是本协议不可分割的一部分，对本协议的签署构成了对背面通用条款的同意。	
委托方业务签章：杭州婉丽进出口有限公司(章) 经办人签章：陈小安 联系电话：13123456789 2009 年 7 月 29 日	

被委托方	上海德威国际集装箱货运公司			
* 报关单编码				
收到单证日期				
收到单证情况	合同	□	发票	☑
	装箱单	☑	提（运）单	□
	加工贸易手册	□	许可证件	□
	其他：出境货物通关单、核销单			
报关收费	人民币：100 元			
承诺说明：				
背面所列通用条款是本协议不可分割的一部分，对本协议的签署构成了对背面通用条款的同意。				
被委托方业务签章：上海德威国际集装箱货运公司(章) 经办报关员签章：王健/3105980015203216 联系电话：58021234 2009 年 7 月 29 日				

（白联：海关留存，黄联：被委托方留存，红联：委托方留存） 中国报关协会监制

图 1—4—2 代理报关委托书实例

任务 2　填制出口货物报关单

★ 知识支撑

一、进出口货物的报关程序

进出口货物的报关程序是指进出口货物收发货人、运输工具负责人、物品所有人或其代理人按照海关的规定，办理货物、物品、运输工具进出境及相关海关事务的手续和步骤。

根据时间的先后顺序和海关管理要求的不同，进出境货物的报关一般可分为前期报关程序、进出境报关程序和后续报关程序三类。

前期报关程序一般要求进出口货物在实际进出境之前向海关办理，主要内容是出口货物的发货人向海关说明有关出口货物的情况，申请适用特定的报关程序。如加工贸易备案申请、特定减免税进口货物的减免税申请等。

进出境报关程序是指进出口货物在进出境环节向现场海关履行的手续。这一环节主要包括申报、陪同查验、缴纳税费、提取或装运货物等海关手续，需要在货物实际进出境时向海关办理。

后续报关程序主要是指进出口货物实际进出境以后，进、出口商或受委托的货代公司根据海关管理的要求，向海关办理旨在证明有关进出口货物合法进出口、在境内合规使用并已经完结有关海关监管义务的手续。如加工贸易核销、特定减免税进口货物解除海关监管等海关手续。

一般进出口货物只需适用进出境报关程序，保税加工货物、特定减免税进口货物、暂准（时）进出口货物需要适用前期报关程序、进出境报关程序和后续报关程序。具体见表 1—4—1。

表 1—4—1　　进出口货物的报关程序

<table>
<tr><th>货物类别</th><th>前期报关</th><th>进出境报关</th><th>后续报关</th></tr>
<tr><td>一般进出口货物</td><td>无</td><td rowspan="4">申报
↓
查验
↓
征税
↓
放行</td><td>无</td></tr>
<tr><td>保税加工货物</td><td>登记备案</td><td>核销、结关</td></tr>
<tr><td>特定减免税进口货物</td><td>资格认定</td><td>解除监管</td></tr>
<tr><td>暂准（时）进出口货物</td><td>备案、担保</td><td>销案、退保</td></tr>
</table>

二、出口货物的申报

（一）申报的含义

申报是指出口商或受委托的报关企业，依照《海关法》以及有关法律、行政法规和规章的要求，在规定的期限、地点，采用电子数据报关单和纸质报关单形式，向海关报告实际出口货物的情况，并接受海关审核的行为。

对出口货物的报关单位而言，如实申报是申报环节的基本要求。如实申报是指报关单位应当保证申报内容的真实性、准确性、完整性和规范性，并承担相应的法律责任。出口商只有履行了如实申报义务，才能够完成相应的通关义务，获取出口货物的放行。

（二）申报的时间

为了加强海关对出口货物的监管，切实保证出口货物的实际出口行为符合国家法律法规的规定，方便海关对出口货物的监控和查验，海关要求出口货物在实际运抵海关监管区后再向海关申报。

根据《海关法》的规定，除海关特准外，出口商或受委托的报关企业应当在货物运抵海关监管区后，装货的 24 小时以前，向海关申报。

（三）申报的方式

申报方式指的是出口货物申报所使用的手段和方法。在我国，目前主要有电子数据报关单和纸质报关单两种申报方式。

电子数据报关单申报方式是指出口商或受委托的报关企业，通过计算机系统，按照《中华人民共和国海关进出口货物报关单填制规范》的要求，向海关传送报关单电子数据的申报方式。纸质报关单申报方式是指出口商或受委托的报关企业，备齐随附单据，向海关当面递交的申报方式。

（四）申报的手续

出口货物的申报工作一般包括准备单证、确认货物、正式报关、报关数据的修改或撤销等几个环节。

1. 准备单证

出口货物申报要准备的单证分两大类：基本单证和随附单据。基本单证就是出口货物报关单，随附单据又分四种：商业单据、货运单据、官方单据和备用单据。出口货物申报要准备的单证如表 1—4—2 所示。

表 1—4—2 **出口货物申报要准备的单证**

基本单证	随附单据			
	商业单据	货运单据	官方单据	备用单据
出口货物报关单	商业发票 装箱单 代理报关委托书 出口收汇核销单 加工贸易登记手册	装货单 出境汽车载货清单 航空货运单 快递单或邮局收据	出境货物通关单 出口许可证	买卖合同 知识产权申报单 退运证明

备注：自 2012 年 8 月 1 日起，出口收汇核销单已取消。

2. 确认货物

为了做到依法申报、如实申报，出口商（如杭州婉丽进出口有限公司）或受委托的报关企业（如上海德威国际集装箱货运公司）应当认真检查货物，确认货物与申报的单证一致。

3. 正式报关

正式报关是报关人对所申报的出口货物的合法性承担相应法律责任的开始。正式报关是指出口商或受委托的报关企业，以规定的方式向海关递交申报资料，确认出口货物，履行相应义务，并承担相应法律责任的行为。按照现行规定，报关单位向海关申报，除特殊情况外，都应当以电子数据报关单的形式向海关申报，并在规定的时间内向海关递交纸质报关单。

海关审结电子数据报关单后，出口商或受委托的报关企业应当向海关递交打印出的纸质报关单及规定的随附单据，办理相关海关手续。

4. 报关数据的修改或撤销

出口货物报关单数据一旦向海关提交，经海关计算机系统处理或海关人工处理后，即意味着申报行为产生了法律效力。因此，海关接受出口货物的申报后，对于出口货物的申报内容不得进行修改，报关单证也不得撤销。

但在实务中，报关单数据提交海关后，会发生一些特殊事件，使得报关单不得不进行修改或撤销。因此，根据 2006 年 2 月 1 日起实施的《中华人民共和国海关进出口货物报关单修改和撤销管理办法》，确有正当理由的，经海关审核批准后，可以进行修改或撤销。出口货物报关单修改或撤销后，纸质报关单和电子数据报关单应当一致。

出口商或受委托的报关企业申请报关单据修改或撤销的条件包括以下几个：

（1）由于报关员操作/书写失误造成所申报的报关单内容有误，但未发现有走私违规或其他违法嫌疑。

（2）出口货物放行后，由于装运、配载等原因造成原申报货物部分或者全部退关、变更运输工具的。

（3）出口货物在装载、运输、存储过程中，因溢短装、不可抗力的灭失、短损等原因造成原申报数据与实际货物不符的。

（4）根据贸易惯例先行采用暂定价格成交，实际结算时按商检品质认定或者国际市场价格付款方式需要修改申报内容的。

（5）由于计算机、网络系统等方面的原因导致电子数据申报错误的。

（6）其他特殊情况下经海关核准同意的。

但是海关已决定布控、查验的，以及涉案的出口货物的报关单在办结前不得修改或撤销。

海关发现报关单需要进行修改或撤销，但出口商或受委托的报关企业未提出申请的，海关应当通知出口商或者受委托的报关企业。在这种情况下，出口商或受委托的报关企业应当填写“出口货物报关单修改/撤销确认书”，对报关单修改或撤销的内容确认，确认后海关完成对进出口货物报关单的修改或撤销。

海关也可以直接决定是否予以修改或撤销报关单。予以修改或撤销的，海关应当及时完成相关操作；不予以修改或撤销的，应当及时通知出口商或受委托的报关企业，并说明理由。

三、出口货物的查验、征税和放行

出口货物完成申报后，就可能会面临“查验”。由于人手关系，现在的出口货物查验是“抽查”，不是每票必查。所以一旦出口货物被抽到“查验”，货代或报关行要及时联系出口商，配合海关查验。出口商可以自已到场，也可以委托货代或报关行到场。如果出口商、货代或报关行都不到场，海关可以行使“径行查验”的权力，自行开拆货物包装进行查验。

为鼓励出口，世界各国一般不征收出口税，或仅对少数商品征收出口税。征收出口关税的主要目的是限制、调控某些商品的过度、无序出口，特别是防止本国一些重要自然资源的原材料的无序出口。

出口商或受委托的报关企业在依法办理申报、陪同查验、缴纳税费等手续，获得海关放行后，便可向海关领取盖有海关“放行章”的“装货单（集装箱托运单第 5 联）”或海关特制的放行条，到港区、机场等海关监管区提取出口货物，装上运输工具。出口货物装上运输工具后，出口商（卖方）便完成了交货任务。

根据国家外汇、税务、海关对加工贸易等管理的要求，出口商或受委托的报关企业办结海关手续后，可以向海关申请签发下列报关证明联：用于办理出口退税的出口货物报关单证明联；用于办理收汇核销的出口货物报关单证明联；用于办理加工贸易核销的报关单海关核销联。

四、出口货物报关单的填制

（一）出口货物报关单的填制内容

出口货物报关单（见图 1—4—3）共有 47 个填制栏目，其中，“税费征收情况”和“海关审单批注及放行日期（盖章）”不需要出口商填写，其余都必须填写。

中华人民共和国海关出口货物报关单

预录入编号：(1) 海关编号：(2)

出口口岸 (3)	备案号 (4)	出口日期 (5)	申报日期 (6)
经营单位 (7)	运输方式 (9)	运输工具名称 (10)	提运单号 (11)
发货单位 (8)	贸易方式 (12)	征免性质 (13)	结汇方式 (14)
许可证号 (15)	运抵国（地区）(16)	指运港 (17)	境内货源地 (18)

批准文号 (19)	成交方式 (20)	运费 (21)	保费 (22)	杂费 (23)
合同协议号 (24)	件数 (25)	包装种类 (26)	毛重（千克）(27)	净重（千克）(28)
集装箱号 (29)	随附单据 (30)		生产厂家 (31)	

标记唛码及备注 (32)

项号	商品编号	商品名称、规格型号	数量及单位	最终目的国（地区）	单价	总价	币制	征免
(33)	(34)	(35)	(36)	(37)	(38)	(39)	(40)	(41)

税费征收情况 (42)

录入员 (43) 录入单位 (44)	兹声明以上申报无讹并承担法律责任	海关审单批注及放行日期（盖章）(47)	
报关员		审单	审价
单位地址		征税	统计
申报单位（签章）(45)		查验	放行
邮编 电话 填制日期 (46)			

图 1—4—3 空白出口货物报关单

报关单填制规范如下：

(1) 预录入编号：此栏目填报预录入报关单的编号，预录入编号规则由接受申报的海关决定。出口商缮制报关单时此栏可以留空。

(2) 海关编号：此栏目填报海关接受申报时给予报关单的编号，一份报关单对应一个海关编号。报关单海关编号为18位，其中，1至4位为接受申报海关的编号（《海关关区代码表》中相应的海关代码），5至8位为海关接受申报的公历年份，第9位为进出口标志（“1”为进口，“0”为出口）。出口商缮制报关单时此栏可以留空。

(3) 出口口岸：此栏目应根据货物实际出境的口岸海关，填报《海关关区代码表》中相应口岸海关的名称及代码。海关关区代码表如表1—4—3所示。

表1—4—3　海关关区代码表

关区代码	关区名称	关区代码	关区名称
0100	北京关区	2228	长宁区站
0200	天津关区	2229	航交办
0400	石家庄区	2230	徐汇区站
0500	太原海关	2232	嘉定出口
0600	满洲里关	2233	浦东机场
0700	呼特关区	2234	沪钻交所
0800	沈阳关区	2235	松江加工
0900	大连海关	2300	南京海关
1500	长春关区	2900	杭州关区
1900	哈尔滨区	3100	宁波关区
2200	上海海关	3300	合肥海关
2201	浦江海关	3500	福州关区
2202	吴淞海关	3700	厦门关区
2203	沪机场关	4000	南昌关区
2204	闵开发区	4200	青岛海关
2205	沪车站办	4600	郑州关区
2206	沪邮局办	4700	武汉海关
2207	沪稽查处	4900	长沙关区
2208	宝山海关	5100	广州海关
2209	龙吴海关	5200	黄埔关区
2210	浦东海关	5300	深圳海关
2211	卢湾监管	5700	拱北关区
2212	奉贤海关	6000	汕头海关
2213	莘庄海关	6400	海口关区
2214	漕河泾发	6700	湛江关区
2215	虹桥开发	6800	江门关区
2216	沪金山办	7200	南宁关区
2217	嘉定海关	7900	成都关区
2218	外高桥关	8000	重庆关区
2219	杨浦监管	8300	贵阳海关
2220	金山海关	8600	昆明关区

续前表

关区代码	关区名称	关区代码	关区名称
2221	松江海关	8800	拉萨海关
2222	青浦海关	9000	西安关区
2223	南汇海关	9400	乌关区
2224	崇明海关	9500	兰州关区
2225	外港海关	9600	银川海关
2226	贸易网点	9700	西宁关区
2227	普陀区站		

(4) 备案号：此栏目填报进出口货物收发货人在海关办理加工贸易合同备案或征税、减税、免税备案审批等手续时，海关核发的《中华人民共和国海关加工贸易手册》(以下简称《加工贸易手册》)、电子账册及其分册、《进出口货物征免税证明》或其他备案审批文件的编号。一份报关单只允许填报一个备案号，一般贸易项下本栏留空。

(5) 出口日期：指运载出口货物的运输工具办结出境手续的日期，此栏目仅供海关签发打印报关证明联时用，出口商在申报时可免予填报。此栏目为8位数字，顺序为年(4位)、月(2位)、日(2位)。

(6) 申报日期：指海关接受进出口货物收发货人或受委托的报关企业申报数据的日期。以电子数据报关单方式申报的，申报日期为海关计算机系统接受申报数据时记录的日期。以纸质报关单方式申报的，申报日期为海关接受纸质报关单并对报关单进行登记处理的日期。申报日期为8位数字，顺序为年(4位)、月(2位)、日(2位)。出口商在申报时此栏目可免予填报。

(7) 经营单位：此栏目填报在海关注册登记的对外签订并执行进出口贸易合同的中国境内法人、其他组织或个人的名称及海关注册编码。

(8) 发货单位：此栏目填报出口货物在境内的生产或销售单位的名称，包括自营出口货物的单位和委托进出口企业出口货物的单位。

有海关注册编码或加工企业编码的发货单位，此栏目应填报其中文名称及编码；没有编码的，应填报其中文名称。一般贸易项下，发货单位应与经营单位一致。使用《加工贸易手册》管理的货物，报关单的发货单位应与《加工贸易手册》的“加工企业”一致。

(9) 运输方式：包括实际运输方式和海关规定的特殊运输方式，前者指货物实际进出境的运输方式，按进出境所使用的运输工具分类；后者指货物无实际进出境的运输方式，按货物在境内的流向分类。

此栏目应根据货物实际进出境的运输方式或货物在境内流向的类别，按照海关规定的《运输方式代码表》，选择填报相应的运输方式。

(10) 运输工具名称：指载运货物进出境的运输工具的名称或运输工具编号。航次号指载运货物进出境的运输工具的航次编号。报关单“运输工具名称”与“航次号”的填报内容应与运输部门向海关申报的舱单(载货清单)所列相应内容一致。在纸质报关单上，“运输工具名称”与“航次号”合并填报在“运输工具名称”一个栏目内。

(11) 提运单号：此栏目填报出口货物提单或运单的编号。一份报关单只允许填报一个提单或运单号，一票货物对应多个提单或运单时，应分单填报。

（12）贸易方式（监管方式）：此栏目应根据实际对外贸易情况按海关规定的《监管方式代码表》，选择填报相应的监管方式简称及代码。一份报关单只允许填报一种监管方式。

（13）征免性质：此栏目应根据实际情况，按海关规定的《征免性质代码表》，选择填报相应的征免性质简称及代码，持有海关核发的《进出口货物征免税证明》的，应按照证明中批注的征免性质填报。一份报关单只允许填报一种征免性质。

（14）结汇方式：按海关规定的《结汇方式代码表》，选择填报相应的结汇方式名称或代码。如电汇代码是2，付款交单代码是4，信用证代码是6等。

（15）许可证号：此栏目填报以下许可证的编号：出口许可证、两用物项和技术出口许可证、两用物项和技术出口许可证（定向）、出口许可证（加工贸易）、出口许可证（边境小额贸易）。一份报关单只允许填报一个许可证号。

（16）运抵国（地区）：此栏目填报出口货物离开我国关境直接运抵或者在运输中转国（地区）未发生任何商业性交易的情况下最后运抵的国家（地区）。不经过第三国（地区）转运的直接运输进出口货物，以出口货物的指运港所在国（地区）为运抵国（地区）。经过第三国（地区）转运的出口货物，如在中转国（地区）发生商业性交易，则以中转国（地区）作为运抵国（地区）。

（17）指运港：此栏目填报出口货物运往境外的最终目的港；最终目的港不可预知的，按尽可能预知的目的港填报。

（18）境内货源地：此栏目填报出口货物在国内的产地或原始发货地。出口货物产地难以确定的，填报最早发运该出口货物的单位所在地。

（19）批准文号：此栏目填报出口收汇核销单编号。

（20）成交方式：此栏目应根据出口货物实际成交价格条款，按海关规定的《成交方式代码表》，选择填报相应的成交方式及代码。如CIF代码是1，CFR代码是2，FOB代码是3；CIP按CIF填报，CPT按CFR填报，FCA按FOB填报。

（21）运费：此栏目填报出口货物运至我国境内输出地点装载后的运输费用。在H2000报关系统中，有币制和金额两项内容，都要填报。运保费合并计算的，填报在本栏目。运费标记“1”表示运费率，“2”表示每吨货物的运费单价，“3”表示运费总价。

（22）保费：此栏目填报出口货物运至我国境内输出地点装载后的保险费用。在H2000报关系统中，有币制和金额两项内容，都要填报。运保费合并计算的，本栏目免予填报。保险费标记“1”表示保险费率，“3”表示保险费总价。

（23）杂费：此栏目填报成交价格以外的，按照《中华人民共和国进出口关税条例》相关规定应计入完税价格或应从完税价格中扣除的费用，如佣金、手续费等。杂费标记“1”表示杂费率，“3”表示杂费总价。

（24）合同协议号：此栏目填报出口货物涉及的合同（包括协议或订单）编号，一份报关单只能填写一个合同号，若出口货物涉及多个合同，则应分开申报。

（25）件数：此栏目填报有外包装的出口货物的实际件数，一般情况下与提单上显示的件数一致。特殊情况填报要求如下：舱单件数为集装箱的，填报集装箱个数；舱单件数为托盘的，填报托盘数。

此栏目不得填报为“0”，裸装货物填报为“1”。

(26) 包装种类：此栏目应根据出口货物的实际外包装种类，按海关规定的《包装种类代码表》，选择填报相应的包装种类代码。如果实际包装种类有多种，则可填报为“件(Packages)”，裸装、散装货物的包装种类填报为“裸装”或“散装”。

(27) 毛重（千克）：此栏目填报出口货物及其包装材料的重量之和，计量单位为千克，不足1千克的填报为“1”。如果货物的毛重在1千克以上且非整数，其小数点后保留4位，第5位及以后略去。

(28) 净重（千克）：此栏目填报出口货物的毛重减去外包装材料后的重量，即货物本身的实际重量，计量单位为千克，不足1千克的填报为“1”。小数点后的保留方法与毛重的保留方法相同。例如，净重98.456 78千克，“净重”栏的正确内容为“98.456 7”。

(29) 集装箱号：此栏目填报装载进出口货物（包括拼箱货物）集装箱的箱体信息。一个集装箱填一条记录，分别填报集装箱号码（在集装箱箱体上标示的全球唯一编号）、集装箱规格和集装箱自重。例如，COSU2381862/40/3 900，表示载货的集装箱的箱号是COSU2381862，规格是40尺，该集装箱自重是3 900千克。

非集装箱货物填报为“0”，一份报关单中有多个集装箱号的，其余填报在备注栏内。

(30) 随附单据：此栏目根据海关规定的《监管证件名称代码表》（见表1—4—4），选择填报除上述第15栏规定的许可证件以外的其他进出口许可证件或监管证件代码及编号。

表1—4—4　　监管证件名称代码表

许可证或批文代码	许可证或批文名称
1	进口许可证
2	两用物项和技术进口许可证
3	两用物项和技术出口许可证
4	出口许可证
5	纺织品临时出口许可证
6	旧机电产品禁止进口
7	自动进口许可证
8	禁止出口商品
9	禁止进口商品
A	入境货物通关单
B	出境货物通关单
D	出/入境货物通关单（毛坯钻石用）
E	濒危物种允许出口证明书
F	濒危物种允许进口证明书
G	两用物项和技术出口许可证（定向）
H	港澳OPA纺织品证明
I	精神药物进（出）口准许证
J	金产品出口证或人总行进口批件
K	深加工结转申请表

续前表

许可证或批文代码	许可证或批文名称
L	药品进出口准许证
O	自动进口许可证（新旧机电产品）
P	固体废物进口许可证
Q	进口药品通关单
S	进出口农药登记证明
T	银行调运现钞进出境许可证
W	麻醉药品进出口准许证
X	有毒化学品环境管理放行通知单
Y	原产地证明
Z	进口音像制品批准单或节目提取单
a	请审查预核签章
c	内销征税联系单
e	关税配额外优惠税率进口棉花配额
s	适用 ITA 税率的商品用途认定证明
t	关税配额证明
v	自动进口许可证（加工贸易）
x	出口许可证（加工贸易）
y	出口许可证（边境小额贸易）

此栏目分为随附单据代码和随附单据编号两栏，代码栏应按海关规定的《监管证件名称代码表》，选择填报相应证件代码。

注意：《监管证件名称代码表》以外的所有其他单据不在此栏内填报，如发票、装箱单、装货单等报关必备单据不在此栏内填报，海关备案凭证，如《加工贸易手册》、《进出口货物征免税证明》等，也不在此栏内填报。

(31) 生产厂家：此栏目填报出口商在境内生产企业，一般贸易项下可以留空，加工贸易项下必须是“发货单位”。

(32) 标记唛码及备注：此栏目填报要求如下：

1）填报标记唛码中除图形以外的文字、数字。

2）一份报关单中有多个集装箱号的，在此填报除第一个集装箱号以外的其余集装箱号。

3）申报时其他必须说明的事项填报在此栏目。

(33) 项号：此栏目分两行填报及打印。第一行填报报关单中的商品顺序编号；第二行专用于加工贸易、减免税等已备案、审批的货物，填报和打印该项货物在《加工贸易手册》或《进出口货物征免税证明》等备案、审批单证中的顺序编号。

(34) 商品编号：此栏目应填报由《中华人民共和国海关进出口税则》确定的进出口货物的税则号和《中华人民共和国海关统计商品目录》确定的商品编码，以及符合海关监管要求的附加编号组成的 10 位商品编号。

(35) 商品名称、规格型号：此栏目分两行填报及打印。第一行填报出口货物规范的中文商品名称，第二行填报规格型号及英文。

商品名称、规格型号应据实填报，并与出口货物发货人或受委托的报关企业所提交的合同、发票等相关单证相符。

商品名称应当规范，规格型号应当足够详细，以能满足海关归类、审价及许可证件管理要求为准，可参照《中华人民共和国海关进出口商品规范申报目录》中对商品名称、规格型号的要求进行填报。

(36) 数量及单位：指进出口商品的实际数量及计量单位。

此栏目分三行填报及打印。第一行：填报法定第一计量单位；第二行：填报海关列明的第二计量单位，无第二计量单位的，本行留空或填“***”；第三行：填报成交计量单位及数量。

(37) 最终目的国（地区）：此栏目填报已知的出口货物的最终实际消费、使用或进一步加工制造国家（地区）。不经过第三国（地区）转运的直接运输货物，以运抵国（地区）为最终目的国（地区）；经过第三国（地区）转运的货物，以最后运往国（地区）为最终目的国（地区）。同一批出口货物的最终目的国（地区）不同的，应分别填报最终目的国（地区）。出口货物不能确定最终目的国（地区）时，以尽可能预知的最后运往国（地区）为最终目的国（地区）。

(38) 单价：此栏目填报同一项号下出口货物实际成交的商品单位价格，只填写阿拉伯数字，可以保留小数点后4位。

(39) 总价：此栏目填报同一项号下出口货物实际成交的商品总价格，只填写阿拉伯数字，保留小数点后2位。

(40) 币制：本栏目应按海关规定的《货币代码表》，选择相应的货币名称及代码填报，如《货币代码表》中无实际成交币种，需将实际成交货币按申报当日外汇折算率折算成《货币代码表》列明的货币填报。

(41) 征免：此栏目应按照海关核发的《进出口货物征免税证明》或有关政策规定，对报关单所列每项商品选择海关规定的《征减免税方式代码表》中相应的征减免税方式填报。此栏填报可参见表1—4—5。

表1—4—5　　征减免税方式代码表

征减免税方式代码	征减免税方式名称
1	照章征税
2	折半征税
3	全免
4	特案
5	征免性质
6	保证金
7	保函
8	折半补税
9	全额退税

（42）税费征收情况：此栏目供海关批注出口货物税费征收及减免情况，出口商不用填写。

（43）录入员：此栏目用于记录预录入操作人员的姓名。

（44）录入单位：此栏目用于记录预录入单位名称。

（45）申报单位：此栏目由申报单位填写并盖章，包括单位名称、地址、邮编和电话号码四项内容。

（46）填制日期：此栏目填报申报单位填制报关单的日期。本栏目为8位数字，顺序为年（4位）、月（2位）、日（2位）。

（47）海关审单批注及放行日期（盖章）：此栏目供海关作业时签注。

（二）出口货物报关单填制过程中的注意事项

在上述报关单的缮制过程中，有几项内容海关要求出口商不需填写，但出口商必须填写相关信息，而有几项内容海关要求出口商必填，但出口商在填写时可以留空不填，由接受委托的报关企业补充填写。

（1）出口口岸：根据海关要求，此栏目填写隶属海关（口岸海关）的名称及代码。但是出口商有时候并不知道货物将从哪个口岸出口，或者不知道口岸海关的代码，所以出口商可以在此栏写装运港的名称，由接受委托的报关企业在报关时填入正确的口岸海关名称及代码。

（2）出口日期：根据海关要求，此栏目仅供海关签发打印报关证明联时使用，可以不填，但是出口商一定要填写，因为这是出口商要求承运人装运出口货物的日期，涉及承运人与出口商各自的责任、权利与义务，出口商不能留空。

（3）运输工具名称：此栏目海关要求填写载货船舶的船名与航次，如果是空运，可以仅填航班号。但是在出口商填写报关单时，一般为货物实际出运前10天左右，出口商还不知道船名与航次，因此可以留空，由接受委托的报关企业在货物配载妥当后加填上去。当然，如果出口商在货物实际出运前10天左右就已经知道船名与航次了，则应按要求填写相应的船名与航次。

（4）提运单号：一般情况下，在货物出运前10天左右，出口商还未知提运单号，因此此栏可以留空，由接受委托的报关企业在报关前加填上去。

（5）集装箱号：出口商可以将此栏留空，理由同上。

（6）录入员与录入单位：在出口商填写报关单时，尚不知道录入员姓名与录入单位的名称，因此可以留空，或者写“999”，表示EDI录入。

（7）报关员：出口商可以留空此栏，理由同上，但接受委托的报关企业向海关报关时，此栏绝对不能留空。

（8）申报单位：如果“婉丽”在此盖的是自己单位的“报关专用章”，我们便称之为“原始报关单”（见图1—4—4）；如果是代理报关的报关企业盖的“报关专用章”，我们称之为“预录入报关单”。

关于报关单的填写，我国海关每年都会有新的规定，须与海关的规定相一致。

工作任务实训

一、任务情境

杭州婉丽进出口有限公司的陈小安填写出口货物报关单，连同已经填写好的代理报关委托书一起，寄给上海德威国际集装箱货运公司，委托“德威”在上海代理出口报关。

其他相关资料如下：

出口口岸：吴淞海关 2202　　核销单号：068323390

运费：3 000 美元　　保险费：220 美元

生产厂家：杭州双溪制衣厂　　出境货物通关单号：310616109018204

挂毯的第一计量单位：条　　第二计量单位：千克

坐垫套的海关计量单位与成交计量单位一致，没有第二计量单位。

二、工作任务

单证员陈小安的工作是根据第 DC LDI300954 号信用证、上述代理报关委托书和相关资料，缮制出口货物报关单，这份报关单仅供接受报关委托的报关企业参考用。

三、任务实施

根据惯例，出口货物报关单上的内容，除了品名等少数栏目外，都使用中文填写。“婉丽”的坐垫套与挂毯出口的报关单填写如下：

(1) 预录入编号：留空不填。

(2) 海关编号：留空不填。

(3) 出口口岸：填写“吴淞海关 2202”。

(4) 备案号：留空不填。

(5) 出口日期：填写“2009.08.05”。

(6) 申报日期：留空不填。

(7) 经营单位：填写“3301911567 杭州婉丽进出口有限公司”。

(8) 发货单位：填写“3301911567 杭州婉丽进出口有限公司”。

(9) 运输方式：填写“水路运输”。

(10) 运输工具名称：留空不填，由“德威”在报关时添加。

(11) 提运单号：留空不填，由“德威”在报关时添加。

(12) 贸易方式（监管方式）：填写“一般贸易”。

(13) 征免性质：填写“一般征税”。

(14) 结汇方式：填写“信用证”。

(15) 许可证号：留空不填。

（16）运抵国（地区）：填写“英国”。

（17）指运港：填写“菲里克斯托”，如果不知道卸货港的中文名称，填写英文也可以，由“德威”翻译成中文。

（18）境内货源地：填写“浙江杭州”。

（19）批准文号：填写“068323390”。

（20）成交方式：填写“CIF”。

（21）运费：填写“3 000 美元”。

（22）保费：填写“220 美元”。

（23）杂费：留空不填。

（24）合同协议号：填写“WL09E0620”。

（25）件数：填写“350”。

（26）包装种类：填写“纸箱”。

（27）毛重（千克）：填写“7 100.00”。

（28）净重（千克）：填写“6 250.00”。

（29）集装箱号：留空不填，由“德威”添加上去。

（30）随附单据：填写 B：310616109018204。

（31）生产厂家：可以填写“杭州双溪制衣厂”，也可以留空不填。

（32）标记唛码及备注：填写与发票上一样的唛头。

（33）项号：因为有两项货物出口，所以从 33 栏至 41 栏都要填写两大行。第一大行填写“1”，第二大行填写“2”。

（34）商品编号：第一大行填写“6302401010”，第二大行填写“5803009000”。

（35）商品名称、规格型号：第一大行分两小行，第 1 小行填写“坐垫套”，第 2 小行填写“CUSHION COVERS”。第二大行也分两小行，第 1 小行填写“挂毯”，第 2 小行填写“RUGS”。

（36）数量及单位：第一大行分三小行，第 1 小行填写“20 000 个”，第 2 小行填写“*** ”，第 3 小行填写“20 000 个”。第二大行也分三小行，第 1 小行填写“4 500条”，第 2 小行填写“2 250 千克”，第三小行填写“4 500 条”。

（37）最终目的国（地区）：两大行皆填写“英国”。

（38）单价：第一大行填写“2.20”，第二大行填写“6.70”。

（39）总价：第一大行填写“44 000.00”，第二大行填写“30 150.00”。

（40）币制：两大行皆填写“英镑”。

（41）征免：两大行皆填写“照章征税”。

（42）税费征收情况：留空不填。

（43）录入员：留空不填。

（44）录入单位：留空不填。

（45）申报单位：由“婉丽”盖章，填写“婉丽”全称、地址、邮编和电话号码，但是“报关员”项下留空。

（46）填制日期：填写“2009.07.29”。

（47）海关审单批注及放行日期（盖章）：留空不填。

陈小安填好报关单（见图1—4—4）后，寄给上海德威国际集装箱货运公司，以便“德威”准确录入报关信息，及时报关，按时出货。

中华人民共和国海关出口货物报关单

预录入编号： **海关编号：**

出口口岸 吴淞海关2202	**备案号**	**出口日期** 2009.08.05	**申报日期**
经营单位 3301911567 杭州婉丽进出口有限公司	**运输方式** 水路运输	**运输工具名称**	**提运单号**
发货单位 3301911567 杭州婉丽进出口有限公司	**贸易方式** 一般贸易	**征免性质** 一般征税	**结汇方式** 信用证
许可证号	**运抵国（地区）** 英国	**指运港** 菲里克斯托	**境内货源地** 浙江杭州

批准文号 068323390	**成交方式** CIF	**运费** 3 000美元	**保费** 220美元	**杂费**
合同协议号 WL09E0620	**件数** 350	**包装种类** 纸箱	**毛重（千克）** 7 100.00	**净重（千克）** 6 250.00
集装箱号	**随附单据** B：310616109018204		**生产厂家** 杭州双溪制衣厂	

标记唛码及备注

VERSIONS	VERSIONS
C COVER	RUG
O/NO. 599/2009	O/NO. 599/2009
FELIXSTOWE	FELIXSTOWE
NO. 1-200	NO. 1-150

项号	商品编号	商品名称、规格型号	数量及单位	最终目的国（地区）	单价	总价	币制	征免
1	6302401010	坐垫套 CUSHION COVERS	20 000个 *** 20 000个	英国	2.20	44 000.00	英镑	照章征税
2	5803009000	挂毯 RUGS	4 500条 2 250千克 4 500条	英国	6.70	30 150.00	英镑	照章征税

税费征收情况

录入员 录入单位	**兹声明以上申报无讹并承担法律责任**	**海关审单批注及放行日期（盖章）**	
报关员		**审单**	**审价**
单位地址 杭州莫干山路258号	（杭州婉丽进出口有限公司报关专用章）	**征税**	**统计**
申报单位（签章） **邮编** 31**** **电话** 88****	**填制日期** 2009.07.29	**查验**	**放行**

图1—4—4 出口货物报关单实例

? 训练测试题目

2009 年 4 月 19 日，上海凯利纺织品进出口公司（海关十位数代码 2201960060）有 24 000米棉涤染色牛仔布（DYED JEAN FABRIC）从上海外港海关（2225）出口到加拿大的多伦多，一般贸易，信用证结汇。请按照惯例和下面提供的资料缮制出口报关单（供报关企业预录入作参考）。

预录入编号：222520090043124561　　海关编号：222520090043124561

商品编码：5210320010　　产品规格：80/20 棉涤，94×60

包装：60 包　　合同号：23CA1006

单价：每米 1.54 美元　　总价：36 960.00 美元

产地：江苏江阴　　核销单号：842090816

装运：40 尺集装箱拼箱出口　　箱号：TGHU8663218

集装箱自重：3 900 千克　　毛重：7 500.00 千克

净重：7 020.00 千克　　船名与航次：MILD VICTORY V. 864

提单号：SH25TO2351　　贸易术语：CIF 多伦多

海运费：532.52 美元　　保险费：215.48 美元

通关单号：220008015701412　　计量单位：米

泛亚航运上海有限公司代理报关　　电话：68127812

报关员：王晓/2200980089211886

唛头：

THOMSON
23CA1006
TORONTO
NO. 1-60

5 项目 出口货运保险

项目引入

国际货物在长时间、长距离的运输过程中，要进行装卸、搬运和存储等多个环节，这就存在自然灾害或意外事故等风险，从而导致货物发生损坏或灭失。买卖双方为了保护自己的利益，必须办理货物运输保险，将风险转嫁给保险公司。因此，买卖双方在合同中会订立相应的保险条款，并根据不同的贸易术语及合同规定来办理相应的保险手续。如果是CIF条件成交，出口商办理投保手续可以与办理报检、报关手续同时进行，但是必须在装运前办妥。

学习目标

应知目标

1. 掌握出口货物投保单的内容
2. 掌握出口货物保险单的内容

应会目标

1. 能够根据信用证和/或合同以及有关资料填制投保单
2. 能够根据信用证和/或合同以及有关资料审核保险单

任务 1　填制出口货物投保单

★ 知识支撑

一、投保单的内容

投保申请单（简称投保单）一般是保险公司根据不同险种事先设计内容格式，由投保人根据贸易、运输、货物的实际情况（如采用信用证方式，还需按来证要求）进行填写。投保单是保险公司风险衡量、保费计算、合同订立（出保单）的依据。

投保单没有固定格式，由各保险公司自行设计，但一般都包括 15 项内容，在后文“二、投保单的缮制”将作具体分析，这里不再详述。图 1—5—1 是中国人保财险股份有限公司浙江省分公司的投保单样本。

二、投保单的缮制

(1) 发票号码（Invoice No.）：此栏填写对应的商业发票的号码。

(2) 被保险人名称（Name Insured）：在大多数情况下，此栏填写出口商的英文名称，并且不需要填写地址。有时候，某些信用证或合同会要求填写进口商的名称，保险公司也可照办。

(3) 标记及号码（Marks & Numbers）：此栏有两种填写方法：一种是直接填写唛码标记，和发票、提单等其他单证上填写的一致；另一种是填写 AS PER INV. NO. ×××，中文意思是根据发票号码×××。在实务中，后一种填写方法占了绝大多数。

(4) 件数（Quantity）：此栏填写出口货物的包装件数，而不是发票上的计量计价数量。

(5) 物品名称（Description of Goods）：此栏填写出口货物的名称。根据《UCP600》的要求，货物名称可以用大品名或统称，只要不和信用证或合同上名称矛盾即可。

(6) 保险金额（Insured Amount）：此栏按照信用证或合同的要求，填写加成后的金额，注意不能忘记币制（与合同金额相同的币制），一般情况下没有小数，而是采用“进一法”进上去。

中国人保财险股份有限公司浙江省分公司投保单
Application for PICC Property & Casualty Co. Ltd, Zhejiang Branch

发票号码：
Invoice No.：(1)

被保险人名称：
Name Insured：(2)

标记及号码 (3) Marks & Numbers	件数 (4) Quantity	物品名称 (5) Description of Goods	保险金额 (6) Insured Amount

装载运输工具 Per Conveyance (7)		起运日期 Date of Commencement (8)		赔款偿付地点 Loss if any Payable at (9)	

运输路线：(10)自　　经　　至
Voyage：From ________ Via ________ To ________

投保险别 (11) Conditions	申请人 (14) Applicant

特别要求 (12)
Additional Conditions

申请保单正本份数为　　份 (13) Issued in ____ Original(s) only	投保日期 Date (15)

图 1—5—1　投保单样本

（7）装载运输工具（Per Conveyance）：此栏可以留空，因为提前投保时尚不知船名、航次、飞机航班号、火车车次等内容，待保险单到手、货物出运后，由出口商加填上去。

如果投保时已经知道船名、航次、飞机航班号、火车车次，就可以填写上去。例如海运出口，船名是 ZHENGHUA，航次是 007，就填写“S. S. ZHENGHUA V. 007”。

（8）起运日期（Date of Commencement）：此栏有两种填写方法：第一种，直接填写装运日期；第二种，因为投保是在货物装运之前，尚不知货物装运日期，所以普遍采用的方法是填写“AS PER B/L”，中文意思是根据提单。

需要注意的是，如果货物不是采用船舶运输出口的，则不能这样填写，而要填写实际的飞机或火车、卡车的起运日期。

（9）赔款偿付地点（Loss if any Payable at）：一般情况下，此栏填写货物的目的港（地）。如果信用证或合同有特别的要求，比如要求填写进口国，保险公司也能照办。

有时候，信用证或者合同会要求在此处显示万一货物出险，保险公司赔偿的货款的币制，英文是这样的：IN THE SAME CURRENCY OF THE DRAFTS，出口商须在此栏内明示，保险公司是能够照办的。

（10）运输路线（Voyage）：此栏有三项内容：起运港（地）（From）、中转港（地）（Via）和目的港（地）（To）。如果货物是直达的，中转港（地）（Via）就留空不填，只填写起运港（地）（From）和目的港（地）（To）。如果货物是经过中转的，则三项内容都要填写。

需要注意的是，这三项内容必须与提单上显示的一致。

（11）投保险别（Conditions）：此栏按照信用证或合同的要求填写。

（12）特别要求（Additional Conditions）：此栏一般情况下可以留空，如果信用证或合同规定要在保险单上显示什么内容，则要填写在此栏内。

（13）申请保单正本份数：按照目前保险公司的实务惯例，此栏中文处填“两”份，英文处对应填阿拉伯数字“2”。

（14）申请人（投保人）（Applicant）：此栏由出口商盖章。

（15）投保日期（Date）：此栏日期应该早于提单日期，但在发票日期之后。在实务中，也有和发票日期同一天，或者和提单日期同一天。保险公司一般把投保日期作为保险单的出单日期。

现在许多保险公司和出口企业已不再使用投保单，而改用发票投保。即在商业发票上抄写保险条款，传真给保险公司，保险公司根据发票内容出具保险单。

工作任务实训

一、任务情境

在完成托运手续，确认船期后，杭州婉丽进出口有限公司的单证员陈小安即着手填写海运货物投保申请单，向中国人保财险股份有限公司浙江省分公司提出投保要求。有关资料如下：

发票号码：09WLE0718　　发票日期：2009 年 7 月 18 日

发票金额：74 150 英镑　　起运港：上海

投保日期：2009 年 8 月 3 日　船名与航次：ANDAMAN SEA V. 707W

信用证要求见资料 1—5—1。

资料 1—5—1

SEQUENCE OF TOTAL	*27：1/1
FORM OF DOC. CREDIT	*40A：IRREVOCABLE
DOC. CREDIT NUMBER	*20：DC LDI300954
DATE OF ISSUE	31C：090624
EXPIRY	*31D：DATE 090824 PLACE IN CHINA
APPLICANT	*50：VERSIONS LIMITED 23 COSGROVE WAY LUTON, BEDFORDSHIRE LU1 1XL U. K.
APPLICANT BANK	51A：HSBC BANK PLC (FORMERLY MIDLAND BANK PLC) LONDON
BENEFICIARY	*59：HANGZHOU WANLY IMP. AND EXP. CO., LTD. 258 MOGANSHAN ROAD HANGZHOU CHINA ……
PARTIAL SHIPMENT	43P：ALLOWED
TRANSSHIPMENT	43T：NOT ALLOWED
PORT OF LOADING	44E：CHINA
PORT OF DISCHARGE	44F：FELIXSTOWE
LATEST DATE OF SHIP.	44C：090809
DESCRIPT. OF GOODS	45A： CUSHION COVERS AND RUGS AS PER S/C NO. WL09E0620 AND VERSIONS' ORDER NO. 599/2009 CIF FELIXSTOWE
DOCUMENTS REQUIRED	46A： …… +INSURANCE POLICY IN TWO COPIES FOR 110 PCT OF INVOICE VALUE COVERING ALL RISKS AND WAR RISK AS PER ICC (A) DATED 01/01/1982 INCLUDING W/W CLAUSE CLAIM PAYABLE AT DESTINATION IN THE SAME CURRENCY OF THE DRAFTS

……

ADDITIONAL COND. 47A：

+ APPLICANT'S ORDER NO. 599/2009 MUST BE SHOWN ON ALL DOCUMENTS

……

二、工作任务

单证员陈小安根据上述“任务情境”、信用证及相关资料缮制海运货物投保单。

三、任务实施

（1）发票号码（Invoice No.）：09WLE0718。

（2）被保险人名称（Name Insured）：HANGZHOU WANLY IMP. AND EXP. CO.，LTD.。

（3）标记及号码（Marks & Numbers）：AS PER INV. NO. 09WLE0718。

（4）包装件数（Quantity）：350CTNS。

（5）物品名称（Description of Goods）：CUSHION COVERS AND RUGS。

（6）保险金额（Insured Amount）：GBP74 150×110%＝GBP81 565.00。

（7）装载运输工具（Per Conveyance）：S. S. ANDAMAN SEA V. 707W。

（8）起运日期（Date of Commencement）：AS PER B/L。

（9）赔款偿付地点（Loss if any Payable at）：FELIXSTOWE IN GBP。

（10）运输路线（Voyage）：FROM SHANGHAI TO FELIXSTOWE。

（11）投保险别（Conditions）：COVERING ALL RISKS AND WAR RISK AS PER ICC（A）DATED 01/01/1982 INCLUDING W/W CLAUSE。

（12）特别要求（Additional Conditions）：保单显示：VERSIONS' ORDER NO. 599/2009。

（13）保险单的正本份数：两，2。

（14）申请人（投保人）（Applicant）：“婉丽”盖章。

（15）投保日期（Date）：2009 年 8 月 3 日。

填写好的投保单见图 1—5—2。

中国人保财险股份有限公司浙江省分公司投保单

Application for PICC Property & Casualty Co., Ltd, Zhejiang Branch

发票号码：
Invoice No.：09WLE0718

<table>
<tr><td colspan="8">被保险人名称：
Name Insured：HANGZHOU WANLY IMP. AND EXP. CO., LTD.</td></tr>
<tr><td colspan="2">标记及号码
Marks & Numbers</td><td colspan="2">件数
Quantity</td><td colspan="2">物品名称
Description of Goods</td><td colspan="2">保险金额
Insured Amount</td></tr>
<tr><td colspan="2">AS PER INV. NO.
09WLE0718</td><td colspan="2">350CTNS</td><td colspan="2">CUSHION COVERS
AND RUGS</td><td colspan="2">GBP81 565.00</td></tr>
<tr><td>装载运输工具
Per Conveyance</td><td>S. S. ANDAMAN SEA
V. 707W</td><td>起运日期
Date of
Commencement</td><td>AS PER B/L</td><td>赔款偿付地点
Loss if any
Payable at</td><td colspan="3">FELIXSTOWE
IN GBP</td></tr>
<tr><td colspan="8">运输路线：自 经 至
Voyage： From SHANGHAI Via ______ To FELIXSTOWE</td></tr>
<tr><td colspan="4">投保险别
Conditions
COVERING ALL RISKS AND WAR RISK AS PER ICC（A）DATED 01/01/1982 INCLUDING W/W CLAUSE</td><td colspan="4">申请人
Applicant 杭州婉丽进出口有限公司(章)</td></tr>
<tr><td colspan="8">特别要求
Additional
Conditions 保单显示：VERSIONS'ORDER NO. 599/2009</td></tr>
<tr><td colspan="4">申请保单正本份数为 两 份
Issued in 2 Original(s) only</td><td colspan="4">投保日期
Date 2009 年 8 月 3 日</td></tr>
</table>

图 1—5—2 投保单实例

任务 2　填制（审核）出口货物保险单

★ 知识支撑

一、保险单据

保险单据是被保险人（CIF/CIP 项下是卖方，FOB/FCA 和 CFR/CPT 项下是买方）与保险人（保险公司）之间订立保险合同的证明文件，它反映了保险人与被保险人之间的权利和义务关系，也是保险公司的承保证明。当发生保险责任范围内的损失时，它又是索赔和理赔的主要依据。在国际贸易中，CIF 或者 CIP 贸易术语项下，保险单通过卖方背书，与物权凭证提单一起转让给买方，使得买方能够在货物出险后向保险公司索赔，得到利益上的赔偿。

目前在我国进出口实务中应用的保险单据主要有保险单（Insurance Policy）、保险凭证（Insurance Certificate）和预约保险单（Open Policy）。本书主要介绍实践中最常用的单据——保险单的填制。

二、保险单的内容和缮制

保险公司根据自身印就的保险单固定格式和投保要求制作保险单。下面以中国人保财险股份有限公司的货物运输保险单（见图 1—5—3）为例，说明保险单的内容和缮制。

（1）发票号码（Invoice No.）：此栏根据投保单或商业发票填写。

（2）保单号次（Policy No.）：此栏由保险公司填写。

（3）合同号码（Contract No.）：如果信用证或合同没有明确规定，此栏可以留空不填。

（4）信用证号码（Credit No.）：如果信用证或合同没有明确规定，此栏可以留空不填。

（5）被保险人（Insured）：此栏一般填写出口商的名称，即信用证中的受益人或者合同中的卖方，并且不必填写地址。当卖方作为被保险人时，卖方须在保单上做空白背书，以利于保单转让。

在实务中，也有信用证或合同要求将买方作为被保险人的，那么此栏就要填写买方的名称，但地址一般不需要填写。当买方作为被保险人时，出口商不必在保单上背书。

（6）标记（Marks & No.）：此栏填写投保货物的运输标志唛头，必须和发票、提单等其他单证一致，也可以填写“AS PER INV. NO. 123”，中文意思是“同发票号码123”。

中国人保财险股份有限公司
PICC Property and Casualty Company Limited

总公司设于北京　　一九四九年创立
Head Office Beijing Established in 1949

货物运输保险单
CARGO TRANSPORTATION INSURANCE POLICY

发票号码 **Invoice No.** (1)

合同号码 **Contract No.** (3)　　保单号次 **Policy No.** (2)

信用证号码 **Credit No.** (4)

被保险人 **Insured** (5) ______

中保财产保险有限公司（以下简称本公司）根据被保险人的要求及所缴付约定的保险费，按照本保险单承担险别和背面所载条款与下列特别条款承保下列货物运输保险，特签发本保险单。

This policy of Insurance witnesses that The People Insurance (Property) Company of China, Ltd. (hereinafter called the Company) at the request of the Insured and in consideration of the agreed premium paid by the Insured, undertakes to insure the under mentioned goods in transportation subject to the conditions of this Policy as per the Clauses printed overleaf and other special clauses attached hereon.

标记 Marks & No.	包装及数量 Quantity	保险货物项目 Description of Goods	保险金额 Amount Insured
(6)	(7)	(8)	(9)

总保险金额 (10)
Total Amount Insured ______

保险费 (11)　**Premium** AS ARRANGED　　起运日期 (12) **Date of Commencement** ______　　装载运输工具 (13) **Per Conveyance** ______

自 (14) **From** ______　　经 (15) **Via** ______　　至 (16) **To** ______

承保险别 **Conditions**
(17)

所保货物，如发生本保险单项下可能引起索赔的损失或损坏，应立即通知本公司下述代理人查勘。如有索赔，应向本公司提交保险单正本（本保险单共有2份正本）及有关文件。如一份正本已用于索赔，其余正本则自动失效。

In the event of damage which may result in a claim under this Policy, immediate notice be given to the Company Agent as mentioned hereunder. Claims, if any, one of the Original Policy which has been issued in TWO (20) Original(s) together with the relevant documents shall be surrendered to the Company, if one of the Original Policy has been accomplished, the others to be void.

目的港（地）理赔代理人
Survey Agent at the Destination
(21)

赔款偿付地点 (18)
Claim Payable at

出单日期 (19)
Issuing Date

中国人保财险股份有限公司浙江省分公司
PICC Property & Casualty Company Ltd, Zhejiang Branch
钱水凤 (22)
Authorized Signature

地址：中国杭州中山中路188号
Address: 188 Zhongshan Road (M), Hangzhou, China

图1—5—3　货物运输保险单样本

(7) 包装及数量（Quantity）：此栏填写投保货物的包装件数，与提单上显示的内容相同，而不是商业发票上的计量计价数量。

(8) 保险货物项目（Description of Goods）：此栏按照发票品名填写，如品名繁多，可使用统称，和提单上品名一致，但不能与发票上的品名有矛盾。在实务中，出口企业常填写统称，因为保险索赔时一定要出具发票与提单，这样简单填写，可以使两种单据互相参照，又不会出现单单不符的错误。

(9) 保险金额（Amount Insured）：此栏应按信用证或合同规定的金额及加成率填写，如果信用证或合同对此未作规定，根据惯例按发票金额加一成（即110%发票金额）填写。填写此栏时有三点要注意：

1）如果加成超过30%（含30%），必须得到保险公司的事先允许。

2）如果所计算出的保险金额有小数，必须采用进一法而不是四舍五入法。例如，计算出来保险金额为USD1 008.93，填写整数“USD1 009.00”；计算出来保险金额为USD 1 008.03，也填写整数“USD 1 009.00”。

3）不能忘记填写币制。一般情况下，保险币制即信用证或合同上的币制。如上例，不能写成“1 009.00”，一定要写成“USD1 009.00”。

(10) 总保险金额（Total Amount Insured）：此栏用大写的形式填写上栏中的保险金额，以“SAY”开头，以“ONLY”结束，同时保险币制也应以全称形式填入。例如，USD1 100.00 可以写成“SAY U. S. DOLLARS ONE THOUSAND ONE HUNDRED ONLY”，而不能写成“U. S. D. ONE THOUSAND ONE HUNDRED”。

(11) 保险费（Premium）：此栏不用填写，因为保险公司已印就“AS ARRANGED”字样，除非信用证另有规定。例如，有一份信用证这样规定：“INSURANCE POLICY FOR FULL INVOICE VALUE PLUS 10PCT MARKED PREMIUM PAID”，那么此栏就要把已印就的“AS ARRANGED”删去，填写上“PAID”，并加盖保险公司的校正章。

(12) 起运日期（Date of Commencement）：海运时，此栏一般不填实际的装运日期，而只是填写“AS PER B/L”。如果空运或者陆运，就要填写实际的货物装运日期，该日期必须与航空货运单或铁路运单上显示的装运日期一致。

(13) 装载运输工具（Per Conveyance）：海运时，此栏填写船名与航次，空运或陆运时，此栏填写飞机航班号和火车车次。当运输由两种或两种以上方式完成，或者海运转船运输时，应把各程运输的船名、航次、飞机航班或火车车次填写上去。

例如，提单上首程运输是飞机MU525，第二程是船舶PIL PINE V. 328，此栏应这样填写：AIR MU525/S. S. PIL PINE V. 328。

再如，提单上的第一程船名与航次是“EAST WIND V. 36”，第二程船名与航次是“RED STAR V. 48”，此栏应这样填写：EAST WIND V. 36/RED STAR V. 48。

注意：有时候出口商提前投保，尚不知船名与航次，保险公司便将此栏留空，并加上校正章，由出口商在货物装运后，自行加上船名与航次。在实务中，这样的情况占多数。

(14) 起运港（地）(From)：此栏填写承保货物的起运港或起运地，如CHENGDU、SHANGHAI等。

(15) 中转港（地）(Via)：此栏填写承保货物的中转港或中转地，如果货物是通过海运直达的，或者采用国际多式联运的，此栏留空。

(16) 目的港（地）(To)：此栏填写承保货物的目的港或目的地，如 HAMBURG、NEW YORK 等。

(17) 承保险别（Conditions）：此栏应根据信用证或合同中的保险条款要求填制，并注明保险条款名称。承保险别可分为两大类：基本险和附加险。中国人保财险股份有限公司承保的基本险别有：平安险（F. P. A.）、水渍险（W. P. A.）和一切险（ALL RISKS）。英国伦敦保险协会所制定的《协会货物条款》有 ICC（A）、ICC（B）和 ICC（C）。

承保险别一定要明示是哪一种，如 C. I. C. 指中国保险条款，I. C. C. 指英国伦敦保险协会保险条款。如果信用证或合同没有明示，就承保中国保险条款 C. I. C. 。

另外，此栏还需标明条款生效的时间，如 C. I. C. 的生效时间是 1981 年 1 月 1 日，I. C. C. 的生效时间是 1982 年 1 月 1 日。

(18) 赔款偿付地点（Claim Payable at）：此栏应按照信用证或合同的要求填写，如无明示，则填写目的港（地）。如果信用证明示"IN THE SAME CURRENCY OF THE DRAFTS"，而该证的币制是"美元"，就要在此栏的目的港（地）后面加上"IN USD"。如货物目的港是纽约，而信用证要求"CLAIMS PAYABLE IN U. S. A. "，就不能在此栏填写"NEW YORK"，而只能填写"U. S. A. "。

(19) 出单日期（Issuing Date）：此栏填制保险单的签发日期，在实务中就是出口商投保的日期。保险单的签发日期应不早于商业发票的日期，也不能晚于提单日期。

(20) 保险单的份数和"ORIGINAL"字样：《UCP600》规定，正本保险单上必须有"ORIGINAL"字样，并显示该套保险单据正本的出具份数。如信用证无明确规定正本保险单的份数，保险单也未注明正本份数，银行可以接受只提交一份正本的保险单据。

在实务中，保险单的正本份数一般为两份，索赔时进口商必须提交全套正本保险单，否则保险公司可以拒绝理赔。

(21) 目的港（地）理赔代理人：此栏由保险公司填写，一般是保险公司在目的港（地）的代理。注意，此栏内容必须由承保的保险公司指定，不能由进口商指定，也不能在信用证上明示。如果信用证对理赔代理人有指定，受益人必须先更改信用证。

(22) 保险人签署：此栏即保险公司的签署与盖章。根据《UCP600》的规定，如果保险单没有签署，即为单证不符，银行可以拒付。

工作任务实训

一、任务情境

在实务中，保险单一般由保险公司制单员根据投保人提供的投保单或商业发票进行缮制，然后再由投保人进行审核。但也有个别保险公司由投保人代其填制保险单的相关栏目内容，再由保险公司的制单员填制剩余栏目，并盖章后生效。因此，对单证员来说，审核保险单的前提是自己能够正确填制保险单，同时又要对保险单各个栏目的填写要求和内容十分熟悉。

相关资料：

保险单号码：PIZ09120934875

合同号码：WL09E0620

信用证号码：DC LDI 300954

投保单见图 1—5—2。

二、工作任务

中国人保财险股份有限公司浙江省分公司的制单员王洁，根据杭州婉丽进出口有限公司的单证员陈小安填写的投保单（见图 1—5—2）缮制保险单后，陈小安对保险单内容进行审核，审核后的保险单见图 1—5—4。

三、任务实施

（1）发票号码（Invoice No.）：填写“09WLE0718”。

（2）保单号次（Policy No.）：填写“PIZ09120934875”。

（3）合同号码（Contract No.）：可以留空。

（4）信用证号码（Credit No.）：可以留空。

（5）被保险人（Insured）：填写“HANGZHOU WANLY IMP. AND EXP. CO., LTD.”。

（6）标记（Marks & No.）：填写“AS PER INV. NO. 09WLE0718”。

（7）包装及数量（Quantity）：填写“350CTNS”。

（8）保险货物项目（Description of Goods）：填写“CUSHION COVERS AND RUGS”。

（9）保险金额（Amount Insured）：填写“GBP81 565.00”。

（10）总保险金额（Total Amount Insured）：填写“SAY G. B. POUNDS EIGHTY ONE THOUSAND FIVE HUNDRED SIXTY FIVE ONLY”。

（11）保险费（Premium）：此栏不要填写，已印就“AS ARRANGED”字样。

（12）起运日期（Date of Commencement）：填写“AS PER B/L”。

（13）装载运输工具（Per Conveyance）：填写“S. S. ANDAMAN SEA V. 707W”。

（14）起运港（地）（From）：填写“SHANGHAI”。

（15）中转港（地）（Via）：留空。

（16）目的港（地）（To）：填写“FELIXSTOWE”。

（17）承保险别（Conditions）：填写“COVERING ALL RISKS AND WAR RISK AS PER ICC（A）DATED 01/01/1982 INCUDING W/W CLAUSE”，并且在下方空两行的位置，加上特别条款中的内容“VERSIONS' ORDER NO. 599/2009”。

（18）赔款偿付地点（Claim Payable at）：填写“FELIXSTOWE IN GBP”。

（19）出单日期（Issuing Date）：填写“03 AUG., 2009”。

中国人保财险股份有限公司
PICC Property and Casualty Company Limited

总公司设于北京　　一九四九年创立
Head Office Beijing Established in 1949

货物运输保险单
CARGO TRANSPORTATION INSURANCE POLICY

发票号码 **Invoice No.** 09WLE0718
合同号码 **Contract No.** WL09E0620　　保单号次 **Policy No.** PIZ09120934875
信用证号码 **Credit No.** DC LDI300954
被保险人 **Insured** HANGZHOU WANLY IMP. AND EXP. CO., LTD.

中保财产保险有限公司（以下简称本公司）根据被保险人的要求及所缴付约定的保险费，按照本保险单承担险别和背面所载条款与下列特别条款承保下列货物运输保险，特签发本保险单。

This policy of Insurance witnesses that The People Insurance (Property) Company of China, Ltd. (hereinafter called the Company) at the request of the Insured and in consideration of the agreed premium paid by the Insured, undertakes to insure the under mentioned goods in transportation subject to the conditions of this Policy as per the Clauses printed overleaf and other special clauses attached hereon.

标记 Marks & No.	包装及数量 Quantity	保险货物项目 Description of Goods	保险金额 Amount Insured
AS PER INV. NO. 09WLE0718	350CTNS	CUSHION COVERS AND RUGS	GBP81 565. 00

总保险金额
Total Amount Insured SAY G. B. POUNDS EIGHTY ONE THOUSAND FIVE HUNDRED SIXTY FIVE ONLY.

保险费 **Premium** AS ARRANGED　起运日期 **Date of Commencement** AS PER B/L　装载运输工具 **Per Conveyance** S.S. ANDAMAN SEA V. 707W

自 **From** SHANGHAI　经 **Via** ______　至 **To** FELIXSTOWE

承保险别 **Conditions**

COVERING ALL RISKS AND WAR RISK AS PER ICC (A) DATED 01/01/1982 INCLUDING W/W CLAUSE

VERSIONS' ORDER NO. 599/2009

所保货物，如发生本保险单项下可能引起索赔的损失或损坏，应立即通知本公司下述代理人查勘。如有索赔，应向本公司提交保险单正本（本保险单共有 2 份正本）及有关文件。如一份正本已用于索赔，其余正本则自动失效。

In the event of damage which may result in a claim under this Policy, immediate notice be given to the Company Agent as mentioned hereunder. Claims, if any, one of the Original Policy which has been issued in TWO Original(s) together with the relevant documents shall be surrendered to the Company, if one of the Original Policy has been accomplished, the others to be void.

Survey Agent at the Destination
SAFER INSURANCE COMPANY
123 ST. MARTIN STREET
FELIXSTOWE, U. K.

赔款偿付地点
Claim Payable at FELIXSTOWE IN GBP
出单日期
Issuing Date 03 AUG., 2009
地址：中国杭州中山中路 188 号
Address: 188 Zhongshan Road (M), Hangzhou, China

中国人保财险股份有限公司浙江省分公司
PICC Property & Casualty Company Ltd, Zhejiang Branch
钱水凤
Authorized Signature

图 1—5—4　货物运输保险单实例

（20）保险单的份数和“ORIGINAL”字样：已印就。

（21）目的港（地）理赔代理人：保险公司的电脑会自动打印。

（22）保险人签署：已印就。

图 1—5—5 是缮制好的保险单。

中国人保财险股份有限公司上海市分公司投保单
Application for PICC Property & Casualty Co.，Ltd，Shanghai Branch

发票号码：
Invoice No.：ABC090404

<table>
<tr><td colspan="6">被保险人名称：
Name Insured：SHANGHAI KARY TEXTILES IMP. AND EXP. CORP.</td></tr>
<tr><td>标记及号码
Marks & Numbers</td><td>件数
Quantity</td><td colspan="2">物品名称
Description of Goods</td><td colspan="2">保险金额
Insured Amount</td></tr>
<tr><td>AS PER INV. NO.
ABC090404</td><td>60BALES</td><td colspan="2">DYED JEAN FABRIC</td><td colspan="2">USD40 656.00</td></tr>
<tr><td>装载运输工具
Per Conveyance</td><td></td><td>起运日期
Date of Commencement</td><td>AS PER B/L</td><td>赔款偿付地点
Loss if any Payable at</td><td>TORONTO</td></tr>
<tr><td colspan="6">运输路线：自 经 至
Voyage：From SHANGHAI Via ________ To TORONTO</td></tr>
<tr><td colspan="3">投保险别
Conditions
COVERING F. P. A. AS PER PICC OF CIC DATED 01/01/1981</td><td colspan="3">申请人
Applicant
上海凯利纺织品进出口公司(章)</td></tr>
<tr><td colspan="6">特别要求
Additional Conditions
保单上显示合同号码 23CA1006、信用证号码 T-017641 和真实保险费。</td></tr>
<tr><td colspan="3">申请保单正本份数为 两 份
Issued in 2 Original(s) only</td><td colspan="3">日期 2009 年 4 月 10 日</td></tr>
</table>

图 1—5—5 投保单

? 训练测试题目

请根据上海凯利纺织品进出口公司填写的投保单（见图 1—5—5）和其他相关资料缮制保险单。

其他相关资料：

保险单号码：PI08SH04993　　保险费：215.48 美元

项目6 制单结汇

项目引入

在 CIF 条件成交的情况下，出口商完成了装运和保险后，即完成了卖方的大部分义务与责任，剩下的工作就是缮制结算单证。结算单证是指在国际贸易结算中，为解决货币收付问题所使用的各种单据、证书和凭证，是进出口贸易中必不可少的重要单证。

在信用证结算方式下，出口商必须按照信用证的要求，正确缮制商业发票、装箱单、产地证明、受益人证明信等单证，做到“单证一致、单单一致”，并在信用证规定的时间内送交银行，这样才能保证货款的安全收汇。

学习目标

应知目标

1. 熟悉主要结汇单证（商业发票、装箱单、一般原产地证明书、海运提单、装船通知、受益人证明信、汇票）的含义和作用

2. 熟悉主要结汇单证（商业发票、装箱单、一般原产地证明书、海运提单、装船通知、受益人证明信、汇票）的内容

应会目标

能够根据信用证、合同以及有关资料正确缮制商业发票、装箱单、一般原产地证明书、海运提单、装船通知、受益人证明信和汇票

任务1　填制商业发票

★ 知识支撑

一、商业发票的作用

商业发票(Commercial Invoice)由出口商出具和签发，载明了货物的品质、数量、包装和价格。在不需要汇票的情况下，商业发票是索取货款的重要凭证，因此它在进出口贸易结算中是最重要的单证之一。作为买卖双方交接货物和结算货款的主要单证，商业发票也是买卖双方办理报关、纳税和依法退税的依据之一。

(一)商业发票是出口商履约的证明文件

发票是出口商制作的为说明履约情况而提供的单据，它向买方表明了货物的全部内容。进口商可通过发票核对价格和所购货物，了解出口商的履约情况。

(二)商业发票可作为买方付款的凭证

在信用证不要求提供汇票的情况下，开证行根据发票金额付款，商业发票代替汇票作为买方支付货款的凭证。

(三)商业发票可作为进出口商报关纳税的依据

在货物出口前或进口前，出(进)口商需要将商业发票递交海关作为申报的单证之一，海关根据商业发票上所载明的价值来征收关税。

(四)商业发票可作为进出口商记账的原始凭证

商业发票是销售货物的凭证，出口商可以通过发票了解销售收入，核算盈亏，进口商可根据发票逐笔记账，按时结算货款。

二、商业发票的主要内容和缮制

商业发票(见图1—6—1)是出口商签发的单据，无统一的格式，但基本内容相同，包括买卖双方的名称和地址、出口商品的描述、唛头、规格、数量、单价、总值等。

×××进出口有限公司

××× IMPORT AND EXPORT CO. , LTD. (1)

NO. 234 ×× ROAD, ×× CITY, CHINA

商业发票

COMMERCIAL INVOICE (2)

To:

(3)

Invoice No. : (4)

Invoice Date: (5)

S/C No. : (6)

S/C Date: (7)

Credit No. : (8)

Issued by: (8)

Marks & No.	Description of Goods	Quantity	U. Price	Amount
(9)	(10)	(11)	(12)	(13)

Total Amount in Words (14)

Statement or Other Certificate (15)

Signature (16)

图 1—6—1　空白商业发票

(1) 出口商的名称和地址：出口商的名称、地址应与合同中的卖方或信用证中的受益人的名称、地址相同。制单时，应在发票的正上方中央标明出口商的名称和地址，但名称与地址不能在同一行内，必须分行填写。在实务中，大中型出口企业都事先在空白发票的正上方中央印刷上自己的英文名称与地址。

（2）发票名称：应用英文粗体标出“Commercial Invoice”或“Invoice”字样。如果信用证指定“Detailed Invoice”或“Trade Invoice”等发票名称，应严格按照信用证的要求。

根据惯例，发票名称一般不能有“宣誓发票（Sworn Invoice）”、“形式发票（Proforma Invoice）”、“临时发票（Provisional Invoice）”、“联合发票（Combined Invoice）”等字样。

（3）收货人（To）：此栏俗称抬头，信用证结算方式项下需按照信用证的规定填制，一般填写开证申请人；托收或汇付结算方式项下，通常填写买方（进口商）。

（4）发票编号（Invoice No.）：此栏填写发票编号。一般由出口商根据本公司的实际情况自行编写，易认、便于管理即可。

（5）发票日期（Invoice Date）：此栏填写发票日期。发票是所有出口用单证中最早签发的，其他单证，如装箱单、保险单、提单等内容，都要参照发票内容。在实务中，出口商备好80%的出口货物时，便可开始缮制发票，并用来报检、托运、投保等，所以，发票日期一般早于装运日期10天～15天。

（6）合同编号（S/C No.）：此栏填写合同编号，注意和信用证中的合同编号（若显示）保持一致。信用证未明确表示一定要显示合同编号，此栏可以留空不填。

（7）合同日期（S/C Date）：此栏填写合同日期，注意和信用证中的合同日期（若显示）保持一致。信用证未明确表示一定要显示合同日期，此栏可以留空不填。

（8）信用证信息（Credit No. and Issued by）：此栏填写信用证号码和开证银行名称，托收或汇付结算方式项下，此栏可留空不填。

（9）标记唛码（Marks & No.）：此栏俗称“唛头”，应按照信用证或合同的规定缮制，如果合同规定“As per seller's option”（由卖方选择），卖方可以自行编写一个。按照国际标准化组织的推荐，唛头由四行组成：进口商简称、参考号、目的港、件号。若为裸装货物或散装货物，可注明“NAKED”或“IN BULK”，也可以填写“N/M”（No Mark）。

（10）货物描述（Description of Goods）：此栏填写出口货物的品名、规格等内容。信用证结算方式项下，应严格按照信用证的规定缮制，任何省略或增加货物描述的词句，都会造成单证不符；托收或汇付结算方式项下，应和合同完全一致。

（11）数量（Quantity）：此栏填写出口货物的数量，两种或两种以上规格的，应分行列明。

（12）单价（U. Price）：此栏填写出口货物的单价，完整的单价应包括计价货币、单位价格、计量单位和贸易术语四部分内容。两种或两种以上规格的，应分行列明，并与相应的数量对齐。

（13）总值（Amount）：此栏填写出口货物的总值。两种或两种以上规格的，应分行列明，并与相应的单价对齐。除非信用证另有规定，发票总额不能超过信用证金额。如果单价乘以数量后大于信用证总金额一点点，可采用“减除（deletion）”的方法将多余的金额除去，使得发票金额与信用证金额一致。如果单价乘以数量后大于信用证总金额许多，则要事先修改信用证。

（14）总值大写（Total Amount in Words）：此栏填写总值大写，即用英文大写表示发票的总金额，并在前面加“SAY”，结束时加“ONLY”以防加塞伪造内容，如“SAY U. S. DOLLARS ONE THOUSAND TWO HUNDRED ONLY”。

（15）声明文句及其他内容（Statement or Other Certificate）：此栏填写信用证或合同要求的添加内容，如进口商的订单号、分别列出的运费、保险费和 FOB 价格等。如果没有特别的要求，此栏可以留空不填。

（16）出票人签章（Signature）：《UCP600》规定，发票可以不签署，但一定要由受益人出具。在实务中，此栏加盖出口商条形章和法人代表的签署章。如果信用证规定手签（Manually Signed），出口商条形章盖上后，不能盖法人代表的签署章，而一定要法人代表手签。如果发票中出现了证明文句，即使信用证没有要求签署发票，发票也一定要签署。

按照惯例，出口墨西哥和阿根廷商品的商业发票，即使信用证没有规定手签，也必须手签。

工作任务实训

一、任务情境

2009 年 6 月 24 日，英国的 Versions Limited Co. 根据合同规定开出了以杭州婉丽进出口有限公司为受益人的第 DC LDI300954 号信用证（见本篇项目 1 中的资料 1—1—2）。2009 年 7 月 18 日，陈小安在安排好订舱、报检、投保等工作后，开始填制商业发票。

该信用证中有关发票缮制的内容有：

DESCRIPT. OF GOODS 45A：
CUSHION COVERS AND RUGS
AS PER S/C NO. WL09E0620 AND VERSIONS' ORDER NO. 599/2009
CIF FELIXSTOWE

DOCUMENTS REQUIRED 46A：
+ORIGINAL SIGNED INVOICE PLUS THREE COPIES
……

ADDITIONAL COND. 47A：
+ APPLICANT'S ORDER NO. 599/2009 MUST BE SHOWN ON ALL DOCUMENTS
……

其他相关资料：

发票编号：WL09E0718　　发票日期：2009 年 7 月 18 日

坐垫套 20 000 个　　GBP 2. 20/个

毛重：22 千克/箱　　挂毯 4 500 条

GBP 6. 70/个　　毛重：18 千克/箱

唛头：

VERSIONS
C COVER
O/NO. 599/2009
FELIXSTOWE
NO. 1-200

VERSIONS
RUG
O/NO. 599/2009
FELIXSTOWE
NO. 1-150

二、工作任务

陈小安安排完订舱、报检、投保等工作后，开始着手商业发票的填制，先阅读信用证，明确信用证对商业发票的要求，然后完成商业发票的填制。

三、任务实施

第1栏，根据信用证“59（受益人）”的要求，填写“婉丽”的名称与地址，名称写一行，地址另起一行写。

第2栏，根据信用证要求，用英文粗体标出“Invoice”。

第3栏，根据信用证“50（开证申请人）”的要求，填写 Versions Limited Co. 的名称与地址。

第4栏，根据相关资料，填写“WL09E0718”。

第5栏，根据相关资料，填写“18 JUL.，2009”。

第6栏，根据相关资料，填写“WL09E0620”。

第7栏，根据相关资料，填写“20 JUN.，2009”。

第8栏，根据信用证“20”和“51A”，在 Credit No. 后面填写“DC LDI300954”，在 Issued by 后面填写“HSBC BANK PLC（FORMERLY MIDLAND BANK PLC）LONDON”。

第9栏，根据相关资料，填写两个唛头。

第10栏，根据信用证要求，填写“CUSHION COVERS AND RUGS”，并在下面分别写上“CUSHION COVERS”和“RUGS”。

第11栏，根据相关资料，在 CUSHION COVERS 同一横线上，写上“20 000PCS”；在 RUGS 同一横线上，写上“4 500PCS”，并且在下面合计“24 500PCS”。

第12栏，先在与货名 CUSHION COVERS AND RUGS 同一横线上填写贸易术语“CIF FELIXSTOWE”，然后在 20 000PCS 同一横线上写上“GBP2. 20/PC”，在 4 500PCS 同一横线上写上“GBP6. 70/PC”。

第 13 栏，在 GBP 2.20/PC 同一横线上写上“GBP 44 000.00”，在 GBP 6.70/PC 同一横线上写上“GBP 30 150.00”，并且在下面合计“GBP 74 150.00”（正好与信用证金额一致）。

第 14 栏，填写“SAY G.B. POUNDS SEVENTY FOUR THOUSAND ONE HUNDRED AND FIFTY ONLY”。

第 15 栏，根据信用证要求，填写“AS PER S/C NO. WL09E0620 AND VERSIONS' ORDER NO. 599/2009”。按照惯例，再加上总件数和总毛重。

第 16 栏，陈小安盖“婉丽”的条形章和法人代表张婉丽的签署章。

缮制好的商业发票见图 1—6—2。

杭州婉丽进出口有限公司

HANGZHOU WANLY IMP. AND EXP. CO., LTD.

258 MOGANSHAN ROAD, HANGZHOU, CHINA

发 票

INVOICE

To:
VERSIONS LIMITED
23 COSGROVE WAY
LUTON, BEDFORDSHIRE
LU1 1XL U. K.

Invoice No.: WL09E0718
Invoice Date: 18 JUL., 2009
S/C No.: WL09E0620
S/C Date: 20 JUN., 2009

Credit No.: DC LDI300954
Issued by: HSBC BANK PLC (FORMERLY MIDLAND BANK PLC) LONDON

Marks and Numbers	Description of Goods	Quantity	Unit Price	Amount
VERSIONS C COVER O/NO. 599/2009 FELIXSTOWE NO. 1-200	CUSHION COVERS AND RUGS CUSHION COVERS	20 000PCS	GBP2.20/PC	CIF FELIXSTOWE GBP44 000.00
VERSIONS RUG O/NO. 599/2009 FELIXSTOWE NO. 1-150	RUGS	4 500PCS	GBP6.70/PC	GBP30 150.00
	TOTAL:	24 500PCS		GBP74 150.00

SAY G. B. POUNDS SEVENTY FOUR THOUSAND ONE HUNDRED AND FIFTY ONLY.
AS PER S/C NO. WL09E0620 AND VERSIONS' ORDER NO. 599/2009
TOTAL PACKED IN 350 CARTONS
GROSS WEIGHT: 7 100.00 KGS

杭州婉丽进出口有限公司（章）
HANGZHOU WANLY I/E CO., LTD.

张婉丽（章）

图 1—6—2 发票实例

任务 2　填制装箱单

★ 知识支撑

一、装箱单的主要作用

装箱单又称包装单、花色码单、码单，类似的单据还有重量单、尺码单等，用以说明货物包装细节。在出口结汇中，除散装货物外，一般都要求提供装箱单。

装箱单的作用在于补充商业发票内容的不足，详细记载包装种类、包装件数、货物数量、重量、花色搭配等内容，便于货物到达目的港后，进口商和进口国海关检查与核对货物。

二、装箱单的主要内容和缮制

和商业发票一样，装箱单格式不尽相同，但基本栏目内容相似。空白装箱单见图 1—6—3。

×××进出口有限公司

××× IMPORT AND EXPORT CO., LTD. (1)

NO. 234 ×× ROAD, ×× CITY, CHINA

装箱单

PACKING LIST (2)

To:
(3)

No.: (4)
Date: (5)
S/C No.: (6)

Shipment From: (7) **To:** (8) **By Vessel**

C/No.	No. & Kind of pkgs	Description of Goods, Packing, Quantity, etc.	G. Weight	N. Weight	Measurement
(9)	(10)	(11)	(12)	(13)	(14)

Total Package in Words (15)
Marks or Other Statement (16)

Signature (17)

图 1—6—3　空白装箱单

主要内容有：

（1）出口商的名称和地址：与商业发票相同，此栏填写出口商（受益人、卖方）的名称与地址，注意名称填写一行，地址另起一行。

（2）装箱单名称：此栏根据信用证或合同的要求，用英文粗体在正中央填写“PACKING LIST”（装箱单）或“WEIGHT LIST”（重量单）、“PACKING ASSORTED LIST”（装箱搭配单）等。

（3）抬头（To）：此栏内容同发票，填写进口商（开证申请人、买方）的名称与地址，如果信用证要求，也可以仅填写“TO WHOM IT MAY CONCERN”。

（4）号码（No.）：此栏填写发票编号。

（5）日期（Date）：此栏填写发票日期。

（6）合同编号（S/C No.）：此栏填写合同编号，注意和信用证中合同编号（若显示）保持一致。

（7）装运港（Shipment From）：此栏填写出口货物的装运港，注意和信用证或合同中的装运港保持一致。如果信用证或合同中是“CHINA”，此栏不能机械地照抄，而要填写实际出口的装运港，如“NINGBO”或“SHANGHAI”。

（8）卸货港（To）：此栏填写出口货物的卸货港，注意和信用证或合同中的装运港保持一致。如果信用证或合同中是“JAPAN”，此栏不能机械地照抄，而要填写实际出口的装运港，如“TOKYO”或“KOBE”。

（9）箱号或件号（C/No.）：在轻工工艺品出口时，货物往往不止一项，因此就必须有此栏，用于显示不同商品的具体装箱情况，以便进口商提货时识别。如果是单一货号的货物出口，或者是一种商品一个唛头出口时，此栏填写唛头的最后一行中的数字，即1-up。比如某烛台共计100箱，这样填写：1-100。

（10）包装件数与种类（No. & Kind of pkgs）：此栏填写货物的包装种类及包装件数，如100CTNS。

（11）货物描述、包装、数量等（Description of Goods，Packing，Quantity，etc.）：此栏填写商品的具体型号或货号以及它们的包装情况。如果上述烛台的货号是JM1896，有2 000个，一箱20个，这样填写：CANDLE HOLDERS，ART. NO. JM1896，@20/2 000PCS。有时候内容较多，一行写不下，可以把货名、货号、包装情况分行写。在这种情况下，要注意：前面所述的货号、包装件数与种类以及包装情况必须在同一横线上。如：

		CANDLE HOLDERS	@20/
1-100	100CTNS	Art. No. JM1896	2 000PCS

（12）毛重（G. Weight）：此栏填写出口货物的总毛重，有时也列明单件毛重。如上述烛台的单毛重是8千克，填写如下：@8.00/800.00KGS。按照惯例，装箱单上的重量保留两位小数。

（13）净重（N. Weight）：此栏填写出口货物的总净重，有时也列明单件净重。如上述烛台的单毛重是6.5千克，填写如下：@6.50/650.00KGS。

（14）体积（Measurement）：此栏填写出口货物的总体积，有时也列明单件包装箱的尺码。如上述烛台的单件包装尺码是50×40×35CMS，填写如下：@（50×40×35）

CMS/7.000CBM。按照惯例，装箱单上的体积保留三位小数。

这里的CMS是厘米，CBM是立方米。当内容较多，一行填写不下时，可以把单毛重（净重、尺码）与总毛重（净重、体积）分开两行填写，注意左右对齐。如上例，可以填写如下：

		CANDLE HOLDERS	@20/	@8.00/	@6.50/	@(50×40×35)CMS/
1-100	100CTNS	Art. No. JM1896	2 000PCS	800.00KGS	650.00KGS	7.000CBM

（15）大写总包装件数（Total Package in Words）：按照惯例，装箱单全部填写完毕后，在下方写上总包装件数的英文大写，并在开头用"SAY"，结束用"ONLY"，以防加塞伪造内容。如上例，可以填写"SAY ONE HUNDRED CARTONS ONLY"。

（16）唛头或其他声明（Marks or Other Statement）：装箱单的唛头可以按照信用证、合同或相关资料填写，也可以写"AS PER INV. NO. 123"，即同发票号码123，甚至没有唛头，银行也是可以接受的。另外，如果合同或信用证要求显示订单号、信用证号等，也填写在此栏。

（17）签署（Signature）：根据《UCP600》，如果信用证没有规定要求装箱单签署，银行接受不经过签署的装箱单。但是在实务中，装箱单一般都由受益人签署，即加盖出口公司的条形章和法人代表签署章。

工作任务实训

一、任务情境

同本项目任务1中的情境，该信用证中有关装箱单缮制的内容有：

DOCUMENTS REQUIRED 46A：

……

+ORIGINAL PACKING LIST PLUS THREE COPIES INDICATING DETAILED PACKING OF EACH CARTON

……

ADDITIONAL COND. 47A：

+APPLICANT'S ORDER NO. 599/2009 MUST BE SHOWN ON ALL DOCUMENTS

……

其他相关资料：

发票号码：WL09E0718　　发票日期：2009年7月18日

坐垫套20 000个　　100个/箱

毛重：22千克/箱　　净重：20千克/箱

尺码：46×46×34 厘米/箱　　箱号：1-200
挂毯 4 500 条　　30 条/箱
毛重：18 千克/箱　　15 千克/箱
尺码：153×128×15 厘米/箱　　箱号：1-150
合同号码：WL09E0620　　起运港：SHANGHAI
卸货港：FELIXSTOWE

二、工作任务

陈小安缮制好商业发票后，着手填制装箱单，先阅读信用证，明确信用证对装箱单的要求，然后完成装箱单的填制内容。

三、任务实施

第 1 栏，同发票。

第 2 栏，根据信用证的要求，用英文粗体在正中央填写“PACKING LIST”（装箱单）。

第 3 栏，根据信用证的要求，填写 Versions Limited Co. 的名称与地址。

第 4 栏，填写发票号码。

第 5 栏，填写发票日期。

第 6 栏，填写合同编号。

第 7 栏，根据相关资料，填写 SHANGHAI。

第 8 栏，根据信用证的要求，填写 FELIXSTOWE。

第 9 栏，因为有两个不同的货号，而且是两个唛头，所以填写“1-200”和“1-150”，分上下两行填写。

第 10 栏，在 1-200 对应的横线上，填写“200CTNS”，在 1-150 对应的横线上，填写“150CTNS”；注意填写时 1-200 和 1-150 中间留空。

第 11 栏，先在中间上方填写品名“CUSHION COVERS AND RUGS”，然后分两步：第一步，在品名下面填写“CUSHION COVERS”，并且在 200CTNS 对应的横线上填写“@100/20 000PCS”；第二步，在@100/20 000PCS 下面填写“RUGS”，然后在 150CTNS 对应的横线上填写“@30/4 500 PCS”。

第 12 栏，根据相关资料，先在@100/20 000PCS 对应的横线上填写“@22/4 400.00KGS”，写不下可以分两行写；再在@30/4 500PCS 对应的横线上填写“@18/2 700.00KGS”，写不下可以分两行写；最后在下方合计总毛重“7 100.00KGS”。

第 13 栏，根据相关资料，先在@22/4 400.00KGS 对应的横线上填写“@20/4 000.00KGS”，写不下可以分两行写；再在@18/2 700.00KGS 对应的横线上填写“@15/2 250.00KGS”，写不下可以分两行写；最后在下方合计总净重“6 250.00KGS”。

第 14 栏，根据相关资料，先在@20/4 000.00KGS 对应的横线上填写“@（46×46×

34）CMS/14.389CBM”，写不下可以分两行写；再在@15/2 250.00KGS对应的横线上填写“@（153×128×15）CMS/44.064CBM”，写不下可以分两行写；最后在下方合计总体积“58.453CBM”。

第15栏，填写“SAY THREE HUNDRED AND FIFTY CARTONS ONLY”。

第16栏，唛头可以不填写，但是因为该信用证要求所有单证显示进口商Versions Limited Co. 的订单号码599/2009，所以陈小安要在大写件数的下方填写上“VERSIONS' ORDER NO. 599/2009”。

第17栏，陈小安盖“婉丽”的条形章和法人代表张婉丽的签署章。

缮制完毕的装箱单见图1—6—4。

杭州婉丽进出口有限公司

HANGZHOU WANLY IMP. AND EXP. CO., LTD.

258 MOGANSHAN ROAD, HANGZHOU CHINA

装箱单

PACKING LIST

To:
VERSIONS LIMITED
23 COSGROVE WAY
LUTON, BEDFORDSHIRE
LU1 1XL U. K.

No.: WL09E0718
Date: 18 JUL., 2009
S/C No.: WL09E0620

Shipment from: SHANGHAI **To:** FELIXSTOWE **By vessel**

C/No.	No. & Kind of pkgs	Description of Goods, Packing, Quantity, etc.	G. Weight	N. Weight	Measurement
		CUSHION COVERS AND RUGS CUSHION COVERS			
1-200	200CTNS	@100/20 000PCS	@22/ 4 400.00KGS	@20/ 4 000.00KGS	@(46×46×34) CMS 14.389CBM
		RUGS			
1-150	150CTNS	@30/4 500PCS	@18/ 2 700.00KGS	@15/ 2 250.00KGS	@(153×128×15)CMS 44.064CBM
	350CTNS	24 500PCS	7 100.00KGS	6 250.00KGS	58.453CBM

SAY THREE HUNDRED AND FIFTY CARTONS ONLY.
VERSIONS' ORDER NO. 599/2009

杭州婉丽进出口有限公司（章）
HANGZHOU WANLY I/E CO., LTD.

张婉丽（章）

图1—6—4 装箱单实例

任务 3　填制一般原产地证明书

★ 知识支撑

原产地证明书（Certificate of Origin）简称产地证，是出口商应进口商要求而提供的，由政府有关当局、公证机构、出口商或制造商出具的，证明货物原产地或制造地的一种证明文件。原产地证明书是商品进入国际贸易领域的“经济国籍”或“护照”，是贸易关系人交接货物、结算货款、索赔理赔、进口国通关征税的有效凭证，它也是出口国享受配额待遇、进口国对不同出口国实行不同贸易政策的凭证。

原产地证明书按用途可分为优惠原产地证明书和非优惠原产地证明书两大类；按种类可分为普惠制原产地证明书、一般原产地证明书、区域性经济集团互惠原产地证明书、双边或多边优惠原产地证明书、专用原产地证明书等。在我国，常见的原产地证明书有一般原产地证明书、普惠制原产地证明书和区域性互惠原产地证明书等。这里只介绍一般原产地证明书的填制，后两类原产地证明书的内容在项目 9、项目 10 中介绍。

一、一般原产地证明书介绍

一般原产地证明书由商务部统一规定和印制，并由中华人民共和国出入境检验检疫局或中国国际贸易促进委员会（中国进出口商会）签发。

根据我国现行的规定，出口企业最迟于货物报关出运前三天向签证机构申请办理一般原产地证明书，并严格按照签证机构的要求，真实、完整、正确地填写以下材料：

（1）中华人民共和国出口货物原产地证明书/加工装配证明书申请书。

（2）中华人民共和国出口货物原产地证明书一套。

（3）出口货物的商业发票。

（4）签证机构认为必要的其他证明文件，如加工工序清单等。

目前，产地证申领采用 G To B 方式，出口企业上网申领，可以不提供中华人民共和国出口货物原产地证明书/加工装配证明书申请书。

二、一般原产地证明书的内容和缮制说明

除了出证机构指定的证书号码（Certificate No.）外，一般原产地证明书（见图 1—6—5）还有 12 项内容，用英文填写，证书表面要清洁、整齐，一般不允许更改。

<table>
<tr><td colspan="2">1. Exporter</td><td colspan="3" rowspan="2">Certificate No.

**CERTIFICATE OF ORIGIN
OF
THE PEOPLE'S REPUBLIC OF CHINA**</td></tr>
<tr><td colspan="2">2. Consignee</td></tr>
<tr><td colspan="2">3. Means of Transport and Route</td><td colspan="3" rowspan="2">5. For Certifying Authority Use only</td></tr>
<tr><td colspan="2">4. Country / Region of Destination</td></tr>
<tr><td>6. Marks & Nos</td><td>7. Number and Kind of Packages, Description of Goods</td><td>8. H. S. Code</td><td>9. Quantity</td><td>10. Numbers and Date of Invoice</td></tr>
<tr><td></td><td></td><td></td><td></td><td></td></tr>
<tr><td colspan="2">11. Declaration by the Exporter
The undersigned hereby declares that the above details and statements are correct, that all the goods were produced in China and that they comply with the Rules of Origin of the People's Republic of China.

Place and date, signature and stamp of authorized signatory</td><td colspan="3">12. Certification
It is hereby that the declaration by the exporter is correct.

Place and date, signature and stamp of certifying authority</td></tr>
</table>

图 1—6—5 空白一般原产地证明书

现就其各栏目内容逐项予以说明：

（1）出口商（Exporter）：此栏填写出口商的名称、详细地址及国家（地区），一般可按外贸合同的卖方或信用证的受益人填写。此栏不得留空。

（2）收货人（Consignee）：此栏填写最终进口商的名称、详细地址及国家（地区），通常是外贸合同中的买方或信用证上的开证申请人，不能填写中间商。但由于贸易的需要，信用证有时会要求此栏不明示进口商，在这种情况下，此栏可加注"TO WHOM IT MAY CONCERN"或"TO ORDER"，但不得留空。

（3）运输方式和路线（Means of Transport and Route）：此栏填写装货港、到货港及运输路线。如经转运，应注明转运地。例如通过海运，由上海经横滨转运至洛杉矶，填写为：FROM SHANGHAI TO LOS ANGELES VIA YOKOHAMA BY VESSEL，也可以填写为：SEA FREIGHT，FROM SHANGHAI TO LOS ANGELES VIA YOKOHAMA。

（4）目的港（地）所在国家或地区（Country / Region of Destination）：此栏填写目的港（地）所在国家的名称，不能填写中间商所在国家。注意：英国不能填写为 ENG-

LAND或BRITAIN，要写成U. K.，荷兰不能填写为HOLLAND，要写成THE NETHERLANDS，美国不能填写为AMERICA，要写成U. S. A.。

(5) 供签证机构使用 (For Certifying Authority Use Only)：此栏一般情况下可以留空不填，仅为签证机构在签署后发证书、补发证书或加注其他声明时使用。

1) 证书遗失、被盗或者损毁，出证机构签发“副本”证书时，会盖上“Duplicate”红色印章，并在此栏注明原证书的编号和签证日期，并声明原发证书作废，其文字是“THIS CERTIFICATE IS IN REPLACEMENT OF CERTIFICATE OF ORIGIN NO.… DATED… WHICH IS CANCELLED”。

2) 当货物已经出口，出证机构签发证书的日期迟于装运日期时，此栏必须显示“ISSUED RETROSPECTIVELY”字样，表示“后发”，否则产地证在进口国无效。

(6) 唛头及包装件数 (Marks & Nos)：此栏按照信用证中规定的内容进行缮制，且与发票和提单的同项内容一致，不可简单地填写“按照发票 (AS PER INVOICE NO. 123)”，或者“按照提单 (AS PER B/L NO. 567)”。货物包装无唛头时，可填写“N/M (NO MARK，无唛)”，但必须与发票上显示的一样。此栏不得留空。

(7) 包装数量及种类、商品名称 (Number and Kind of Packages, Description of Goods)：此栏填写具体名称，如睡袋 (SLEEPING BAGS)、杯子 (CUPS)，不能用概括性词语如服装 (GARMENTS) 来表述。包装数量应在英文大写数字后加注阿拉伯数字的表述。例如，100箱彩电填写为：ONE HUNDRED (100) CARTONS OF COLOUR TV SETS。如果货物系散装，在商品名称后加注“散装” (IN BULK)。例如，10 000吨散装生铁填写为：TEN THOUSAND (10 000) M/T PIG IRON IN BULK。有时信用证要求在所有单证上加注合同号、信用证号等，可加在此栏。本栏的末行要打上表示结束的星号“***”，以防加塞伪造内容。

(8) 税则号 (H. S. Code)：H. S. 是《商品名称及编码协调制度》的英文缩写。原外经贸部和海关总署根据H. S. 分类编制了《中华人民共和国进出口商品目录对照表》，规定了商品名称和税则号。此栏填写出口商品的税则号，若同一证书包含几种商品，则应将相应的税则号全部填写。此栏不得留空。

在实务中，网上申领一般原产地证明书时，填写税则号的8位或10位数字，但是打印出来的产地证上只显示4位数字，即税则号的前4位数字。

(9) 数量 (Quantity)：此栏填写发票中的计价数量，如多少件、套、个、台、双等。如果货物是以重量计量计价的，填写净重，如果是以毛作净的商品，则要先注明G. W. (毛重)，再写上数量。

(10) 发票号码及日期 (Numbers and Date of Invoice)：此栏填写申请出口货物的对应的发票号码与发票日期。为避免对月份、日期的误解，月份一律用英文缩写表述。例如，2009年7月10日，用英文表述为：10 JUL.，2009。此栏不得留空。

(11) 出口商声明 (Declaration by the Exporter)：此栏内容已事先印就：“下列签署

人声明，以上各项及其陈述是正确的，全部货物均在中国生产，完全符合中华人民共和国原产地规则。”由申领单位已在签证机构注册的人员手签并加盖有中英文的出口公司印章（条形章），填上申领地点和日期。该栏日期不得早于发票日期（第10栏）。手签人签字与条形章在证书上的位置不能重合。

（12）签证机构证明（Certification）：此栏内容已事先印就：“兹证明出口商声明是正确的。”由签证机构的授权签署人手签并盖章，填写签证地点和日期。签发日期不得早于发票日期（第10栏）和申请日期（第11栏），也不能晚于装运日期（提单日期）。

工作任务实训

一、任务情境

同本项目任务1中的情境，该信用证中有关产地证缮制的内容有：

DOCUMENTS REQUIRED　46A：

……

＋ORIGINAL CERTIFICATE OF ORIGIN PLUS ONE COPY ISSUED BY CHAMBER OF COMMERCE

……

ADDITIONAL COND.　47A：

＋ APPLICANT'S ORDER NO. 599/2009 MUST BE SHOWN ON ALL DOCUMENTS

……

其他相关资料：

发票号码：WL09E0718　　发票日期：2009年7月18日

一般原产地证明书号：09ZJHZ0519823　　申领日期：2009年7月21日

坐垫套20 000个，200箱　　税则号：6302401010

挂毯4 500条，150箱　　税则号：5803009000

唛头：同本项目任务1

二、工作任务

陈小安缮制好装箱单后，着手填制一般原产地证明书，先阅读信用证，明确信用证对产地证的要求，然后完成产地证的填制。

三、任务实施

产地证号码：由出证机构（浙江省贸促会）的计算机自动给出：09ZJHZ0519823。

第1栏，按照信用证“59（受益人）”的内容填写“婉丽”的名称与地址。

第2栏，按照信用证“50（开证申请人）”的内容填写 Versions Limited Co. 的名称与地址。

第3栏，根据相关资料，填写“FROM SHANGHAI TO FELIXSTOWE BY SEA”。

第4栏，根据信用证的要求，填写“U. K.”。

第5栏，留空不填。

第6栏，根据相关资料，填写两个唛头。

第7栏，因为两种商品的税则号不相同，所以在第一个唛头的同一横线上填写“TWO HUNDRED（200）CARTONS OF CUSHION COVERS”，在第二个唛头的同一横线上填写“ONE HUNDRED AND FIFTY（150）CARTONS OF RUGS”。又因为该信用证规定所有单证上要显示进口商的订单号，所以在下方还要填写“VERSIONS' ORDER NO. 599/2009”，最后以星号“***”表示结束。

第8栏，根据相关资料，在 TWO HUNDRED（200）CARTONS OF CUSHION COVERS 的同一横线上填写“6302”，在 ONE HUNDRED AND FIFTY（150）CARTONS OF RUGS 的同一横线上填写“5803”。

第9栏，根据相关资料，在 TWO HUNDRED（200）CARTONS OF CUSHION COVERS 的同一横线上填写“20 000PCS”，在 ONE HUNDRED AND FIFTY（150）CARTONS OF RUGS 的同一横线上填写“4 500PCS”。

第10栏，填写发票号码“WL09E0718”和日期“18 JUL.，2009”。

第11栏，陈小安盖上“婉丽”的条形章，签上自己的名字，然后填写“HANGZHOU 21 JUL.，2009”（从相关资料中得知，申领日期是2009年7月21日）。

第12栏，陈小安在下方填写“HANGZHOU 21 JUL.，2009”后，送浙江省贸促会，授权签署人方芳盖章，签上自己的名字，产地证便生效。

缮制完毕的一般原产地证明书见图1—6—6。

1. Exporter
HANGZHOU WANLY IMP. AND EXP. CO., LTD.
258 MOGANSHAN ROAD
HANGZHOU
CHINA

Certificate No. 09ZJHZ0519823

CERTIFICATE OF ORIGIN
OF
THE PEOPLE'S REPUBLIC OF CHINA

2. Consignee
VERSIONS LIMITED
23 COSGROVE WAY
LUTON, BEDFORDSHIRE
LU1 1XL U. K.

3. Means of Transport and Route
FROM SHANGHAI TO FELIXSTOWE BY SEA

4. Country / Region of Destination
U. K.

5. For Certifying Authority Use Only

6. Marks & Nos	7. Number and Kind of Packages; Description of Goods	8. H. S. Code	9. Quantity	10. Numbers and Date of Invoice
VERSIONS C COVER O/NO. 599/2009 FELIXSTOWE NO. 1-200	TWO HUNDRED (200) CARTONS OF CUSHION COVERS	6302	20 000PCS	WL09E0718 18 JUL., 2009
VERSIONS RUG O/NO. 599/ 2009 FELIXSTOWE NO. 1-150	ONE HUNDRED AND FIFTY (150) CARTONS OF RUGS VERSIONS' ORDER NO. 599/2009 **************	5803	4 500PCS	

11. Declaration by the Exporter
The undersigned hereby declares that the above details and statements are correct, that all the goods were produced in China and that they comply with the Rules of Origin of the People's Republic of China.

杭州婉丽进出口有限公司（章）
HANGZHOU WANLY I/E CO., LTD.

陈小安（手签）
HANGZHOU 21 JUL., 2009

Place and date, signature and stamp of authorized signatory

12. Certification
It is hereby that the declaration by the exporter is correct.

浙江省
贸促会（商会）
（章）

方芳（手签）

HANGZHOU 21 JUL., 2009

Place and date, signature and stamp of certifying authority

图 1—6—6　一般原产地证明书实例

任务4 填制（确认）海运提单

★ 知识支撑

一、海运提单的内容和填制说明

海运提单的内容可分为固定部分和可变部分两部分。固定部分包括海运提单背面的运输契约以及提单正面承运人或其代理人印好的文字说明，这部分一般不作更改。可变部分主要包括船名与航次、装运港、目的港、托运人、收货人、被通知人、货名、唛头、包装、件数、重量、体积、运费支付说明、正本份数、签发地点和日期、承运人、船长或其代理人签字等。这些内容根据运输的货物、时间、托运人及收货人的不同而变化。

海运提单由各个船公司自行印制，格式不一，但内容大致相同，约有23项内容。下面以中远公司的海运提单（见图1—6—7）为例，介绍海运提单正面需填制的内容。

(1) 提单号码（B/L No.）：由承运人按一定的顺序编制，也就是海运托运时，承运人同意承运货物后，在托运单第五联（装货单）上填写的“关单”号。

(2) 托运人（Shipper）：又称发货人，是委托运输的人，在贸易活动中一般是合同的卖方。按照《UCP600》的规定，银行接受任何人作为托运人，除非信用证另有规定。提单托运人栏目一般填写信用证中的受益人名称，可以不添加地址。在采用FOB术语出口时，也常见第三方人作为提单的托运人，称为第三方提单（Third Party B/L）。

(3) 收货人（Consignee）：提单的收货人俗称“抬头”，实务中常见的提单有记名抬头提单（Straight B/L）和指示抬头提单（Order B/L）两种类型。

1) 记名抬头提单是指在提单收货人栏目里直接写上收货人的具体名称与地址的提单。

记名抬头提单在合同或信用证中的文句一般如下：FULL SET CLEAN ON BOARD OCEAN BILL OF LADING CONSIGNED TO ABC COMPANY，NO. 123 XYZ STREET，LOS ANGELES, CA.，U. S. A.。受益人（出口商）将合同或信用证中的相关内容照抄在此栏内即可。

2) 指示抬头提单在进出口业务中使用最多，分为空白指示提单和记名指示提单。

空白指示提单是指在提单收货人栏目里填写TO ORDER，在提交银行前必须由受益人（出口商）背书，否则客户无法提货的提单。

空白指示提单在合同或信用证中的文句一般如下：“FULL SET CLEAN ON BOARD OCEAN BILL OF LADING MADE OUT TO ORDER AND BLANK ENDORSED...”。受益人在此栏中填写TO ORDER，然后做空白背书。

<table>
<tr><td colspan="2">**Shipper**
(2)</td><td colspan="4" rowspan="6">**B/L No.** (1)
中远集装箱运输有限公司
COSCO CONTAINER LINES
Port-to-Port or Combined Transport
BILL OF LADING
ORIGINAL
RECEIVED in external apparent good order and condition except as otherwise noted. The total number of packages or units stuffed in the container. The description of the goods and the weights shown in this Bill of Lading are furnished by the Merchants, and which the carrier has no reasonable means of checking and is not a part of this Bill of Lading contract. The carrier has issued the number of Bill of Lading stated below, all of this tenor and date. One of the original Bill of Lading must be surrendered and endorsed or signed against the delivery of the shipment and whereupon any other original Bill of Lading shall be void. The merchants agree to be bound by the terms and conditions of this B/L as if each had personally signed this B/L.
* Applicable only used as Combined Transport B/L</td></tr>
<tr><td colspan="2">**Consignee**
(3)</td></tr>
<tr><td colspan="2">**Notify Party**
(4)</td></tr>
<tr><td>* **Pre-carriage by**
(5)</td><td>* **Place of Receipt**
(6)</td></tr>
<tr><td>**Ocean Vessel Voy. No.**
(7)</td><td>**Port of Loading**
(8)</td></tr>
<tr><td>**Port of Discharge**
(9)</td><td>* **Place of Delivery**
(10)</td></tr>
<tr><td>**Marks & Nos**(11)
Container / Seal No.
(12)</td><td>**No. of Containers or Packages**
(13)</td><td colspan="2">**Description of Goods (if Dangerous Goods, See Clause 20)**
(14)</td><td>**Gross Weight Kgs**
(15)</td><td>**Measurement**
(16)</td></tr>
<tr><td></td><td colspan="5">Description of Contents for Shipper's Use Only (Not Part of This B/L Contract)</td></tr>
<tr><td>**Total No. of Container and / or Packages (in Words)**
(17)</td><td colspan="5"></td></tr>
<tr><td>**Freight & Charges**
(18)</td><td>Revenue Tons</td><td>Rate</td><td>Per</td><td>Prepaid</td><td>Collect</td></tr>
<tr><td rowspan="2">Ex rate</td><td>Prepaid at</td><td>Payable at</td><td colspan="3" rowspan="3">**Place and Date of Issue**
(20)
Signed by (21)</td></tr>
<tr><td>Total prepaid</td><td>**No. of Original B(s)/L**
(19)</td></tr>
<tr><td colspan="3">**LADEN ON BOARD THE VESSEL**
DATE (22) **BY** (23)</td></tr>
</table>

图 1—6—7 中远公司空白海运提单

记名指示提单是指在提单收货人栏目里填写 TO ORDER OF ×××的提单，常见的有凭托运人指示（TO ORDER OF SHIPPER）提单、凭某银行指示（TO ORDER OF ABC BANK）提单和凭某公司指示提单（TO ORDER OF ABC COMPANY）提单。

如果是“凭某银行指示”提单或“凭某公司指示”提单，受益人（出口商）不必背书。例如，“FULL SET CLEAN ON BOARD OCEAN BILL OF LADING MADE OUT TO ORDER OF UNION BANK OF CALIFORNIA...”，受益人（出口商）在此栏内填写 TO ORDER OF UNION BANK OF CALIFORNIA 即可。如果是“凭托运人指示（TO ORDER OF SHIPPER）”，提单须经受益人（出口商）背书后才能提交银行。例如，“FULL SET CLEAN ON BOARD OCEAN BILL OF LADING MADE OUT TO ORDER OF SHIPPER BLANK ENDOURSED...”，受益人（出口商）要在此栏中填写 TO ORDER OF SHIPPER，然后做空白背书。

（4）被通知人（Notify Party）：记名抬头提单因为在收货人栏内已将收货人名称、地址填写完整，因此可以不填写此栏。指示抬头提单用“凭提示”或“凭某人指示”来泛指收货人，隐藏了真实的收货人，所以此栏必须填上某公司的名称、地址，以便货物到达目的港时，让承运人通知其来办理报关提货手续。否则船方无法与收货人联系，收货人也不能及时报关提货，甚至会因超过海关规定的申报时间致使货物被没收。

在信用证结算方式下，此栏按信用证规定填写。如果信用证没有明示被通知人的名称、地址，此栏可以留空，但须在提单副本中填写信用证开证申请人。如果是托收或汇付结算方式，此栏一般填写合同中买方的名称与地址。如果信用证要求两个或两个以上的公司作为被通知人，应该把这两个或两个以上的公司名称及地址完整地填写在此栏中，填写不下的话，可以用“***”连接到提单空白处继续填写。

（5）前段运输（Pre-carriage by）：如果是港至港海运，此栏空白。如果是国际多式联运，而且起运地是内陆，用陆、空等方式运至出口国海港处的，填写首程运输的运输方式。比如 CIP 术语，从太原经天津出口到西雅图，太原到天津用铁路运输，此栏填 TRAIN。

注意：采用贸易术语 FOB、CIF 和 CFR 从上海出口，集装箱去浙江或江苏工厂装货，不能在此栏填“集装箱卡车”，也不能在下述“收货地点”栏内填“浙江”或“江苏”。

（6）收货地点（Place of Receipt）：如果是港至港海运，此栏空白。如果是国际多式联运，而且起运地是内陆，用陆、空等方式运至出口国海港处的，填写内陆收货地点。比如 CIP 术语，从太原经天津出口到西雅图，此栏填 TAIYUAN。

注意：采用贸易术语 FOB、CIF 和 CFR 从上海出口，集装箱去浙江或江苏工厂装货，不能在此栏填“浙江”或“江苏”。

（7）船名及航次（Ocean Vessel Voy. No.）：此栏填写出口货物实际装运的船名和航次。在国际多式联运的时候，出口港预配了船舶，则可以在此栏的船名前加注“INTENDED”，表明是预配船只。

（8）装运港（Port of Loading）：此栏填写出口货物的实际装运港名称，如果信用证或合同规定了装运港是 CHINA，或者有选择港 SHANGHAI/NINGBO 等，在填写时不能机械照抄，而要填写货物实际出口的装运港。

（9）卸货港（Port of Discharge）：此栏填写货物实际进口的目的港名称，如果信用证或合同规定了卸货港是JAPAN，或者有选择港OSAKA/KOBE等，在填写时不能机械照抄，而要填写货物实际进口的卸货港，只能填写一个港口。

如果货物转运，可在卸货港（Port of Discharge）之后加注“WITH TRANSSHIPMENT AT...（简写W/T AT）”。例如，从宁波港到汉堡，在香港转运，就填HAMBURG W/T AT HONG KONG。

因为此栏空间不大，当内容繁多填写不下时，可以用“***”将所要填写的内容连接到提单的空白处填写。

（10）交货地点（Place of Delivery）：港至港海运时，此栏可以留空。国际多式联运时，此栏填写货物到达的最终目的地（内陆地）名称。比如采用国际多式联运方式出口货物到尼泊尔的加德满都（KATHMANDU），要利用印度港口加尔各答（CALCUTTA）过境，则在卸货港栏目填写“CALCUTTA”，在此栏填写“KATHMANDU”。

（11）唛头（Marks & Nos）：此栏填写实际的唛头，但必须与发票上所显示的唛头一致，如无唛头，则可以填写“N/M”。

（12）集装箱号和封号（Container/Seal No.）：此栏填写三项内容：

1）注明集装箱规格与数量，例如，集装箱是20尺还是40尺，有几个，整箱还是拼箱。

2）注明集装箱交接方式，一般情况下，整箱填写CY/CY（集装箱堆场到集装箱堆场），拼箱填写CFS/CFS（集装箱货运站到集装箱货运站）。

3）实际的集装箱号码与封号，有几个填几个。

例如：1×40LCL，CFS/CFS，PILU4032156/51126-0，表示（货物采用）40尺集装箱拼箱，从集装箱货运站到集装箱货运站，箱号是PILU4032156，封号是51126-0。

（13）件数和包装种类（No. of Containers or Packages）：此栏按照实际包装情况填写，下面几点必须注意：

1）此栏的件数是指出口货物的运输包装数量，如12 000件衬衫装入200纸箱，就要填写200 CARTONS，而不是填12 000 PIECES。包装种类是指运输包装的种类，如箱、包、捆等，如某出口商有1 400捆的不锈钢铲头出口，就填写：1 400 BUNDLES，大写为：SAY ONE THOUSAND FOUR HUNDRED BUNDLES ONLY。应注意数量和单位的大、小写一致。

2）如果是裸装货物，此栏应加上件数和量词，如一辆客车、一台机器等。

3）如果是散装货物，如煤炭、矿石、原油等，此栏写“IN BULK”，而不用填数量。

4）如果是两种或多种包装，此栏应分别填写，如“FIVE CARTONS”、“FIVE BALES”、“SIX CASES”等，件数栏内要逐项列明，同时下面应注合计数量，用Package表示包装种类，上述包装数量合计为“TOTAL PACKED IN SIXTEEN PACKAGES ONLY”。

5）如果此栏注明“20 CARTONS”，同时提单又批注“SHUT OUT 2 CARTONS”或“SHORT LOADED 2 CARTONS”等字样，就表示少装了两箱货物，发票和其他单据应注“18 CARTONS”，否则会造成单单不一致。

6）如果是集装箱运输，可以只填写集装箱数量，如“2×40 FEET CONTAINERS”。如果要注明集装箱箱内小件数量，数量前应加“SAID TO CONTAIN...”。

7）如是托盘装运，此栏应填托盘数量，同时用括号加注货物的包装件数，如“3

PALLETS (45 CARTONS)”。

8）此栏不能加注关于包装状况的形容词，如“新袋（New Bag)”、“旧箱（Old Cartons)”等。

（14）货物描述（Description of Goods)：此栏填写出口货物的名称，可以只填写出口货物总名称或大名称，而不必如发票上描述得那么细致，但不能与发票上的描述矛盾。

（15）毛重（Gross Weight)：此栏填写货物的总毛重，应与装箱单等其他单据一致。如果是裸装货物，没有毛重，只有净重，则在此栏下加注“Net Weight”。如果上述第13栏内已注明了不同的包装种类，此栏也要填写对应的毛重，并在下方合计出总毛重。

（16）尺码（Measurement)：此栏填写货物总尺码，即总体积，应与装箱单等其他单据一致。如果上述第13栏内已注明了不同的包装种类，此栏也要填写对应的体积，并在下方合计出总体积。

一般出口的提单上大多用立方米表示体积，进口的提单用立方米表示体积的较多，也有用立方英尺表示体积的。

（17）大写总件数（Total No. of Container and/or Packages in Words)：此栏填写货物包装总件数的大写，必须与提单的小写总件数一致，也必须与其他单据上显示的包装总件数一致。

集装箱整箱运输时，货物是在生产厂家装封的，集装箱拼箱运输时，货物是在货运站装封的，因此承运人往往会在此栏边上注明：“此项目由货主提供（PARTICULARS FURNISHED BY MERCHANTS)”，意思是此栏的内容由发货人提供，承运人对此不负责任。这属于承运人的免责条款。

（18）运费和费用（Freight & Charges)：运费是由货主为安全运送和交付货物向承运人支付的酬劳，也是运输合同成立的对价条件。因此，有关运费由谁支付、何时支付，都应在提单上注明。一般有以下几种表示方法：

1）在以CIF/CIP或CFR/CPT价格术语成交时，支付运费的是卖方，因此应根据信用证的规定，选择“FREIGHT PREPAID”(运费预付）或“FREIGHT PAID”（运费已付）。

2）在以FOB/FCA价格术语成交时，运费由买方支付，此时应填写“FREIGHT COLLECT”（运费待付）或“FREIGHT PAYABLE AT DESTINATION”（运费到付）。

银行接受以戳记或其他方式清楚表明运费预付、已付、待付、到付的词语。

（19）正本提单份数（No. of Original B/L)：此栏填写海运提单的正本份数。传统的海运提单的正本份数为三份，但在使用电子提单的情况下，提单正本的份数也可以是一份。根据《UCP600》的规定，银行接受任何份数的正本提单，如果信用证要求提交全套（FULL SET）提单，那么提单上注明的正本份数必须和受益人（出口商）提交给银行的正本份数一致。

（20）提单签发地点及日期（Place and Date of Issue)：海运提单的签发地点一般为承运人实际装运货物的地点，即货物装运港口或接受海关监管的地点。如果提单签发地点不在装运港或接受海关监管的地点，这种提单被称为“异地提单”，银行接受异地提单。

“已装船”提单的签发日期就是全部货物装运完毕的日期，即装运日期，也就是俗称的“提单日期”。信用证项下的提单日期不能晚于信用证规定的最后装运日期。如果是

“收妥待运提单”，提单签发日期不能视为货物的装运日期，也不能视为提单日期。该日期可以比装船日期早，也可以比装船日期晚。

如果一批货物分几个装运港装于同一艘船上运往同一目的港，签发几个不同日期的提单时，以较迟的日期为装运日期。

（21）提单的签署（Signed by）：《UCP600》第20条对提单的签字方式作了以下规定：提单，无论名称如何，必须表明承运人名称，并由下列人员签署：承运人或其具名代理人、船长或其具名代理人。承运人、船长或代理人的任何签字必须标明其承运人、船长或代理人的身份。

根据《UCP600》，承运人或船长的任何签字或证实，必须表明“承运人”或“船长”的身份。代理人代表承运人或船长签字或证实时，也必须表明所代表的委托人的名称和身份，即注明代理人是代表承运人还是船长签字或证实的。因此：

1）作为承运人签署时，除了加盖船公司的印章和法人章外，还要在此栏下端加注“AS CARRIER”。

2）作为承运人的代理人签署时，除了加盖货代公司的印章和法人章外，还要在此栏下端加注“AS AGENT FOR THE CARRIER ×××”。

3）作为船长签署时，除了签上自己的名字（如 MR. BROWN）外，还要在此栏下端加注“AS SHIPMASTER FOR THE CARRIER ×××”。

4）作为船长的代理人签字时，除了加盖货代公司的印章和法人章外，还要在此栏下端加注“AS AGENT FOR THE SHIPMASTER MR. BROWN”。

（22）装船批注（On Board Notation，海运提单中的英文标识为 Laden on Board the Vessel）：集装箱运输时的提单皆为收妥待运提单，但是 CIF、CFR 或 FOB 术语下又必须出具“已装船”提单，这时就要在收妥待运提单上加注“ON BOARD”字样（已印就在提单左下方）和装船日期，并经船公司或其代理人签署，构成合法的“已装船提单”，以符合单证一致的要求。这加注上去的装船日期，就是收妥待运提单的“提单日期”，或称“装运日期”。

如果在上述第7栏内填写的船名前有“预期（INTENDED）”字样，承运人还应在此栏的“ON BOARD”后注明装货的实际船名。如果是国际多式联运并从内陆起运的，无论上述第7栏内填写的船名前是否有“预期（INTENDED）”字样，承运人都必须在此栏的“ON BOARD”后注明装货的实际船名，哪怕实际船名就是第7栏内填写的船名。

（23）装船签署（By）：装船批注中的签署公司，就是上述第21栏的提单签署公司，在实务中，此签署采用“简签”方式。例如，提单签署是“DE-WELL CONTAINER SHIPPING COMPANY，成刚”，装船签署的 BY 后面就是“DE-WELL，成”。

二、海运提单的背书

如果提单的收货人栏目是指示抬头，海运提单就可以经过背书转让。

（一）背书的种类

（1）当收货人栏目填写凭指示（TO ORDER）时，由托运人背书。

（2）当收货人栏目填写记名指示（TO ORDER OF ×××）时，由记名的一方背书。例如，当收货人栏目填写凭托运人指示（TO ORDER OF SHIPPER）时，由托运人背书；当收货人栏目填写凭某银行指示（TO THE ORDER OF ××× BANK）时，由某银行背书。

（二）背书的方式

（1）空白背书：提单背后加盖托运人公司的条形章和法人代表的签署章。

（2）记名背书：提单背后加盖托运人公司的条形章和法人代表的签署章后，再书写被背书人（海运提单转让对象）的名称。

（3）记名指示背书：提单背后加盖托运人公司的条形章和法人代表的签署章后，再书写 TO ORDER OF＋被背书人（海运提单转让对象）的名称。

工作任务实训

一、任务情境

同本项目任务1中的情境，该信用证中有关海运提单缮制的内容有：

DOCUMENTS REQUIRED 46A：

……

＋FULL SET OF ORIGINAL CLEAN ON BOARD MARINE BILL OF LADING MADE OUT TO SHIPPERS ORDER AND BLANK ENDORSED, MARKED FREIGHT PREPAID NOTIFY APPLICANT QUOTING FULL NAME AND ADDRESS

……

ADDITIONAL COND. 47A：

＋ APPLICANT'S ORDER NO. 599/2009 MUST BE SHOWN ON ALL DOCUMENTS

……

其他相关资料：

提单号：COSUSH6311803	提单日期：2009年8月5日
提单签署：COSCO SHANGHAI BRANCH	法人代表：李建华
船名与航次：ANDAMAN SEA V. 707W	起运港：SHANGHAI
集装箱箱封号：COSU2381862 / 381232	1×40'集装箱，CY / CY
坐垫套200箱	纸箱尺码：46×46×34厘米
毛重：22千克/箱	挂毯150箱
纸箱尺码：153×128×15厘米	毛重：18千克/箱
唛头：同本项目任务1	承运人：COSCO CONTAINER LINES

注意：在实务中，海运提单由承运人或其代理人根据托运人的托运单填制，在配舱妥当后传真给托运人请求确认。如果托运人在15天内不确认，承运人便认为海运提单正确，

然后邮寄给托运人。

确认海运提单是否正确的前提是单证员必须会正确填制海运提单，清楚海运提单各个栏目中的填写内容和要求。

二、工作任务

黄源忠是中远上海分公司（COSCO SHANGHAI BRANCH）的制单员，他根据项目2中的托运单和任务情境中的资料缮制海运提单，然后传真给婉丽公司的陈小安确认，陈小安确认后，中远上海分公司作为承运人的代理签发海运提单。

三、任务实施

第1栏，填写海运提单号“COSUSH6311803”。

第2栏，根据托运单填写“婉丽”公司的英文名称。

第3栏，根据托运单填写“TO SHIPPER'S ORDER”。

第4栏，根据托运单填写 Versions Limited Co. 的名称与地址。

第5栏、第6栏，留空不填。

第7栏，根据相关资料，填写“ANDAMAN SEA V. 707W”。

第8栏，根据托运单填写“SHANGHAI”。

第9栏，根据托运单填写“FELIXSTOWE”。

第10栏，留空不填。

第11栏，根据托运单填写两个唛头。

第12栏，根据相关资料，填写“1×40FCL，CY/CY，CN.：COSU2381862，SN.：381232”。

第13栏，根据托运单填写“350CTNS”。

第14栏，根据托运单填写“CUSHION COVERS AND RUGS”。

第15栏，根据托运单填写“7 100.00KGS”。

第16栏，根据托运单填写“58.453CBM”。

第17栏，填写“SAY THREE HUNDRED AND FIFTY CARTONS ONLY”。

第18栏，根据托运单填写“FREIGHT PREPAID”。

第19栏，填写“THREE”。

第20栏，填写“SHANGHAI，05 AUG.，2009”。

第21栏，盖 COSCO SHANGHAI BRANCH 的章和李建华的签署章，因为是代理人签署，还要加注“AS AGENT FOR THE CARRIER：COSCO CONTAINER LINES”。

第22栏，在 DATE 后面填写“05 AUG.，2009”。

第23栏，在 BY 后面盖上简签章 COSCO SHA，李。

最后，因为信用证要求所有单证上显示进口商的订单号，所以在提单的空白处，还要加上“VERSIONS' ORDER NO. 599/2009”。

陈小安确认后的海运提单见图1—6—8。

Shipper HANGZHOU WANLY IMP. AND EXP. CO., LTD.	B/L No. COSUSH6311803 中远集装箱运输有限公司 COSCO CONTAINER LINES Port-to-Port or Combined Transport **BILL OF LADING** ORIGINAL RECEIVED in external apparent good order and condition except as other-wise noted. The total number of packages or units stuffed in the container. The description of the goods and the weights shown in this Bill of Lading are furnished by the Merchants, and which the carrier has no reasonable means of checking and is not a part of this Bill of Lading contract. The carrier has issued the number of Bill of Lading stated below, all of this tenor and date. One of the original Bill of Lading must be surrendered and endorsed or signed against the delivery of the shipment and whereupon any other original Bill of Lading shall be void. The merchants agree to be bound by the terms and conditions of this B/L as if each had personally signed this B/L. * Applicable only used as Combined Transport B/L
Consignee TO SHIPPER'S ORDER	
Notify Party VERSIONS LIMITED 23 COSGROVE WAY LUTON, BEDFORDSHIRE LU1 1XL U. K.	

* Pre-carriage by	* Place of Receipt
Ocean Vessel Voy. No. ANDAMAN SEA V. 707W	Port of Loading SHANGHAI
Port of Discharge FELIXSTOWE	* Place of Delivery

Marks&Nos Container/Seal No.	No. of Containers or Packages	Description of Goods (if Dangerous Goods, See clause 20)	Gross Weight	Measurement
VERSIONS C COVER O/NO. 599/2009 FELIXSTOWE NO. 1-200 VERSIONS RUG O/NO. 599/2009 FELIXSTOWE NO. 1-150 1×40'FCL, CY/CY CN.: COSU2381862 SN.: 381232	350CTNS	CUSHION COVERS AND RUGS VERSIONS' ORDER NO. 599/2009	7 100. 00KGS	58. 453CBM

Description of Contents for Shipper's Use Only (Not Part of This B/L Contract)

Total No. of Container and/or Packages (in Words)	SAY THREE HUNDRED AND FIFTY CARTONS ONLY				
Freight & Charges FREIGHT PREPAID	Revenue Tons	Rate	Per	Prepaid	Collect

Ex rate	Prepaid at	Payable at	Place and Date of Issue: SHANGHAI 05AUG., 2009
	Total prepaid	No. of Original B (s) /L THREE	Signed by COSCO SHANGHAI BRANCH AS AGENT FOR THE CARRIER: COSCO CONTAINER LINES 李建华 (章)
LADEN ON BOARD THE VESSEL DATE 05 AUG., 2009	BY COSCO SHA 李 (章)		

图 1—6—8 海运提单实例

任务5　填制随附单证——受益人证明和装船通知

★ 知识支撑

一、受益人证明

受益人证明是由受益人根据信用证规定证实有关内容的书面证明。受益人证明的种类主要有寄单证明、电抄本和履约证明等形式。信用证结算方式下，受益人证明往往也是出口商必须向银行提交的单证之一。

（一）受益人证明的种类

（1）寄单证明（Certificate for Dispatch of Documents）是最常见的受益人证明，由受益人根据信用证规定，在货物装运前后一定期限内，邮寄给规定的收件人全套或部分副本单据（或正本单据），并出具证明信，作为向银行议付的单证。

（2）电抄本（Copy of Cable/Telex/Fax）是根据信用证规定，在货物出运前后的一定期限内，由出口商按照信用证规定的内容，用电报、电传或传真通知信用证规定的接收者，并以电报、电传副本或传真机的报告，证明已经发出电文，作为向银行议付的单证。

电抄本现已不常见。

（3）履约证明（Certificate of Agreement Honoring）是受益人出具的、证明自己已经履行了信用证所规定的条款，如证明自己所交的货物品质完好、符合合同规定；证明出口货物的运输包装经过了处理，无害虫和/或虫卵；该证明信可直接作为银行议付的单证。

（二）受益人证明的主要内容和缮制说明

受益人证明（见图1—6—9）无固定格式，其内容一般包括以下几个方面：

（1）出口公司名称和地址。

（2）单据名称。根据合同或信用证的要求填写，一般有“BENEFICIARY'S CERTIFICATE（受益人证明）”、“BENEFICIARY'S STATEMENT（受益人说明）”或“BENEFICIARY'S DECLARATION（受益人声明）”等。

（3）号码。填写发票号码。

（4）日期。应与证明的内容符合，例如提单日期是3月12日，证明的有关内容是：“WE HEREBY CERTIFY THAT ONE SET OF NON-NEGOTIABLE SHIPPING DOC-

UMENTS HAS BEEN AIRMAILED TO THE APPLICANT WITHIN 2 DAYS AFTER THE SHIPMENT DATE”，则该日期不能早于3月12日，不能晚于3月14日。

(5) 抬头。按惯例填写敬启者（TO WHOM IT MAY CONCERN）。

(6) 内容。根据合同或信用证的要求缮制，但应对所使用的时态、语态作相应变化。例如，信用证条款规定：“BENEFICIARY'S CERTIFICATE CERTIFYING THAT ALL THE PACKAGES TO BE LINED WITH WATERPROOF PAPER AND BOUND WITH TWO PLASTIC STRAPS OUTSIDE”，则受益人证明应写成：“WE HEREBY CERTIFY THAT ALL THE PACKAGES HAVE BEEN LINED WITH WATERPROOF PAPER AND BOUND WITH TWO PLASTIC STRAPS OUTSIDE”。

(7) 其他。如果合同或信用证要求所有单证显示合同号、订单号、信用证号等，则要显示在此处。

(8) 签署。加盖出口公司条形章和法人代表签署章。

×××进出口有限公司

×××IMPORT AND EXPORT CO., LTD. (1)

NO. 234 ×× ROAD, ×× CITY, CHINA

受益人证明

BENEFICIARY'S CERTIFICATE (2)

No. ______(3)______

Date ______(4)______

(5)

TO WHOM IT MAY CONCERN

(6)

WE HEREBY CERTIFY THAT...

(7)

(8)

Signature

图1—6—9 空白受益人证明

二、装船通知

（一）装船通知的含义和作用

装船通知（Shipping Advice）又称装运通知，是出口商根据合同或信用证的规定，在出口货物装船后，以电传、传真或电邮方式将与装船有关的情况告知收货人或指定的人的书面文件。议付时，该电传副本、传真副本或电邮打印件，便是提交银行结汇的单据之一。

装运通知的主要作用有两个：一是在CIF/CIP价格条件下，让进口商及时了解货物装运情况，准备付款接货，及时办理进口报关；二是在FOB/FCA或CFR/CPT价格条件下，装船通知是进口商办理进口货物保险的凭证。在CFR/CPT价格条件的进口业务中，进口商与本国保险公司都事先签订预约保险，这时发给保险公司的装船通知就起到自动承保的证明作用。

按惯例，在CFR或CPT价格条件下，如卖方未及时通知买方对货物投保，货物在运输途中发生的损失，应由卖方负责。因此，在CFR或CPT价格条件下，卖方及时发出装船通知尤为重要。买方为了避免卖方因疏忽未及时通知，也常在信用证中明确规定，卖方必须按时发出装船通知，并规定通知的内容，作为向银行议付的单证之一。

装船通知并无统一的格式。如果信用证有规定，要严格按照信用证的要求缮制，如果信用证无具体规定，则一般包括日期、发票号码、提单号码、船名与航次、装运港、装运日期、卸货港、发票金额、货物描述等内容。

（二）装船通知的主要内容和缮制说明

装船通知（见图1—6—10）的主要内容为六大部分，介绍如下：

（1）出口公司的名称、地址和单据名称：常见的装船通知的英文有：SHIPPING ADVICE，SHIPMENT ADVICE，ADVICE OF SHIPMENT等，如果信用证有具体要求，应根据信用证规定书写。

（2）通知对象：按照合同或信用证的规定，可以是开证申请人、申请人的指定人或保险公司等。

（3）号码：按惯例一般填写发票号码。

（4）日期：装船通知的日期不能超过合同或信用证约定的时间，常见的有以小时为准（WITHIN 24/48 HOURS）和以天为准（WITHIN 2 DAYS AFTER SHIPMENT DATE）两种情形。当信用证没有规定时间时，应与提单日期同一天，即装船后立即发送；如果信用证规定“IMMEDIATELY AFTER SHIPMENT（装船后立即通知）”，应掌握在提单日期后的三天之内；如果信用证规定“WITHIN 2 DAYS AFTER SHIPMENT（装运后两天之内），”应掌握在提单日期后的两天之内。

（5）通知内容：主要包括所发运货物的品名、数量、装运港、卸货港、船名与航次、提运单号码、开航日期、金额、唛头等，并且与其他单证的相关内容保持一致。如果信用证提出具体项目要求，应严格按规定缮制。通知中还可能出现包装说明、ETD（船舶预计离港时间）、ETA（船舶预计到达时间）等内容。

（6）签署：通常加盖出口公司的条形章和法人代表的签署章。

××× 进出口有限公司

××× IMPORT AND EXPORT CO., LTD.

NO. 234 ×× ROAD, ×× CITY, CHINA

装船通知

SHIPPING ADVICE (1)

To: (2)

No. (3)

Date (4)

WE ARE PLEASED TO INFORM YOU THAT THE GOODS UNDER L/C NO. ×××× HAVE BEEN SHIPPED. THE DETAILS ARE AS FOLLOWS:

(5)

Description of Goods:

No. & Kind of pkgs:

Port of Loading:

Port of Discharge:

Name of Vessel & Voy. No.:

Bill of Lading Number:

Bill of Lading Date:

Invoice Value:

Marks and Nos:

(6)

Signature

图 1—6—10　空白装船通知

工作任务实训

一、任务情境

陈小安确认完海运提单后，于 8 月 6 日将商业发票、装箱单和海运提单的副本传真给开证申请人，开始填写受益人证明和装运通知书。

同本项目任务 1 中的情境，该信用证中有关随附单据缮制的内容有：

……

APPLICANT　　*50: VERSIONS LIMITED
23 COSGROVE WAY
LUTON, BEDFORDSHIRE
LU1 1XL U. K.

APPLICANT BANK　　51A: HSBC BANK PLC (FORMERLY MIDLAND BANK

		PLC) LONDON
BENEFICIARY	*59：	HANGZHOU WANLY IMP. AND EXP. CO., LTD., 258 MOGANSHAN ROAD, HANGZHOU, CHINA ……
DOCUMENTS REQUIRED	46A：	
		…… +CERTIFICATE SENT BY BENEFICIARY TO APPLICANT, EVIDENCING THAT COPIES OF INVOICE, BILL OF LADING AND PACKING LIST HAVE BEEN FAXED TO APPLICANT ON FAX NO. 01-5824-3470 WITHIN 3 DAYS OF BILL OF LADING DATE
ADDITIONAL COND.	47A：	
		+ APPLICANT'S ORDER NO. 599/2009 MUST BE SHOWN ON ALL DOCUMENTS ……

其他相关资料：

发票号码：WL09E0718　　发票金额：GBP74 150.00

提单号码：COSU2381862　　提单日期：2009年8月5日

二、工作任务

单证员陈小安的工作任务是根据信用证的规定和本项目任务4中图1—6—8海运提单的内容填写受益人证明和装船通知。

三、任务实施

（一）受益人证明的填写

第1栏，根据信用证内容，填写受益人的英文名称和地址。

第2栏，根据信用证要求，填写"证明信"和"CERTIFICATE"。

第3栏，填写发票号码。

第4栏，填写"08 AUG.，2009"。

第5栏，根据信用证要求，填写开证申请人 Versions Limited Co. 的名称与地址。

第6栏，根据信用证要求，填写证明信内容。注意：

（1）根据信用证要求使用动词"EVIDENCE"，而不是"CERTIFY"。

（2）涉及"…FAXED TO APPLICANT…"的时候，不能机械照抄，而要把 APPLICANT 改为具体开证申请人 VERSIONS LIMITED。

第 7 栏，根据信用证要求，填写“VERSIONS’ ORDER NO. 599/2009”。

第 8 栏，盖“婉丽”公司的条形章和法人代表的签署章。

缮制完毕的受益人证明见图 1—6—11。

杭州婉丽进出口有限公司

HANGZHOU WANLY IMP. AND EXP. CO., LTD.

258 MOGANSHAN ROAD, HANGZHOU CHINA

证明信

CERTIFICATE

No.: WL09E0718

Date: 08 AUG., 2009

To:

VERSIONS LIMITED

23 COSGROVE WAY

LUTON, BEDFORDSHIRE

LU1 1XL U. K.

WE HEREBY EVIDENCE THAT COPIES OF INVOICE, BILL OF LADING AND PACKING LIST HAVE BEEN FAXED TO VERSIONS LIMITED ON FAX NO. 01-5824-3470 WITHIN 3 DAYS AFTER BILL OF LADING DATE.

VERSIONS’ ORDER NO. 599/2009

杭州婉丽进出口有限公司（章）

HANGZHOU WANLY I/E CO., LTD.

张婉丽（章）

图 1—6—11 受益人证明实例

（二）装船通知的填制

虽然此装船通知不是该信用证中规定要求出口商提交的单据，但在实务中，卖方一般都会发送装船通知给买方，让进口商做好接货、投保（FOB 和 CFR 术语）、赎单的准备。

第 1 栏：填写杭州婉丽进出口有限公司的中英文名称和地址，写上单据的名称“SHIPPING ADVICE”。

第 2 栏：填写开证申请人的名称和地址。

第 3 栏：按惯例填写发票号码。

第 4 栏：因信用证中对装船通知无要求和规定，日期可以与受益人证明信一样，填写“08 AUG.，2009”。

第 5 栏：根据海运提单上的信息，填写品名、数量、船名与航次、开航日期等。

第 6 栏：盖“婉丽”公司的条形章和法人代表的签署章。

说明：因信用证对装船通知不作要求，所以在装船通知中，买方的订单号可以显示，也可以不显示。

缮制好的装船通知见图 1—6—12。

杭州婉丽进出口有限公司

HANGZHOU WANLY IMP. AND EXP. CO., LTD.

258 MOGANSHAN ROAD, HANGZHOU CHINA

装船通知

SHIPPING ADVICE

To:

VERSIONS LIMITED

23 COSGROVE WAY

LUTON, BEDFORDSHIRE

LU1 1XL U. K.

No.: WL09E0718

Date: 08 AUG., 2009

WE ARE PLEASED TO INFORM YOU THAT THE GOODS UNDER L/C NO. DC LDI300954 HAVE BEEN SHIPPED. THE DETAILS ARE AS FOLLOWS:

Description of Goods: CUSHION COVERS AND RUGS

No. & Kind of pkgs: 350 CTNS

Port of Loading: SHANGHAI

Port of Discharge: FELIXSTOWE

Name of Vessel & Voy. No.: ANDAMAN SEA V. 707W

Bill of Lading No.: COSUSH6311803

Bill of Lading Date: 05 AUG., 2009

Invoice Value: GBP74 150.00

Marks and Nos: VERSIONS
C COVER
O/NO. 599/2009
FELIXSTOWE
NO. 1-200

VERSIONS
RUG
O/NO. 599/2009
FELIXSTOWE
NO. 1-150

VERSIONS' ORDER NO. 599/2009

杭州婉丽进出口有限公司（章）
HANGZHOU WANLY I/E CO., LTD.

张婉丽（章）

图 1—6—12 装船通知实例

任务 6　填制汇票

★ 知识支撑

一、汇票的缮制要点

《中华人民共和国票据法》（以下简称《票据法》）第 22 条规定，汇票有七个要项，未记载规定事项之一的，汇票无效。七个要项如下所述：

（1）表明"汇票"的字样。

（2）无条件支付的委托。

（3）确定的金额。

（4）付款人名称。

（5）收款人名称。

（6）出票日期。

（7）出票人签章。

除上述要项外，汇票还记载一些其他的内容，如利息与利率条款、付一不付二或付二不付一、禁止转让、汇票号码、出票条款等。

《日内瓦统一法》把付款期限、付款地点和出票地点作为汇票的要项，对此《票据法》第 23 条规定：汇票上记载付款日期、付款地、出票地等事项的，应当清楚、明确。汇票上未记载付款日期的，为见票即付。汇票上未记载付款地的，付款人的营业场所、住所或者经常居住地为付款地。汇票上未记载出票地的，出票人的营业场所、住所或者经常居住地为出票地。

空白汇票见图 1—6—13。

二、信用证结算方式下商业汇票的填制

信用证结算方式下，商业汇票的填制包括以下内容：

（1）出票依据（Drawn under）：此栏填写开证行的名称，一般应该有分行所在城市的名称，除非信用证有专门规定。

（2）信用证号码（L/C No.）：此栏填写信用证号码，即 SWIFT 信用证中的"20"。

（3）开证日期（Date）：此栏填写信用证的开证日期，即 SWIFT 信用证中的"31C"，但是为了避免混淆，月份用英文大写，年份用四位数字。例如，09/06/10，填写为：10

凭　　　　　　　　　　　　　　　　　　　　　　　　　　　　信用证　第　号
Drawn under　(1)　　　　　　　　　　　　　　　　　　L/C No.　(2)

1

日期
Dated　(3)　　支取Payable with interest@　　% per annum 按年息　　付款(4)

中国杭州　　年　月　日
号码　　　　　汇票金额　　　　　　Hangzhou China
No.　(5)　　Exchange for　(6)　　　　　　(7)
见票　　　　　日后（本汇票之副本未付）付交
At　(8)　　sight of this **FIRST** of Exchange(Second of exchange

金额
being unpaid)**Pay to the order of**　(9)　　　　**the sum of**
(10)

款已收讫
Value received
此致
To:　　　　　　　　　　　　　　　　　　　　　　　(12)
(11)

图 1—6—13　空白汇票

JUN., 2009。

（4）年息（Interest Per Annum）：此栏一般留空不填，仅在贴现时由银行填写。

（5）号码（No.）：此栏填写发票号码。

（6）汇票金额（Exchange for）：此栏填写币制与金额的阿拉伯数字。一般为发票金额，灵活结算方式除外。先填写币制的三位英文字母，再填写阿拉伯数字，小数点后保留两位，第三位小数四舍五入。此栏不得涂改，涂改后汇票无效。要注意：

1）除非信用证另有规定，汇票金额应与发票金额一致。

2）如果信用证规定汇票金额为发票金额的百分之几，如 97%，那么发票金额应为 100%，汇票金额为 97%，其差额 3%一般为应付的佣金。

3）如果信用证规定部分信用证付款，部分托收，则分填两套汇票：信用证项下支款的汇票按信用证允许的金额填制，其余部分为托收项下汇票的金额，两者之和等于发票金额。

（7）出票日期和地点（Date and Place of Issue）：地点一般已印好，无须填写。出票地点后面填写出票日期。汇票日期也称出票日期，该日期是一套结汇单据中日期最晚的一天，在信用证结算方式项下，此日期不能晚于信用证规定的交单期和信用证的有效期。在实务中，此栏可以填写提单日期后的第 3 至第 5 天。

（8）汇票付款期限（Tenor）：此栏填写汇票的期限，SWIFT 信用证项下，付款期限就是“42C”。在实务中，有即期和远期两种。

1）即期汇票的付款期限填法较简单，只需在横线上用“***”、“---”或“×××”表示，但不能留空。

2）远期汇票按照信用证的规定填入。

［例 1］来证规定：DRAFTS AT 30 DAYS AFTER SIGHT，这是见票后 30 天付款的远期汇票，此栏填写：30 DAYS AFTER。

［例 2］来证规定：DRAFTS AT 45 DAYS AFTER DRAFTS DATE，这是出票后 45 天付款的远期汇票，此栏填写：45 DAYS AFTER THIS DRAFT DATE，并把已印的 SIGHT 划掉。

［例 3］来证规定：DRAFTS AT 60 DAYS AFTER B/L DATE，这是提单日期后 60 天付款的远期汇票，此栏填写：60 DAYS AFTER B/L DATE，并把已印的 SIGHT 划掉，还要在汇票的空白处补充写上提单日期。如果提单日期是 2009 年 3 月 31 日，则填写为：B/L DATE：31 MAR.，2009。

［例 4］来证规定：DRAFTS PAYABLE AT 10 OCT.，2009，这是在将来指定的日期付款的远期汇票，出票一定是在 2009 年 10 月 10 日之前，此栏填写：10 OCT.，2009，并把已印的 SIGHT 划掉。

（9）收款人（Payee）：汇票收款人又称受款人，俗称汇票抬头。在国际票据市场上，汇票的抬头通常有三种写法：

1）记名指示式抬头（Demonstrative Order）。在此栏填写：付给某人指定的人（Pay to the Order of ×××），这是国际结算中使用最普遍的一种，我国出口的汇票都是这种抬头，因此“Pay to the Order of”已在汇票上印就。

2）限制性抬头（Restrictive Order）。在此栏填写：仅付给某人（Pay to ××× only），或者填写：限付给某人，不许转让（Pay to ××× only not Transferable）。这种做法使得汇票在票据市场上无法转让，失去了流通的作用，所以在进出口贸易中不常见。

3）持票人抬头（Open Order）。在此栏填写：付给持票人（Payable to Bearer），谁持有汇票，谁就可以向付款人索偿。根据英国的票据法，这样填写的汇票有效，根据《日内瓦统一法》和我国《票据法》，这样填写的汇票无效。

在实务中，如果信用证是自由议付的，出口商可以在此填写任何银行的名称；如果信用证是限制议付的，出口商在此只能填写信用证的指定银行名称。

［例 1］来证规定：AVAILABLE WITH HSBC（CHINA），SHANGHAI BRANCH，这是限制在汇丰银行上海分行议付的信用证，即受款人是汇丰银行上海分行，此栏这样填写：HSBC（CHINA），SHANGHAI BRANCH。

［例 2］来证规定：AVAILABLE WITH ANY BANK IN CHINA，这是自由议付的信用证，不限制受款人，受益人可以在自己的国家里选择任何一家合适的银行作为受款人。在填写汇票时，应在此栏中填入选择好的银行名称，而不能机械地照抄“ANY BANK”。如果选择中国银行杭州分行议付，此栏这样填写：BANK OF CHINA，HANGZHOU BRANCH。

（10）汇票大写金额（The Sum of）：此栏先填写英文“SAY”，再填写货币的英文名称，然后用英文填写货物的金额，大小写应相一致，结束时加一个“ONLY”，以防加塞伪造内容。

比如，某笔信用证金额是 42 000.00 美元，就填写：SAY U.S. DOLLARS FORTY TWO THOUSAND ONLY。注意此栏不能涂改，涂改后汇票无效。

（11）付款人（Drawee）：信用证结算方式项下，开证行或其指定的付款行即为付款人。倘若信用证中未指定付款人，也应填写开证行，因为按照《UCP600》的规定，开证行承担第一性的付款责任。SWIFT 信用证项下，付款人就是“42D”。

《UCP600》规定，不允许开立以开证申请人为付款人的信用证。

［例 1］来证规定：DRAFTS DRAWN ON ROYAL BANK OF CANADA，VANCOUVER，此栏填写：ROYAL BANK OF CANADA，VANCOUVER。

［例 2］来证规定：DRAFTS DRAWN ON US，这里的“US”指的就是开证银行，应该把开证行的名称和地址填入此栏，而不能机械地照抄“US”。

（12）出票人（Drawer）：此栏由受益人加盖出口公司的条形章和法人代表的签署章。在转让信用证项下，允许汇票由第一受益人签发。

工作任务实训

一、任务情境

同本项目任务 1 中的情境，该信用证中有关汇票缮制的内容有：

AMOUNT	＊32B：CURRENCY GBP AMOUNT 74 150.00
POS. / NEG. TOL.（%）	39A：05/05
AVAILABLE WITH/BY	＊41D：ANY BANK BY NEGOTIATION
DRAFT AT …	42C：AT SIGHT
DRAWEE	＊42D：MIDLGB22BXXX ＊HSBC BANK PLC（FORMERLY MIDLAND BANK PLC） ＊LONDON ＊（ALL U.K. OFFICES）
	……
ADDITIONAL COND.	47A： ＋APPLICANT'S ORDER NO. 599/2009 MUST BE SHOWN ON ALL DOCUMENTS ……

其他相关资料：

发票号码：WL09E0718　　发票金额：GBP74 150.00

提单日期：2009 年 8 月 5 日　　送交银行议付日期：2009 年 8 月 11 日

二、工作任务

单证员陈小安的工作是根据信用证中关于汇票的条款和相关的信息缮制汇票。

三、任务实施

第 1 栏，根据信用证要求，填写开证行的名称和地址，即“51A”的内容。

第 2 栏，填写信用证号码，即“20”的内容。

第 3 栏，填写开证日期，即“31C”的内容。

第 4 栏，留空不填。

第 5 栏，填写发票号码。

第 6 栏，填写“GBP74 150.00”。

第 7 栏，因为是 8 月 11 日送银行议付的，因此填写“11 AUG.，2009”。

第 8 栏，根据信用证的要求，填写“***”。

第 9 栏，因为是自由议付的信用证，“婉丽”选择通知行中国银行杭州分行作为受款人。

第 10 栏，填写 GBP74 150.00 的英文大写。

第 11 栏，根据信用证的要求填写付款人，即“42D”的内容。

第 12 栏，陈小安盖“婉丽”公司的条形章和法人代表张婉丽的签署章。

另外，根据信用证的规定，在汇票上显示买方的订单号，在空白处加注“VERSIONS' ORDER NO. 599/2009”。

缮制完毕的汇票见图 1—6—14。

凭 信用证 第 号
Drawn under HSBC BANK PLC,LONDON **L/ C No.** DC LDI300954

2

日期
Dated 24 JUN.,2009 支取 Payable with interest@ % per annum 按年息 付款

号码 汇票金额 GBP74 150.00 中国杭州 Hangzhou China 年 月 日
No. WI09E0718 **Exchange for** 11 AUG.,2009

见票 日后(本汇票之副本未付)付交中国银行杭州分行 金额
At *** sight of this **SECOND** of Exchange(First of exchange **the sum of**
being unpaid)**Pay to the order of** BANK OF CHINA,HANGZHOU BRANCH

Value Received SAYGBPOUNDS SEVENTY FOUR THOUSAND ONE HUNDRED AND FIFTY ONLY.

VERSIONS' ORDER NO.599/2009

杭州婉丽进出口有限公司(章)
HANGZHOU WANLY I/E CO.,LTD

此致 HSBC BANK PLC
(FORMERLY MIDLAND BANK PLC)
LONDON

张婉丽(章)

图 1—6—14 汇票实例

? 训练测试题目

请根据下列信用证和相关资料缮制发票、装箱单和汇票。

TO：BANK OF COMMUNICATIONS SHANGHAI BRANCH
FM：CANADIAN IMPERIAL BANK OF COMMERCE，TORONTO
MT：700
27：SEQUENCE OF TOTAL：1/1
40A：FORM OF DOC. CREDIT：IRREVOCABLE
20：DOC. CREDIT NUMBER：T－017641
31C：DATE OF ISSUE：20090310
31D：EXPIRY：DATE 20090505
PLACE THE PEOPLE'S REP. OF CHINA
50：APPLICANT：THOMSON TEXTILES INC.
3384 VINCENT STREET
DOWNS VIEW ONTARIO
M3J 2J4 CANADA
59：BENEFICIARY：SHANGHAI KARY TEXTILES IMP. AND EXP. CORP.
127 ZHONGSHAN ROAD
SHANGHAI CHINA
32B：AMOUNT：CURRENCY USD AMOUNT 36 960.00
39A：POS / NEG TOL（%）：05/05
41D：AVAILABLE WITH/BY：ANY BANK IN CHINA
BY NEGOTIATION
42C：DRAFTS AT：AT 30 DAYS AFTER SIGHT
42D：DRAWEE：CANADIAN IMPERIAL BANK OF COMMERCE
TORONTO
43P：PARTIAL SHIPMENTS：PERMITTED
43T：TRANSSHIPMENT：PERMITTED
44E：PORT OF LOADING：SHANGHAI
44F：PORT OF DISCHARGE：TORONTO
44C：LATEST DATE OF SHIP：090420
45A：SHIPMENT OF GOODS：
DYED JEAN FABRIC
COTTON 80 PCT POLYESTER 20 PCT，94×60，112/114CM，40M FOR ONE CUT
OTHER DETAILS AS PER S/C NO. 23CA1006
PACKING：FULL WIDTH ROLLER ON TUBES OF 1.5 INCHES IN DIAMETER
AND IN SEAWORTHY CARTONS
CIF TORONTO
46A：DOCUMENTS REQUIRED：
＋ COMMERCIAL INVOICE IN QUADRUPLICATE
＋ FULL SET CLEAN ON BOARD BILLS OF LADING MADE OUT TO OUR ORDER MARKED FREIGHT PREPAID TO TORONTO NOTIFY APPLICANT（SHOWING FULL NAME AND AD-

DRESS)

+ INSURANCE POLICY OR CERTIFICATE IN DUPLICATE ISSUED BY PEOPLE'S INSURANCE COMPANY OF CHINA INCORPORATING THEIR OCEAN MARINE CARGO CLAUSES F. P. A. FOR 110 PERCENT OF CIF INVOICE VALUE WITH CLAIMS PAYABLE IN CANADA INDICATING INSURANCE CHARGES

+ DETAILED PACKING LIST IN TRIPLICATE

+ CANADA CUSTOMS INVOICE IN DUPLICATE

47A：ADDITIONAL COND：

1. THE NUMBER AND THE DATE OF THIS CREDIT AND THE NAME OF OUR BANK MUST BE QUOTED ON ALL DRAFTS REQUIRED

2. AN ADDITIONAL FEE OF USD 80.00 OR EQUIVALENT WILL BE DEDUCTED FROM THE PROCEEDS PAID UNDER ANY DRAWING WHERE DOCUMENTS PRESENTED ARE FOUND NOT TO BE IN STRICT CONFORMITY WITH THE TERMS OF THIS CREDIT

3. 5 PCT MORE OR LESS IN QUANTITY AND AMOUNT ARE ALLOWED

71B：DETAILS OF CHARGES：

ALL BANKING CHARGES OUTSIDE CANADA INCLUDING ADVISING COMMISSION ARE FOR ACCOUNT OF BENEFICIARY AND MUST BE CLAIMED AT THE TIME OF ADVISING

48：PRESENTATION PERIOD：

NOT LATER THAN 15 DAYS AFTER THE DATE OF ISSUANCE OF THE SHIPPING DOCUMENTS BUT WITHIN THE VALIDITY OF THE CREDIT

49：CONFIRMATION：WITHOUT

78：INSTRUCTIONS：

UPON OUR RECEIPT OF DOCUMENTS IN ORDER WE WILL REMIT IN ACCORDANCE WITH NEGOTIATING BANK'S INSTRUCTIONS AT MATURITY

其他相关资料：

发票号码：ABC090404　　发票日期：2009 年 4 月 7 日

合同号码：23CA1006　　合同日期：2009 年 3 月 6 日

提单号码：SH25TO2351　　提单日期：2009 年 4 月 19 日

保险单号码：PI09SH04993　　保险费：215.48 美元

税则号：5513.3200　　海运费：532.52 美元

40 尺集装箱拼箱，CFS/CFS　　箱封号：TGHU8663218/981234

毛重：125 千克/箱　　净重：117 千克/箱

尺码：(117×44×25) 厘米/箱　　包装：400 米/箱

具体装箱及单价：

件号	件数	颜色	包装及数量	单价
1-10	10	RED	@400/4 000M	USD1.56
11-17	7	SILVER	@400/2 800M	USD1.32
18-27	10	BROWN	@400/4 000M	USD1.56
28-34	7	DK. NAVY	@400/2 800M	USD1.62
35-39	5	WINE	@400/2 000M	USD1.62

40-46	7	GREY	@400/2 800M	USD1. 44
47-58	12	BLACK	@400/4 800M	USD1. 62
59	1	SILVER	200M	
		DK. NAVY	200M	
60	1	WINE	200M	
		GREY	200M	

唛头：

THOMSON
23CA1006
TORONTO
NO. 1-60

根据信用证审单

在完成结汇单证的制作后，送交议付行议付前，出口商必须对单证进行审核，力求做到“单证一致、单单一致”。因为在信用证结算方式的交易中，信用证取代合同而成为主要的审核单证的依据，开证行付款的前提是各种单证必须完全符合信用证的规定。因此，审单环节在出口环节中是必不可少的，同时也是出口商安全收汇的保障。

学习目标

应知目标

1. 掌握审单的方法和原则
2. 掌握审核发票、包装单据、提单、保险单、产地证、汇票的要点

应会目标

能够根据信用证及有关资料审核发票、包装单据、提单、保险单、产地证、汇票

任务　审单

★ 知识支撑

一、审单的方法和原则

常见的审单方法有下列几种。

（一）纵横审核

审核人左手拿信用证，右手拿单据，自上而下逐字逐句地与信用证的有关条款进行核对，叫“纵向审单”。再以审核正确的商业发票为依据，与其他单据逐一核对，特别注意共同项目（如货名、唛头、件数、重量、体积等）是否一致，叫“横向审单”。

（二）先数字后文字审核

审核人先对各种单据所涉及的数字，如价格、数量、毛重、净重等，进行全面审核，取得一致，再采用纵横审核法对其他单据进行文字上的审核。

（三）速审

审核人查看信用证是否有效，单据是否已经逾期，信用证与汇票的金额是否一致，数量、体积等是否一致，各种单据的种类与份数是否齐全。

（四）总审

审核所有单据的当事人的名称与地址是否一致、货物描述是否一致、唛头是否一致、更正处是否有效，比如发票上的更正处要加盖受益人的更正章，提单上的更正处要加盖签发人的更正章并要求签发人校签。

二、审核发票的要点

商业发票是外贸单证的中心单据，必须严格按照信用证的要求缮制。出口商能否安全及时收汇，很大程度上取决于商业发票的缮制正确与否。同理，开证行想要拒付，也要看发票上是否有与信用证不相符合的地方。审核发票的要点如下：

（1）发票的中部或右上方必须有“INVOICE”或“COMMERCIAL INVOICE”的字样。

（2）按照《UCP600》的规定，发票的抬头必须是信用证的开证申请人，除非信用证有特别的规定。

（3）按照《UCP600》的规定，发票的出具人必须是信用证的受益人。

（4）信用证中的商品描述，包括规格、货号、贸易术语等，必须符合信用证的要求，信用证中规定的须在发票上显示的内容必须照办。

（5）发票中的数量、单价和金额必须符合信用证的要求，必须是确切的阿拉伯数字，不能有“大约（ABOUT）”或类似的字样。除非信用证有特别的规定，发票金额不能大于信用证金额。

（6）如果信用证是不允许分批装运的，商品又是以打、个、件、双、套、台等数量单位计量计价的，应当一次性出运完毕。如果商品是以长度、重量、面积、体积和容积单位计量计价的，可以在不超过信用证金额的情况下伸缩5%的数量。

（7）如果信用证允许分批装运，事实上也分批出运了，一般情况下，数量和金额应当大致成比例，不可以数量出运了80%而金额只支取了20%。

（8）按照《UCP600》的规定，发票可以不签署，但必须显示出具者。如果信用证有“SIGNED COMMERCIAL INVOICE”字样，则此发票必须签字；若信用证中有“MANUALLY SIGNED INVOICE”字样，则必须要有出具者的手签。若发票中有了证明句，则不管表明的是“SIGNED INVOICE”还是“INVOICE”字样，发票都必须签署。

（9）所提交发票的份数必须符合信用证的要求。例如，信用证要求“SIGNED INVOICE IN THREE COPIES”，出口商必须提交三份商业发票。这三份发票可以一份正本两份副本，也可以两份正本一份副本，或者三份都是正本，但是决不能提交三份副本。

（10）发票表面美观大方，清楚易认，造句流畅，语法规范，在品名、金额、唛头、数量等关键地方不能出现涂改。

三、审核包装单据的要点

包装单据是发票的补充，通过对商品的包装件数、规格、唛头、重量等项目的填制，阐明商品的包装情况，便于买方对进口商品包装及数量、重量等的了解和掌握，也便于货物到达目的港时进口国海关检查和核对货物。

审核包装单据的要点如下：

（1）单据名称必须完全符合信用证的规定，无论信用证要求的包装单据是什么，都必须按其规定抄制。

（2）包装单据一般不显示货物的单价和总值，因为进口商在转移这些单据给实际买家时，大多不愿泄露其购买的实际成本。

（3）如果信用证将两种包装单据的名称用“和（AND）”连接，并显示在同一要求中，例如：PACKING LIST AND WEIGHT MEMO IN TWO COPIES，受益人只要提交一种单据即可，单据的名称为“PACKING LIST AND WEIGHT MEMO”。如果信用证中要求提交：“PACKING LIST IN TRIPLICATE”，“WEIGHT MEMO IN TRIPLICATE”，受益人则需要提交两种单据，分别是“PACKING LIST”和“WEIGHT MEMO”。

（4）除非信用证另有说明，否则包装单据可以不签署。

（5）装箱单着重表现货物的包装情况，内容包括：从最小包装到最大包装所有使用的包装材料与包装方式。

（6）重量单则是在装箱单的基础上，用“KGS”表示货物的单件以及总计的毛重与净重。

（7）尺码单则是在装箱单的基础上，用“CBM”表示货物的单件以及总计的体积。

知识链接

常见的包装单据有装箱单（Packing List 或 Packing Slip）、重量单（Weight List 或 Weight Note）、尺码单（Measurement List）、详细装箱单（Detailed Packing List）、包装明细单（Packing Specification）、包装提要（Packing Summary）、磅码单（Weight Memo）、规格单（Specification List）、花色搭配单（Colours Assortment List）等。

四、审核提单的要点

运输单据是托运人委托装运或交付货物后，由承运人或其代理人签发的，证明收到货物并证明货物已经装船、已经发运或已经由承运人接受监管的单据。在实务中，常见的运输单据有海运提单、租船提单、航空货运单、国际多式联运单据、快递收据等。

审核提单的要点如下：

（1）按照《UCP600》的规定，银行接受任何人作为托运人的海运提单。

（2）按照《UCP600》的规定，提单无论名称如何，须表明承运人名称并由下列人员签署和证实：

1）承运人或其具名代理人。

2）船长或其具名代理人。

3）承运人、船长或代理人的任何签字必须表明其承运人、船长或代理人的身份。

4）代理人的任何签字必须表明其代表承运人还是代表船长签署。

（3）如果不是租船提单，提单上的装运港和卸货港应填写具体地名，不应生搬硬套信用证上的地名。比如信用证上的装货港是“QINGDAO”/“YANTAI”，卸货港是“ANTWERP”/“HAMBURG”，出具的提单应显示真实的装运港和卸货港的名称“QINGD-

AO"和"ANTWERP"。

(4) 清洁提单并不需要在提单上有"CLEAN"一词，而是只要提单表面没有"货物或包装有缺陷"的条款或批注，即为清洁提单。按照《UCP600》的规定，银行只接受清洁提单。

(5) 如果是使用集装箱出口的货物，又是使用 CIF、CFR 和 FOB 这三种贸易术语成交的，提单上一定要有"已装船"批注，即"ON BOARD"字样和发运（装运）日期。这时候提单的出具日期不能视作发运（装运）日期，"ON BOARD"旁边显示的日期才是发运（装运）日期。

(6) 如果提单的船名与航次栏目里的船名有"预计（INTENDED)"字样，"已装船"批注中一定要加注船名，即使这船名和船名与航次栏目里的船名是一样的也要加注。

(7) 无论信用证有无明确规定，提单上必须明确显示"运费预付（FREIGHT PREPAID)"或"运费到付（FREIGHT COLLECT)"的字样，它必须与发票上的贸易术语相吻合。

(8) 提单上允许出现"托运人装载和计数（SHIPPER'S LOAD，COUNT AND SEALED)"、"内容据托运人报称（CONTENTS SAID BY THE SHIPPER)"的字样，也可以出现具体的运费或运费以外的金额。

(9) 按照《UCP600》的规定，提单可以只提交一份正本。无论提单是一份正本还是多份正本，提单中必须表明全套正本的份数。

(10) 按照《UCP600》的规定，即使信用证规定禁止转运，银行仍可接受注明将要或可能发生转运的提单，只要其表明货物由集装箱（Container)、拖车（Trailer）或子母船（LASH Barge）运输即可。

知识链接

一般情况下，提单不是由受益人（出口商）缮制的，而是由承运人根据出口商的托运单缮制的，所以对于出口商来说，审核提单的工作是必不可少的。

在实务中，承运人在货物进港（收妥）后，便会按照托运单缮制提单，并传真给出口商请求确认。出口商发现问题，在提单传真上作批示，回传给承运人，承运人更正。

如果出口商不及时确认提单，承运人就默认提单正确，在货物上船后签发提单并寄交出口商。等出口商收到提单（或单据交银行议付、托收）后才发现问题，便只能将全套提单退回承运人处请求更正，此时出口商要支付更正费用。

所以，出口商在填写托运单时一定要正确，并认真、及时地确认提单。

五、审核保险单的要点

国际货物运输保险属于财产保险的范畴，保险的目的不外乎是分散风险和预防损失。

当国际贸易货物在长途跋涉中遭遇到了保险责任范围内的损失后，进口商可以凭保险单到保险公司进行理赔，获得经济上的补偿。所以，保险单既是保险合同的证明，也是赔偿证明。

审核保险单的要点如下：

（1）保险单由保险公司签发，由其负责人签名。

（2）保险单的名称、险别及加成应该与信用证的规定一致，如果信用证未明示加成及险别，按照惯例应该为发票金额的110%及最低责任险别。

（3）除非信用证另有规定，保险单的被保险人为信用证的受益人，并由受益人背书，以利转让。但是银行也接受被保险人为开证申请人的保险单。

（4）保险单的签发日期不能晚于运输单据上显示的发运（装运）日期。

（5）保险单上显示的货物名称、包装件数、起运港（地）、目的港（地）、运输工具、航程必须与发票、装箱单、运输单据等显示的一致。

（6）保险单金额的大、小写应该一致，投保币制应与发票和汇票的币制一致，除非信用证另有规定。

（7）一般情况下，保险单上不显示保险费，只显示“AS ARRANGED”。如果信用证要求显示保险费，也可以照实显示，且必须与其他单据（如有）中显示的一致。

（8）保险单上必须显示理赔代理人的名称与地址，通常为保险公司在目的港（地）的代理人。

（9）理赔地点应当是目的港（地），除非信用证另有规定。

（10）一般情况下，保险单一式两份，两份都必须提交给银行结汇。

知识链接

保险单是保险公司出具的，所以出口商在收到保险单后，应仔细审核保险单上的内容，以求与信用证或合同的规定一致。如果保险单有问题，但是货物还没有装运，出口商可以要求保险公司更改。

在过去，正确的保险单到了出口商手里，又因为商检、运输等问题发生货物短装、晚装，出口商要求更改保单，保险公司便出具“保险批单”，用来补充说明保单的内容。现在，如果保单上有问题，无论货物是否装运，保险公司都会根据出口商的要求重新缮制一份保单，并将旧保单收回。

六、审核产地证的要点

产地证的审核要点如下：

（1）产地证的名称一定要符合信用证。如果信用证要求出具Form A，就不能出具C/O;信用证要求出具C/O，就不能出具Form B或Form E。

（2）产地证的收货人栏目不能填写中间商。比如新加坡客商开立的信用证，货物直接运往英国，则产地证的收货人不能填写新加坡客户的名称，而必须填写英国的最终买家。

（3）产地证第7栏的包装种类及货物描述栏目，填写结束后，必须加上结束符号"***"。

（4）产地证中的发票日期、申请日期和签发日期必须符合逻辑。发票日期最早，申请日期居中，签发日期最晚，但不能晚于运输单据上的货物发运（装运）日期。

（5）产地证的出具者一定要符合信用证的要求。根据惯例，如果信用证没有明示原产地证明书的出具者，那么银行接受任何人，包括受益人出具的原产地证明书。在我国，"商会"即贸促会，"有关当局"即出入境检验检疫机构。

知识链接

根据《UCP600》的规定，银行接受提单日期以后签发的产地证。但是各进口国要求不同，有的进口国能够接受提单日期早于产地证签发日期的原产地证明书，有的进口国则不接受。所以对于出口商来说，最好在货物装运之前（提单日期前）签发产地证。

如果货物已出口，出证机构签发证书的日期迟于装运日期，Form A 第4栏、C/O第5栏应显示"ISSUED RETROSPECTIVELY"字样，中文意思是"后发"。但是后发证书仅限于出口欧盟。

当证书遗失、被盗或者损毁，出证机构签发"副本"证书时，会在Form A 第4栏、C/O第5栏盖上"DUPLICATE"红色印章，在此栏注明原证书的编号和签证日期，并声明原发证书作废，其文字是"THIS CERTIFICATE IS IN REPLACEMENT OF CERTIFICATE OF ORIGIN NO.… DATED… WHICH IS CANCELLED"。

七、审核汇票的要点

汇票从本质上来说是票据而不是单据，但在信用证结算方式下，汇票作为可以支取信用证金额的凭证，是全套结汇单证的组成部分。因此，汇票的审核既要符合信用证和《UCP600》的规定，也要符合《票据法》的规定。

审核汇票的要点如下：

（1）根据《UCP600》的规定，汇票的出票人必须是信用证的受益人。在实务中，通常是在汇票的右下方加盖出口企业的公司章和法人代表的签署章。按照《票据法》的规定，汇票不签署则无效。

（2）根据《UCP600》的规定，汇票的受票人（付款人）是开证行或者开证行指定的付款银行。一般情况下，信用证会明示汇票受票人。如果信用证没有明示，则以开证行作为汇票的受票人。

（3）在实务中，汇票的抬头（收款人）为议付银行或交单银行，应严格按照信用证的要求填制。如果信用证未作规定或可以自由议付（Available with Any Bank），汇票的收款人也一定要写明一家具体的银行，而不能机械地搬抄"ANY BANK"。

（4）信用证项下，汇票的出票条款有三项内容：开证银行、信用证号码和开证日期，必须填写完整。

（5）除非另有规定，汇票金额应与发票金额一致。

（6）汇票金额不能超过信用证的总金额，大小写应当一致。

（7）汇票日期（出票日期）是全套结汇单证中日期最晚的一个，但不能晚于信用证的交单期和截止日（有效期）。

（8）汇票的期限必须明确，如果是即期汇票，应当填写"***"，而不能留空。虽然根据我国《票据法》，没有明示汇票期限的即为即期汇票，但是根据国际惯例和国外的一些票据法，没有列明付款期限的汇票为无效汇票。

（9）如果信用证规定在开证行所在地到期，则出口商必须提前 7 至 10 天交单，留出一定的邮程时间。

（10）信用证中规定的所有单据上显示的内容（All Documents Show...）也必须显示在汇票上。

工作任务实训

一、任务情境

杭州婉丽进出口有限公司的陈小安完成了第 WL09E0620 合同项下的单据填制，并拿到了提单和保险单。

二、工作任务

陈小安根据本篇项目 1 中修改后的信用证（见资料 1—1—2）审核结算单证，图 1—7—1 是商业发票，图 1—7—2 是装箱单，图 1—7—3 是海运提单，图 1—7—4 是保险单，图 1—7—5 是产地证，图 1—7—6 是汇票。

Issuer: HANGZHOU WANLY IMP. AND EXP. CO., LTD., 258 MOGANSHAN ROAD, HANGZHOU, CHINA	商业发票 COMMERCIAL INVOICE	
To: VERSIONS LIMITED 23 COSGROVE WAY LUTON BEDFORDSHIRE LU1 1XL U. K.	No. 09WLE0718	Date 18 JUL., 2009
Transport Details FROM CHINA TO FELIXSTOWE BY VESSEL	L/C No. DC LDI300954	L/C Date 24 JUN., 2009
	S/C No. WL09E0620	S/C Date 20 JUN., 2009

Marks & Nos	Description of Goods	Quantity	Unit Price	Amount
VERSIONS C COVER O/NO. 599/2009 FELIXSTOWE NO. 1-200	CUSHION COVERS AND RUGS CUSHION COVERS	 20 000PCS	 USD2. 20	CIF FELIXSTOWE USD44 000. 00
VERSIONS RUG O/NO. 599/2009 FELIXSTOWE NO. 1-150	RUGS	4 500PCS	USD6. 70	USD30 150. 00
		24 500PCS		GBP74 150. 00

SAY G. B. POUNDS SEVENTY FOUR THOUSAND ONE HUNDRED AND FIFTY ONLY.

TOTAL PACKED IN 350CARTONS.

GROSS WEIGHT: 7 100. 00KGS

杭州婉丽进出口有限公司（章）
HANGZHOU WANLY I/E CO., LTD.

张婉丽（章）

图 1—7—1　商业发票

Issuer: HANGZHOU WANLY IMP. AND EXP. CO., LTD. 258 MOGANSHAN ROAD, HANGZHOU, CHINA	装 箱 单 PACKING LIST	
To: VERSIONS LIMITED 23 COSGROVE WAY LUTON BEDFORDSHIRE LU1 1XL U. K.	InV. No. 09WLE0718	Date 18 JUL., 2009
Transport Details FROM SHANGHAI TO FELIXSTOWE BY VESSEL	Marks & Nos AS PER INV. NO. 09WLE0718	

C/No.	No. & Kind of Package	Packing, Quantity, Description of Goods	G. Weight	N. Weight	Measurement
		CUSHION COVERS AND RUGS			
1-200	200CTNS	CUSHION COVERS	@22/	@20/	@(46 * 46 * 34)CMS
		@100/20 000PCS	4 400.00KGS	4 000.00KGS	14.389CBM
201-350	150CTNS	RUGS	@18/	@15/	@(153 * 128 * 15)CMS
		@30/4 500PCS	2 700.00KGS	2 250.00KGS	44.064CBM
	350CTNS	24 500PCS	7 000.00KGS	6 250.00KGS	58.453CBM

SAY THREE HUNDRED AND FIVE CARTONS ONLY
VERSIONS ORDER NO. 599/2009

杭州婉丽进出口有限公司（章）
HANGZHOU WANLY I/E CO., LTD.

张婉丽（章）

图 1—7—2 装箱单

Shipper HANGZHOU WANLY IMP. AND EXP. CO., LTD., 258 MOGANSHAN ROAD, HANGZHOU CHINA		B/L No. COSUSH6311803 中远集装箱运输有限公司 COSCO CONTAINER LINES Port-to-Port or Combined Transport BILL OF LADING ORIGINAL
Consignee VERSIONS LIMITED 23 COSGROVE WAY LUTON, BEDFORDSHIRE LU1 1XL U. K.		
Notify Party VERSIONS LIMITED 23 COSGROVE WAY LUTON, BEDFORDSHIRE LU1 1XL U. K.		RECEIVED in external apparent good order and condition except as otherwise noted. The total number of packages or units stuffed in the container. The description of the goods and the weights shown in this Bill of Loading are furnished by the Merchants, and which the carrier has no reasonable means of checking and is not a part of this Bill of Lading contract. The carrier has issued the number of Bill of Lading stated below, all of this tenor and date. One of the original Bill of Lading must be surrendered and endorsed or signed against the delivery of the shipment and whereupon any other original Bill of Lading shall be void. The merchants agree to be bound by the terms and conditions of this B/L as if each had personally signed this B/L. SEE clause 4 on the back of this B/L. * Applicable only used as Combined Transport B/L
* Pre-carriage by	* Place of Receipt	
Ocean Vessel Voy. No. ANDAMAN SEA V. 707W	Port of Loading SHANGHAI	
Port of Discharge FELIXSTOWE	* Place of Delivery	

Marks & Nos Container/Seal No.	No. of Containers or Packages	Description of Goods (if Dangerous Goods, See clause 20)	Gross Weight Kgs	Measurement
VERSIONS C COVER O/NO. 599/2009 FELIXSTOWE NO. 1-200 VERSIONS RUG O/NO. 599/2009 FELIXSTOWE NO. 1-200 1*40'FCL, CY/CY CN.: COSU2381862 SN.: 381232	350CTNS	CUSHION COVERS AND RUGS VERSIONS' ORDER NO. 599/2009	7 100.00KGS	58.453CBM
	Description of Contents for Shipper's Use Only (Not Part of This B/L Contract)			
Total No. of Container and / or Packages (in words)	SAY THREE HUNDRED AND FIFTY CARTONS ONLY			

Freight & Charges FREIGHT PREPAID	Revenue Tons	Rate	Per	Prepaid	Collect

Ex rate	Prepaid at	Payable at	Place and Date of Issue: SHANGHAI 05 AUG., 2009
	Total Prepaid	No. of Original B(s)/L THREE	Signed for the Carrier COSCO SHANGHAI BRANCH
LADEN ON BOARD THE VESSEL DATE 05 AUG., 2009 BY COSCO SHA 李(章)			As agent for the carrier 李建华(章) COSCO Container Lines CNS 09 0109293

图 1—7—3 海运提单

中国人保财险股份有限公司
PICC Property and Casualty Company Limited

总公司设于北京　　一九四九年创立
Head Office Beijing Established in 1949

货物运输保险单
CARGO TRANSPORTATION INSURANCE POLICY

发票号码 **Invoice No.** 09WLE0718
合同号码 **Contract No.** WL09E0620　　保单号次 **Policy No.** PIZ09120934875
信用证号码 **Credit No.** DC LDI300954
被保险人 **Insured** HANGZHOU WANLY EXP. AND IMP. CO., LTD.

中保财产保险有限公司（以下简称本公司）根据被保险人的要求，及其所缴付约定的保险费，按照本保险单承担险别和背面所载条款与下列特别条款承保下列货物运输保险，特签发本保险单。

This policy of Insurance witnesses that The People Insurance (Property) Company of China, Ltd. (hereinafter called the Company) at the request of the Insured and in consideration of the agreed premium paid by the Insured, undertakes to insure the under mentioned goods in transportation subject to the conditions of this Policy as per the Clauses printed overleaf and other special clauses attached hereon.

标记 Marks & Nos	包装及数量 Quantity	保险货物项目 Description of Goods	保险金额 Amount Insured
AS PER INV. NO. 09WLE0718	350CTNS	CUSHION COVERS AND RUGS	GBP81 565. 00

总保险金额
Total Amount Insured SAY G. B. POUNDS EIGHTY ONE THOUSAND FIVE HUNDRED AND SIXTY FIVE ONLY

保险费 **Premium** AS ARRANGED　　起运日期 **Date of Commencement** AS PER B/L　　装载运输工具 **Per Conveyance** S.S. ANDAMAN SEA V. 707W

自 **From** SHANGHAI　　经 **Via** ______　　至 **To** FELIXSTOWE

承保险别 **Conditions**

COVERING ALL RISKS AND WAR RISK AS PER ICC (A) DATED 01/01/1982 INCLUDING W/W CLAUSE

VERSIONS' ORDER NO. 599/2009

所保货物，如发生本保险单项下可能引起索赔的损失或损坏，应立即通知本公司下述代理人查勘。如有索赔，应向本公司提交保险单正本（本保险单共有 2 份正本）及有关文件。如一份正本已用于索赔，其余正本则自动失效。

In the event of damage which may result in a claim under this Policy, immediate notice be given to the Company Agent as mentioned here under. Claims, if any, one of the Original Policy which has been issued in TWO Original (s) together with the relevant documents shall be surrendered to the Company, if one of the Original Policy has been accomplished, the others to be void.

Survey Agent at Destination:
SAFER INSURANCE COMPANY
123 ST. MARTIN STREET
FELIXSTOWE, U. K.

赔款偿付地点
Claim Payable at FELIXSTOWE
出单日期
Issuing Date 03 AUG., 2009
地址：中国杭州中山中路 188 号
Address: 188 Zhongshan Road (M), Hangzhou, China

中国人保财险股份有限公司浙江省分公司
PICC Property & Casualty Company Ltd., Zhejiang Branch

钱水凤

Authorized Signature

图 1—7—4　保险单

1. Exporter HANGZHOU WANLI IMP. AND EXP. CO., LTD. 258 MOGANSHAN ROAD HANGZHOU CHINA	**Certificate No.** 09ZJHZ0519823 **CERTIFICATE OF ORIGIN** **OF** **THE PEOPLE'S REPUBLIC OF CHINA**
2. Consignee VERSIONS LIMITED 23 COSGROVE WAY LUTON, BEDFORDSHIRE LU1 1XL U. K.	
3. Means of Transport and Route FROM SHANGHAI TO FELIXSTOWE BY VESSEL	**5. For Certifying Authority Use Only**
4. Country / Region of Destination GREAT BRITAIN	

6. Marks & Nos	7. Number and Kind of Packages; Description of Goods	8. H. S. Code	9. Quantity	10. Numbers and Date of Invoice
VERSIONS C COVER O/NO. 599/2009 FELIXSTOWE NO. 1-200	TWO HUNDRED (200) CARTONS OF CUSHION COVERS	6302	20 000PCS	09WLE0718 18 JUL., 2009
VERSIONS RUG O/NO. 599/2009 FELIXSTOWE NO. 1-150	ONE HUNDRED AND FIFTY CARTONS OF RUGS VERSIONS' ORDER NO. 599/2009 **************	5803	4 500PCS	

11. Declaration by the Exporter The undersigned hereby declares that the above details and statements are correct, that all the goods were produced in China and that they comply with the Rules of Origin of the People's Republic of China. 杭州婉丽进出口有限公司（章） HANGZHOU WANLY I/E CO., LTD. 陈小安（手签） HANGZHOU 21 JUL., 2009 Place and date, signature and stamp of authorized signatory	**12. Certification** It is hereby that the declaration by the exporter is correct. 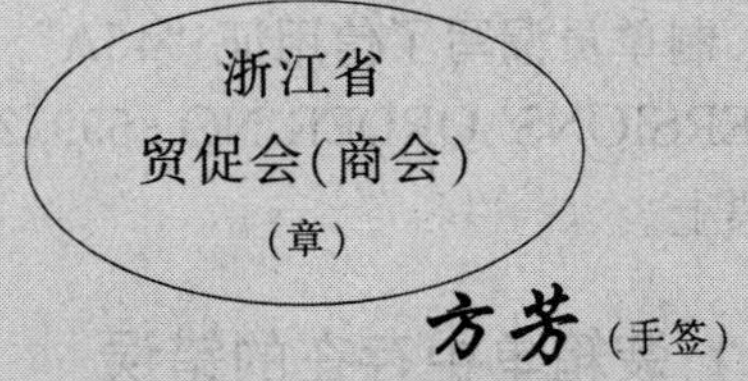 方芳（手签） HANGZHOU 21 JUL., 2009 Place and date, signature and stamp of certifying authority

图 1—7—5　产地证

信用证 第 号
凭
Drawn under HSBC BANK PLC, LONDON **L/C No.** DC LDI300954
日期
Dated 090624 支取 Payable with interest @% per annum 按年息 付款
号码 汇票金额 中国杭州 年 月 日
No. 09WL0718 **Exchange for** GBP74 150.00 Hangzhou China 11 AUG., 2009
见票 日后（本汇票之副本未付）付交
At ****** sight of this **FIRST** of Exchange (Second of exchange 金额
being unpaid) **Pay to the order of** BANK OF CHINA, HANGZHOU BRANCH **The sum of**

SAY G. B. POUNDS SEVENTY FOUR THOUSAND ONE HUNDRED AND FIFTY ONLY.

款已收讫
Value Received
此致
To:
HSBC BANK PLC
(FORMERLY MIDLAND BANK PLC)
LONDON

杭州婉丽进出口有限公司（章）
HANGZHOU WANLY I/E CO., LTD.
张婉丽（章）

图 1—7—6 汇票

三、任务实施

首先运用纵横审核法审核各张单据是否符合信用证的规定。经审核，结果如下。

（一）商业发票中存在的错误

（1）起运港错，起运港应该填写真实的出口港的名称，不能机械地搬抄信用证中的“CHINA”，要填写“SHANGHAI”。

（2）单价和金额处的四个地方的币制都制错，信用证的币制是英镑 GBP，制单员错填了美元 USD。

（3）制单员漏写了信用证“45A”里的内容，应补加：AS PER S/C NO. WL09E0620 AND VERSIONS' ORDER NO. 599/2009。“45A”里的内容不能省略，必须全部体现在商业发票上。

（二）装箱单中存在的错误

（1）挂毯的件号错，因为是两个唛头，应该填“1-150”，制单员错填了“201-350”。

（2）毛重合计加错，应该是“7 100.00KGS”，制单员错填成了“7 000.00KGS”。

（3）大写件数错，应该是“... AND FIFTY...”，制单员错写了“... AND FIVE...”。

（三）海运提单中存在的错误

（1）收货人错，根据信用证应该是“TO SHIPPER'S ORDER”。

（2）唛头错，第2个唛头的最后一行应该是“1-150”，制单员错写成“1-200”。

（四）保险单中存在的错误

（1）投保人错，根据信用证应该是“HANGZHOU WANLY IMP. AND EXP. CO., LTD.”。

（2）赔款偿付地点栏目漏写“IN GBP”。

（五）产地证中存在的错误

（1）第4栏进口国的英文错，英国用英文表示是“U. K.”。

（2）第7栏中第二款，包装件数大写后漏小写，应该是“ONE HUNDRED AND FIFTY (150) CARTONS OF RUGS”。

（六）汇票中存在的问题

（1）开证日期不能搬抄信用证中的写法。在SWIFT信用证中，日期有统一规定，不会误解，但在汇票中，各国习惯不一，容易误解，造成拒付，所以应使用三个英文字母表示月份，用四位阿拉伯数字表示年份。正确写法是“24 JUN., 2009”。

（2）漏了进口商订单号。信用证规定所有单证要显示“VERSIONS' ORDER NO. 599/2009”，汇票是所有单证之一，所以一定要加上。加在汇票空白处即可。

上述六种单据审核结束后，陈小安还要对所有单据进行总审，查看是否单单一致。经检查，发现汇票上的商业发票号码错，漏写了字母“E”。因此要重制汇票。

之后，对有问题的单据进行修改。保险单是保险公司出具的，要退回保险公司修改；提单是承运人在货物装运前要求确认的，一旦发现问题，立即要求改正，不能等提单出具后才退回更改；产地证是出口商缮制完毕后要求贸促会签发的，可以在电脑中更改后退回贸促会重新签发。

最后，连同缮制好的受益人证明信一起交银行议付。

? 训练测试题目

请根据下列信用证及有关资料审核提单（见图1—7—7）、保险单（见图1—7—8）与汇票（见图1—7—9）。

<table>
<tr><td colspan="2">**Shipper**
JIANGSU HAO YUE TRADING CO.
12 HONGQI ROAD
WUZHONG DISTRICT
SUZHOU CHINA</td><td colspan="4" rowspan="6">**B/L No.** COS090410SHM

中远集装箱运输有限公司
COSCO CONTAINER LINES
Port-to-Port or Combined Transport
BILL OF LADING
ORIGINAL

RECEIVED in external apparent good order and condition except as otherwise noted. The total number of packages or units stuffed in the container. The description of the goods and the weights shown in this Bill of Loading are furnished by the Merchants, and which the carrier has no reasonable means of checking and is not a part of this Bill of Loading contract. The carrier has issued the number of Bill of Loading stated below, all of this tenor and date. One of the original Bill of Loading must be surrendered and endorsed or signed against the delivery of the shipment and whereupon any other original Bill of Loading shall be void. The merchants agree to be bound by the terms and conditions of this B/L as if each had personally signed this B/L. SEE clause 4 on the back of this B/L.
* Applicable only used as Combined Transport B/L</td></tr>
<tr><td colspan="2">**Consignee**
TO ORDER BLANK ENDORSED</td></tr>
<tr><td colspan="2">**Notify Party**
JAMES BROWN AND SONS
2116 N W 21 STREET
MIAMI FL. 33142
U. S. A.</td></tr>
<tr><td>*** Pre-carriage by**</td><td>*** Place of Receipt**</td></tr>
<tr><td>**Ocean Vessel Voy. No.**
PIL SENTOSA V. 410E</td><td>**Port of Loading**
SHANGHAI</td></tr>
<tr><td>**Port of Discharge**
MIAMI</td><td>*** Place of Delivery**</td></tr>
<tr><td>**Marks & Nos Container/Seal No.**</td><td>**No. of Containers or Packages**</td><td colspan="2">**Description of Goods (if Dangerous Goods, See Clause 20)**</td><td>**Gross Weight Kgs**</td><td>**Measurement**</td></tr>
<tr><td>J B A S
09JB0102
MIAMI
NO. 1-520
MADE IN CHINA

1 * 40'FCL, CY/CY
CN.: PILU356803
SN.: 199345</td><td>520CTNS</td><td colspan="2">FISHING BOOTS

CREDIT NO. MBN-09001278</td><td>12 480.00KGS</td><td>55.494CBM</td></tr>
<tr><td></td><td colspan="5">Description of Contents for Shipper's Use Only (Not Part of This B/L Contract)</td></tr>
<tr><td>**Total No. of Container and/or Packages (in words)**</td><td colspan="5">SAY FIVE HUNDRED AND TWO CARTONS ONLY</td></tr>
<tr><td>**Freight & Charges**</td><td>Revenue Tons</td><td>Rate</td><td>Per</td><td>Prepaid</td><td>Collect</td></tr>
<tr><td>Ex rate</td><td>Prepaid at</td><td>Payable at</td><td colspan="3">**Place and Date of Issue:**
SHANGHAI 11 APR., 2009</td></tr>
<tr><td></td><td>Total Prepaid</td><td>**No. of Original B (s) /L**
THREE</td><td colspan="3">**Signed for the Carrier** **DE-WELL SHIPPING CO.**</td></tr>
<tr><td colspan="3">**LADEN ON BOARD THE VESSEL**
DATE 10 APR., 2009 **BY** **DE-WELL** 程 (章)</td><td colspan="3">As agent for the carrier
COSCO Container Lines 程佩芳 (章)</td></tr>
</table>

图 1—7—7 提单

中国人保财险股份有限公司
PICC Property and Casualty Company Limited

总公司设于北京　　一九四九年创立
Head Office Beijing Established in 1949

货物运输保险单
CARGO TRANSPORTATION INSURANCE POLICY

发票号码 **Invoice No.** 09HY34-95
合同号码 **Contract No.** 09JB0201　　保单号次 **Policy No.** PIJZ0940129012
信用证号码 **Credit No.** NBM-09001278
被保险人 **Insured** JIANGSU HAOYUE TRADING CO.

中保财产保险有限公司（以下简称本公司）根据被保险人的要求，及其所缴付约定的保险费，按照本保险单承担险别和背面所载条款与下列特别条款承保下列货物运输保险，特签发本保险单。

This policy of Insurance witnesses that The People Insurance (Property) Company of China, Ltd. (hereinafter called the Company) at the request of the Insured and in consideration of the agreed premium paid by the Insured, undertakes to insure the under mentioned goods in transportation subject to the conditions of this Policy as per the Clauses printed overleaf and other special clauses attached hereon.

标记 **Marks & Nos**	包装及数量 **Quantity**	保险货物项目 **Description of Goods**	保险金额 **Amount Insured**
AS PER INV. NO. 09HY34-95	250CTNS	FISHING BOOTS	USD90 288.00

总保险金额
Total Amount Insured SAY U. S. DOLLARS NINETY THOUSAND TWO HUNDRED EIGHTY EIGHT ONLY

保险费 **Premium** AS ARRANGED　　起运日期 **Date of Commencement** AS PER B/L　　装载运输工具 **Per Conveyance**

自 **From** SHANGHAI　　经 **Via**　　至 **To** MIAMI

承保险别 **Conditions**
COVERING ALL RISKS AND WAR RISK AS PER CIC OF PICC DATED 01/01/1981

所保货物，如发生本保险单项下可能引起索赔的损失或损坏，应立即通知本公司下述代理人查勘。如有索赔，应向本公司提交保险单正本（本保险单共有2份正本）及有关文件。如一份正本已用于索赔，其余正本则自动失效。

In the event of damage which may result in a claim under this Policy, immediate notice be given to the Company Agent as mentioned hereunder. Claims, if any, one of the Original Policy which has been issued in TWO Original (s) together with the relevant documents shall be surrendered to be Company, if one of the Original Policy has been accomplished, the others to be void.

Survey Agent at Destination:
PICC MIAMI BRANCH
26 PALM BOULEVARD
MIAMI U S A

赔款偿付地点
Claim Payable at MIAMI
出单日期
Issuing Date 12 APR., 2009
地址：中国江苏省苏州市平江西路188号
Address: 188 Pingjiang Road (W), Suzhou, Jiangsu, China

中国人保财险股份有限公司苏州市分公司
PICC Property & Casualty Co. Ltd, Suzhou Branch
姜晓葵
Authorized Signature

图1—7—8　保险单

凭
Drawn under REPUBLIC NATIONAL BANK OF MIAMI 信用证 第 号 **L/C No.** NBM-001278
日期
Dated 09 FEB.，20 支取 Payable with interest @% per annum 按年息 付款
号码 汇票金额 中国苏州 年 月 日
No. HY34－95 **Exchange for** USD82 090. 00 Suzhou China
见票 日后（本汇票之副本未付）付交 中国银行苏州分行
At ****** sight of this **FIRST** of Exchange (Second of exchange 金额
being unpaid) **Pay to the order of** ANY BANK **The sum of**

SAY U. S. DOLLARS EIGHTY TWO THOUSAND AND EIGHTY ONLY

款已收讫
Value Received
此致
To:
REPUBLIC NATIONAL BANK
OF MIAMI
NEW YORK

江苏好跃贸易公司（章）
JIANGSU HAO YUE TRADING CO.
陈平（章）

图 1—7—9 汇票

Form of Doc. Credit	＊40 A：IRREVOCABLE
Doc. Credit Number	＊20：NBM-09001278
Date of Issue	31C：09/02/09
Expiry	＊31 D：Date 09/04/30 PLACE CHINA
Applicant	＊50：JAMES BROWN AND SONS 2116 N W 21 STREET MIAMI FL. 33142 U. S. A.
Issuing Bank	51A：REPUBLIC NATIONAL BANK OF MIAMI MIAMI BRANCH
Beneficiary	＊59：JIANGSU HAO YUE TRADING CO. 12 HONGQI ROAD WUZHONG DISTRICT SUZHOU CHINA
Amount	＊32B：CURRENCY USD AMOUNT 82 090. 00
Available with /by	＊41D：ANY BANK BY NEGOTIATION
Draft at...	42C：DRAFTS AT SIGHT FOR FULL INVOICE VALUE
Drawee	42D：REPUBLIC NATIONAL BANK OF MIAMI NEW YORK
Partial Shipments	43P：NOT ALLOWED
Transshipment	43T：ALLOWED
Port of Loading	44E：SHANGHAI

Port of Discharge 44F: MIAMI
Latest Date of Ship. 44C: 09/04/15
Descript. of Goods 45A:

FISHING BOOTS
ART. NO. JB702, 2 640PAIRS USD 12.00 PER PAIR
ART. NO. JB703, 3 600PAIRS USD 14.00 PER PAIR
PACKING: 12PAIRS PER CARTON
CIF MIAMI (INCOTERMS 2000)
ALL DETAILS ARE AS PER S/C NO. 09JB0201

Documents Required 46A:

+ FULL SET CLEAN ON BOARD OCEAN BILLS OF LADING MADE OUT TO ORDER, BLANK ENDORSED, MARKED "FREIGHT PREPAID" AND NOTIFY APPLICANT
……
+ INSURANCE POLICY IN DUPLICATE COVERING ALL RISKS AS PER CIC OF PICC DATED 01/01/1981 FOR AT LEAST 110 PCT OF THE INVOICE VALUE CLAIM PAYABLE IN U. S. A.

Additional Cond. 47A:

1. A HANDING FEE OF USD 100.00 WILL BE DEDUCTED IF DISCREPANCY DOCUMENTS PRESENTED, WHICH WILL BE FOR THE BENEFICIARY'S ACCOUNT
2. ALL DOCUMENTS MUST INDICATE THIS CREDIT NUMBER

Presentation Period 48: DOCUMENTS TO BE PRESENTED WITHIN 15 DAYS AFTER THE DATE OF SHIPMENT, BUT WITHIN THE VALIDITY OF THE CREDIT

Advised Through 57A: BANK OF CHINA SUZHOU BRANCH

Details of Charges 71B: ALL BANKING CHARGES AND EXPENSES OUTSIDE THE ISSUIN BANK IS FOR THE BENEFICIARY'S ACCOUNT

其他相关资料：

发票号码：09HY34-95　　发票日期：2009 年 3 月 31 日
法人代表：陈平　　提单号码：COS090410SHM
提单日期：2009 年 4 月 10 日　　船名与航次：PIL SENTOSA V. 410E
装箱情况：1×40' FCL CY/CY　　集装箱封号：PILU356803 / 199345
毛重：24.00 千克/纸箱　　净重：22.00 千克/纸箱
尺码：(58×46×40) 厘米/纸箱　　保单号码：PIJZ0940129012
唛头：JBAS
09JB0201
MIAMI
NO. 1-520
MADE IN CHINA

8 项目 出口收汇核销单

根据国务院、国家外管局及国家税务总局的有关规定，我国出口企业在办理货物装运出口以及制单结汇以后，应及时办理出口收汇核销和出口退税手续。

出口商在出口报关前，必须向外管局申领出口收汇核销单，按照合同、商业发票的有关内容进行填制，出口报关时向海关提交。等国外的货款到账后，持该笔业务的相关单据（报关证明联、银行结汇水单等）向外管局办理核销。

学习目标

应知目标

1. 了解出口收汇核销单的管理原则
2. 掌握出口收汇核销单的内容

应会目标

能够根据信用证和/或合同以及有关资料填写出口收汇核销单

任务 填制出口收汇核销单

★ 知识支撑

一、出口收汇核销单的管理原则

出口收汇核销的对象是指在有关单位登记备案过的，有经营出口业务的公司、有对外贸易经营权的企业和外商投资企业，简称为出口单位。出口收汇核销单的管理原则有如下几方面。

(一) 属地管理

由出口单位向其注册所在地的外管部门申领核销单。一般说来，在何地申领的核销单，就由何地办理核销。

(二) 谁"单"谁用

谁申领的核销单就由谁用，不得相互借用，核销单的交回核销或作废遗失、注销手续也由原领用该核销单的出口单位向其所在地的外管部门办理。

(三) 领用衔接

多用多发，不用不发。即续发核销单的份数与已用核销单及已核销情况和预计出口用单的增减量相"呼应"。

(四) 单单对应

原则上一份核销单对应一份报关单，出口货物报关单、出口收汇核销单、出口发票和增值税发票上的有关栏目的内容应一致。

二、出口收汇核销单的操作步骤

出口收汇核销单的实施对象是实际发生外汇的收汇行为，而不论贸易方式。因此，在出口时是否使用核销单的主要依据是出口业务中是否实际发生收汇行为。对出口企业而言，有实际外汇收入的，应向外汇主管部门申领使用核销单；不存在实际收汇行为的，不需要申领使用核销单。

出口收汇核销单的经手人有：出口企业、海关、外汇管理部门、银行、税务部门。具体操作步骤如图 1—8—1 所示。

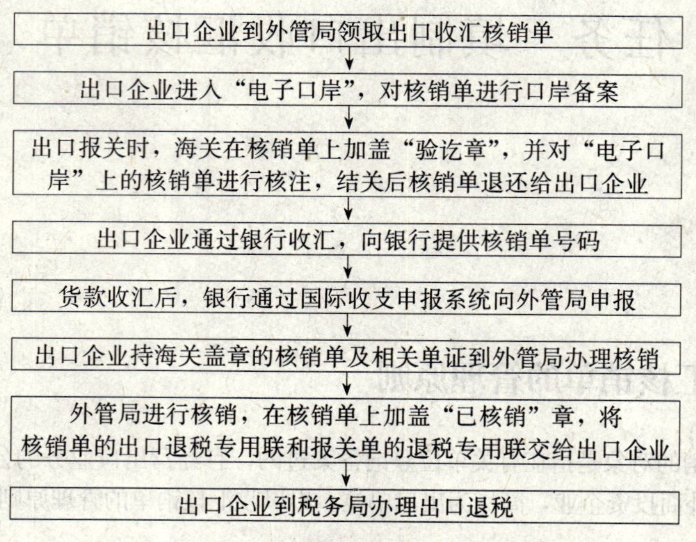

图 1—8—1　出口收汇核销单的操作步骤

三、出口收汇核销单的填写

核销单一式三联。第一联是企业存根联，第二联是正文联，由外汇管理部门留存，第三联为出口退税专用联。出口企业应当按照要求如实填写。

空白出口收汇核销单见图 1—8—2。

出口收汇核销单
存根

编号：(1)

出口单位：(2)
单位代码：(3)
出口币种总价：(4)
收汇方式：(5)
预计收款时间：(6)
报关日期：(7)
备注：(8)
此单报关有效期截止到

（出口单位盖章）

出口收汇核销单

编号：(9)

出口单位：(10)				
单位代码：(11)				
银行签注栏 (12)	类别	币种金额	日期	盖章
海关签注栏：(13)				
外管局签注栏：(14) 年　月　日（盖章）				

（出口单位盖章）

（海关盖章）

出口收汇核销单
出口退税专用

编号：(15)

出口单位：(16)		
单位代码：(17)		
货物名称	数量	币种总价
(18)	(19)	(20)
报关单编号：(21)		
外管局签注栏：(22) 年　月　日（盖章）		

图 1—8—2　出口收汇核销单

（一）核销单存根联的填写

（1）第 1 栏，编号：由发放机关事先印就，出口商不用填写。

（2）第 2 栏，出口单位：填写签订并执行合同的出口企业名称。

（3）第 3 栏，单位代码：填写出口企业在海关登记的 10 位数代码。

（4）第 4 栏，出口币种总价：填写发票金额，必须与报关单上显示的一致。

（5）第 5 栏，收汇方式：按照实际情况填写“信用证”、“托收”、“汇款”等方式。

（6）第 6 栏，预计收款时间：一般情况下，出口日本、西欧、北欧等发达国家的，即期汇票或即期付款方式的收款时间在报关后 20 天左右，出口美国、加拿大、澳大利亚、新西兰等其他发达国家的，收汇时间在报关后 30 天左右，其他国家 40～50 天。

（7）第 7 栏，报关日期：填写实际报关的日期。

（8）第 8 栏，备注：留空，远期收汇的，在此填写远期期限。

（二）核销单正文联的填写

（1）第 9 栏，编号：同存根联。

（2）第 10 栏，出口单位：同存根联。

（3）第 11 栏，单位代码：同存根联。

（4）第 12 栏，银行签注栏：原先由收汇银行填写三项内容，即结算种类、收汇金额与收汇日期，现已不再填写。

（5）第 13 栏，海关签注栏：海关在此加盖“验讫章”。

（6）第 14 栏，外管局签注栏：外管局在此盖章。

（三）核销单出口退税专用联的填写

（1）第 15 栏，编号：同存根联。

（2）第 16 栏，出口单位：同存根联。

（3）第 17 栏，单位代码：同存根联。

（4）第 18 栏，货物名称：填写出口货物的名称，必须与报关单和发票上的货名一致。

（5）第 19 栏，数量：填写出口货物的数量，最好既填写包装件数又填写计价数量，必须与报关单、发票上显示的一致。

（6）第 20 栏，币种总价：同存根联。

（7）第 21 栏，报关单编号：填写对应的报关单号码。

（8）第 22 栏，外管局签注栏：外管局在此盖章并填写日期。

需要注意：存根联与正文联的连接处以及正文联与出口退税专用联的连接处需要分别加盖出口企业的公章（报关前），正文联与出口退税专用联的连接处需要加盖海关的

"验讫章"（报关后）。

工作任务实训

一、任务情境

根据本篇项目1中信用证的要求，杭州婉丽进出口有限公司的全套结算单证于2009年8月11日提交银行，2009年8月26日收汇。陈小安要在8月底之前进行出口收汇的核销（核销单编号：124278470），使出口货物（坐垫套和挂毯）能享受到国家规定的出口退税。

其他相关资料：

海关10位数代码：3301911567　　报关单编号：220220090135792468

报关日期：2009年8月4日　　出口单位：杭州婉丽进出口有限公司

收汇方式：信用证　　出口币种总价：74 150.00英镑

货物名称：坐垫套和挂毯　　数量：24 500个

预计收汇时间：2009年8月24日

二、工作任务

单证员陈小安的工作是根据上述相关资料，按照相关部门的要求填写出口收汇核销单。

三、任务实施

填写完毕的出口收汇核销单见图1—8—3。

? 训练测试题目

2009年4月18日，上海凯利纺织品进出口公司（海关10位数代码：2201960060）向上海外港海关申报出口24 000米棉涤染色牛仔布，货物价值36 960.00美元，报关单编号为222520090043124561，信用证结汇，预计收汇时间为2009年5月19日。

请填写出口收汇核销单。

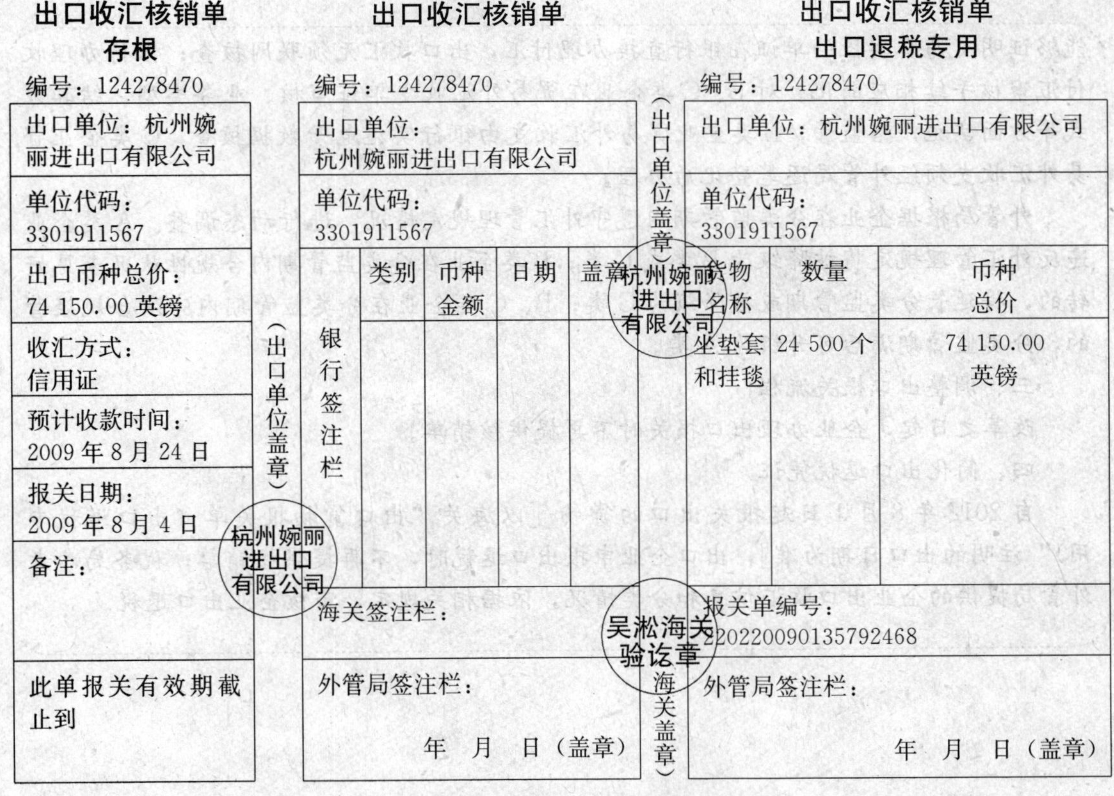

出口收汇核销单
存根

编号：124278470

出口单位：杭州婉丽进出口有限公司
单位代码：3301911567
出口币种总价：74 150.00 英镑
收汇方式：信用证
预计收款时间：2009 年 8 月 24 日
报关日期：2009 年 8 月 4 日
备注：
此单报关有效期截止到

（出口单位盖章）

出口收汇核销单

编号：124278470

出口单位：杭州婉丽进出口有限公司				
单位代码：3301911567				
银行签注栏	类别	币种金额	日期	盖章
海关签注栏：				
外管局签注栏： 年 月 日（盖章）				

（出口单位盖章）
（海关盖章）

出口收汇核销单
出口退税专用

编号：124278470

出口单位：杭州婉丽进出口有限公司		
单位代码：3301911567		
货物名称	数量	币种总价
坐垫套和挂毯	24 500 个	74 150.00 英镑
报关单编号：220220090135792468		
外管局签注栏： 年 月 日（盖章）		

图 1—8—3　出口收汇核销单实例

知识链接

关于货物贸易外汇管理制度改革的公告（国家外汇管理局公告 2012 年第 1 号）部分摘要：

为大力推进贸易便利化，进一步改进货物贸易外汇服务和管理，国家外管局、海关总署、国家税务总局决定，自 2012 年 8 月 1 日起在全国实施货物贸易外汇管理制度改革，并相应调整出口报关流程，优化升级出口收汇与出口退税信息共享机制。

一、改革货物贸易外汇管理方式

改革之日起，取消出口收汇核销单（以下简称核销单），企业不再办理出口收汇核销手续。国家外管局对企业的贸易外汇管理方式由现场逐笔核销改革为非现场总量核查。外管局通过货物贸易外汇监测系统，全面采集企业货物进出口和贸易外汇收支逐笔数据，定期比对、评估企业货物流与资金流总体匹配情况，便利合规企业贸易外汇收支；对存在异常的企业进行重点监测，必要时实施现场核查。

二、对企业实施动态分类管理

外管局根据企业贸易外汇收支的合规性及与货物进出口的一致性，将企业分为 A、B、C 三类。A 类企业进口付汇单证简化，可凭进口报关单、合同或发票等任何一种能够证明交易真实性的单证在银行直接办理付汇，出口收汇无须联网核查；银行办理收付汇审核手续相应简化。对B、C类企业在贸易外汇收支单证审核、业务类型、结算方式等方面实施严格监管，B类企业贸易外汇收支由银行实施电子数据核查，C类企业贸易外汇收支须经外管局逐笔登记后办理。

外管局根据企业在分类监管期内遵守外汇管理规定情况，进行动态调整。A类企业违反外汇管理规定将被降级为B类或C类；B类企业在分类监管期内合规性状况未见好转的，将延长分类监管期或被降级为C类；B、C类企业在分类监管期内守法合规经营的，分类监管期满后可升级为A类。

三、调整出口报关流程

改革之日起，企业办理出口报关时不再提供核销单。

四、简化出口退税凭证

自2012年8月1日起报关出口的货物［以海关“出口货物报关单（出口退税专用）”注明的出口日期为准］，出口企业申报出口退税时，不再提供核销单；税务局参考外管局提供的企业出口收汇信息和分类情况，依据相关规定，审核企业出口退税。

汇付/托收结算方式结合下主要单据的缮制

国际结算中，在信用证、汇付和托收这三种结算方式中，由于信用证结算方式手续复杂，单证制作要求严格，越来越多的外贸企业在与资信较好的公司（或是合作多年的老客户）签订合同时考虑采用电汇或者托收的结算方式，但有时由于买卖双方资金方面的问题和为降低收汇风险，在交易过程中也会采用电汇（前 T/T）和托收（D/P）相结合的结算方式。

本书前面已经介绍了信用证结算方式下单证员完成一笔出口交易的各个环节的任务操作，在此项目里不再一一介绍，而主要介绍其中一个环节的操作，即前 T/T 和 D/P 两种支付方式相结合的合同项下的主要结算单据（商业发票、详细装箱搭配单、海运提单、普惠制产地证）的填制方法。

学习目标

应知目标

1. 了解电汇和托收两种结算方式的特点
2. 熟悉电汇/托收结算方式下的主要结算单据的填制内容

应会目标

1. 能够根据电汇和托收结合的结算方式下的合同缮制结汇单据
2. 能够填制普惠制产地证

任务 填制商业发票、装箱单、普惠制产地证、汇票及确认提单

★ 知识支撑

一、电汇结算方式

（一）电汇的含义

电汇是目前汇付方式中使用最广的一种方式。电汇是银行应汇款人的申请，由汇出行发送加押电传或采用 SWIFT 电讯方式，指示其在国外的分行或代理行，要求其解付一定金额给收款人或其指定人的一种结算方式。

（二）电汇的形式

电汇方式付款根据性质可以分为前 T/T 和后 T/T 两种。

(1) 前 T/T 又称预付货款（Payment in Advance），是指进口商在出口商将货物或货运单据交付以前将货款的全部或者一部分通过银行付给出口商，出口商收到货款后，再根据合同约定的时间发运货物的一种结算方式。这是一种对出口商有利而对进口商相对不利的结算方式。在实际业务中，100%前 T/T 很少见，会使进口商冒“款货不符”的风险，只有当供货商信誉极好或者金额比较小时，进口商才会做前 T/T。

(2) 后 T/T 又称货到付款（Deferred Payment or Open Account Transaction），是指进口商在收到货物以后，立即或一定时期以后再付款给出口商的一种结算方式，又叫延期付款或者赊销。这种结算方式对进口商有利但对出口商不利，因为采用后 T/T，出口商不仅要承担资金的垫付，而且还要承担市场行情变化或进口商拖延付款、拒付，甚至“货款两空”的风险，所以在实际业务中 100%的后 T/T 也很少用。

（三）电汇在实务中的做法

为降低风险，在外贸实践中 T/T 结算方式主要操作如下。

1. 前 T/T 的通常做法

一种是进口商下订单时预付 30%的货款，出口商发货后，进口商把剩下的 70%付

清，出口商收妥全额货款，才将物权凭证（海运提单）寄给进口商。另一种是前 T/T 与托收方式（D/P At Sight）或信用证结合，30%的货款是前 T/T，70%的货款做 D/P 或者信用证。

2. 后 T/T 的通常做法

进出口双方约定提单日后或货物到港后（日期一般根据航程来确定）多少天付款，这种做法一般用于出口货物不畅销并且信誉极好的老客户之间。

二、托收结算方式

（一）托收的含义

国际商会第 522 号出版物《托收统一规则》(《URC522》）规定，托收（Collection）是指由接到委托指示的银行，处理金融单据和/或商业单据，以求获得付款及/或承兑，或凭付款及/或承兑交单，或按其他条件交单。上述所提的金融单据（Financial Documents）是指汇票、本票、支票或其他用于取得货款的类似凭证；商业单据（Commercial Documents）是指发票、运输单据、物权单据或其他类似单据，或除金融单据以外的任何其他单据。

简言之，托收是指货物发运后，出口商凭汇票或单据委托出口地银行（托收银行），通过其在进口地的代理银行或往来银行（代收银行），向进口商收取货款的一种结算方式。

根据托收单据的不同，托收可分为光票托收和跟单托收。在外贸实践中，大多采用跟单托收的方式收付货款。

根据交单条件的不同，跟单托收又可以分为付款交单（D/P）和承兑交单（D/A）。

（二）托收结算方式的特点

1. 跟单托收比货到付款更有利于出口商

在跟单托收时，特别是付款交单方式，对于出口商来说，不会像后 T/T（货到付款）那样承担“货款两空”的风险。因此对出口商来说，托收比货到付款更安全。

2. 托收是商业信用

在托收时，是否付款完全由进口商决定，银行只是转手交单的代理人，对收不到款项不承担责任。比如采用承兑交单（D/A At ××× Days after Sight）时，进口商有可能承兑后取走单据提货，而到期不付货款，使得出口商“货款两空”。同样，进口商也有风险，比如付款或承兑后取得单据，提货后才发现货物与合同不符。因此在做托收业务时，进、出口商必须相互了解，包括资信、贸易习惯、国家法令等。

3. 资金负担不平衡

托收时出口商的资金负担较重，从这点上来说，托收有利于进口商。在信用证项下，通知银行可以凭信用证做打包贷款，议付银行可以凭单据做出口押汇，出口商因此能获得融资。但是采用托收支付方式时，很少有托收银行愿意做出口押汇，因此出口商很难获得融资，从生产到收汇的60天至90天，甚至更长的日子里，出口商的资金压力比较大。

4. 其银行费用比汇款高，比信用证低

相对于汇付结算方式，托收的银行手续费要略微高些。托收时出口商委托银行代收货款，便要支付一定的手续费用，而在汇付结算方式项下，出口商几乎没有银行费用。但托收的银行费用比起信用证结算方式的银行费用要低得多。

三、前T/T和跟单托收相结合的通常做法

在外贸实践中，通常只选择一种结算方式，但不管是哪一种结算方式都有其利弊。因此有时为了加速资金周转，避开贸易风险，进出口双方往往会商定采用两种或两种以上的结算方式。

本书介绍在经济不景气的情况下进、出口商采用较多的一种结算方式：前T/T（预付定金）与跟单托收结合的方式。

这种做法通常是买卖双方在合同中商定：进口商先在规定的时间内预付20%～30%的货款，出口商发运货物后，剩余的80%或者70%的货款委托银行代收。

此类结算方式下的单据填制，与信用证项下的单据填制差不多，只是个别地方有不同。

四、商业发票的填制内容

在信用证支付方式项下，缮制结算单据的依据主要是信用证，但在汇付和/或托收结算方式项下，单据的填制依据是合同或买方的订单。

在信用证支付方式项下，本篇在项目6中介绍了沪式商业发票的填制，这里介绍广式商业发票（见图1—9—1）的填制。

(1) 发票名称（Commercial Invoice）：出口商必须在发票的正上方用比较粗黑的字体，根据合同的要求，醒目地标出“发票/INVOICE”或“商业发票/COMMERCIAL INVOICE”的字样。

(2) 发票抬头人名称或地址（Messrs）：此栏按照合同填写合同上的进口商的公司名称和地址。

(3) 出口商名称和地址（Exporter）：此栏按照合同填写合同上的出口商的公司名称和地址。

(4) 发票号码（Invoice No.）：由出口商根据本公司的实际情况统一编制，一般采用顺序号，便于查对。

商业发票(1)
COMMERCIAL INVOICE

Messrs
(2)

Inv. No. (4)
Inv. Date (5)
S/C No. (6)
S/C Date (7)

Exporter
(3)

Payment Terms
(8)

Transport Details
(9)

Marks & Nos	Description of Goods	Quantity	Unit Price	Amount
(10)	(11)	(12)	(13)	(14)

Total Amount in Words and Other Conditions(15)

法人(签署)
(16)

图1—9—1 商业发票

（5）发票日期（Invoice Date）：根据填制的日期据实填写。在实务中，发票往往早于实际出口装运日期两星期左右。发票日期一般是结汇单据中最早的一个日期，因为报检、报关等环节都需要出口商提供商业发票。

（6）合同号码（S/C No.）：此栏填写买卖双方签署的对应的合同号码。

（7）合同日期（S/C Date）：此栏填写对应的合同的日期。

（8）支付方式（Payment Terms）：此栏填写该笔业务的付款方式，如“T/T”、“D/P AT SIGHT”等。

（9）运输细节（Transport Details）：此栏填写货物实际的起运港（地）、目的港（地）及运输方式，比如“FROM NINGBO TO OSAKA BY SEA”。

（10）唛头（Marks & Nos）：在 T/T 和托收结算方式下，发票的唛头按合同的规定填写，如果合同中没有明示唛头，出口商可以按照国际标准化组织的要求自行设计一个，以简明、易认为原则。如无指定，而且又是集装箱整箱装运的，可以填写“N/M”。

无论是指定的唛头还是“N/M”，都必须与提单、产地证等其他单证中的唛头一致。

（11）货物描述（Description of Goods）：在 T/T 和托收结算方式下，货物描述应与买卖双方签署的合同或买方的订单中的货物描述相一致。

（12）数量（Quantity）：此栏填写出口货物的计价单位的数量。如果合同规定可以分批装运，而实际上也是分批出运的，此栏数量可以比合同上的数量少。

（13）单价（Unit Price）：此栏填写对应的出口货物的单价，包括计价货币、计量单位、单位价格和贸易术语四要素。

（14）总值（Amount）：此栏是数量乘以单价的乘积，并加上货款的币值代码，如 USD、GBP、CNY 等。如果出口的货物不止一项，此栏下方必须还要有一个各栏乘积的总和。

（15）总值大写及其他事项（Total Amount in Words and Other Conditions）：在实务中，无论合同中是否有明示，此处要填写总值金额的大写，还要说明发票金额中有多少（如 30%）已经通过前 T/T 收汇，还有多少（如 70%）将通过托收（D/P 或 D/A）收汇等。如果合同中还有其他特别规定，比如显示生产厂商、显示商品产地等，也要在此处明示。

（16）出单人签章（Signature）：在我国的进出口实务中，一般情况下，出口企业的单证员在此处加盖公司的条形章和法人代表的签署章。如果合同规定发票要手签（Manually Signed），则不能加盖法人代表的签署章，而需要法人代表手工签署。

五、详细装箱搭配单的填制内容

详细装箱搭配单（Detailed Packing Assorted List）又称花色搭配单，一般用于服装、面料、鞋类的出口包装，用以描述每件包装的具体细节，包括商品的货号、色号、尺寸搭配、毛重、净重及尺码等。详细装箱搭配单的样式见图 1—9—2。

详细装箱搭配单(1)
DETAILED PACKING ASSORTED LIST

Exporter
(2)

Date (4)
No. (5)
S/C No. (6)

Transport Details
(7)

Importer
(3)

Description of Goods
(8)

C/No.	No. & Kind of pkgs	Art. No., Packing, Quantity, etc.	Gross Weight	Net Weight	Measurement
(9)	(10)	(11)	(12)	(13)	(14)

Size Colour and Quantity Assortment
(15)

法人(签署)
(16)

图 1—9—2 详细装箱搭配单

(1) 单据名称（Name of the Document）：出口商必须在装箱单的正上方用比较粗黑的字体，根据合同的要求，醒目地标出“详细装箱搭配单/ DETAILED PACKING ASSORTED LIST”的字样。

(2) 出口商名称（Exporter）：此栏按照合同填写合同上的出口商的公司名称和地址。

(3) 进口商名称（Importer）：此栏按照合同填写合同上的进口商的公司名称和地址。

(4) 日期（Date）：此栏一般填写发票日期，也可以填写实际的缮制装箱单的日期。

(5) 号码（No.）：此栏一般填写发票号码。

(6) 销售合同号（S/C No.）：此栏填写买卖双方签署的对应的合同号码。

(7) 运输细节（Transport Details）：与商业发票一样，此栏填写货物实际的起运港（地）、目的港（地）及运输方式，比如“FROM NINGBO TO OSAKA BY SEA”。

(8) 货物描述（Description of Goods）：此栏填写出口货物的名称。在实务中，此栏的品名与提单的品名一样，可以采用统称或大品名，但不能与发票上的货物名称相矛盾。

(9) 包装件号（C/No.）：在日用杂货出口时，货物往往不止一项，因此必须有此栏，用于显示不同商品的具体装箱情况，以便进口商提货时识别。如果是单一货号的货物出口，此栏填写唛头的最后一行中的数字，即 1-up；如果有两个或两个以上的货号，按照货号所在包装箱的箱号缮制。比如某胶鞋共计 520 箱，有两个货号，分别是 JB702 和 JB703，JB702 有 220 箱，放在第 1 至第 220 箱内，JB703 有 300 箱，放在第 221 至第 520 箱内，则缮制包装单时，根据对应的货号（Art. No.），按装箱的实际情况对应填写。如上所述，应填写如下：

1-220
221-520

(10) 包装件数（No. & Kinds of pkgs）：此栏填写货物的包装种类及包装件数。如上所述，应填写如下：

1-220　　220CTNS
221-520　　300CTNS

(11) 型号、包装、数量等（Art. No.，Packing，Quantity，etc.）：此栏填写商品的具体型号或货号及它们的包装情况。如上所述，每箱装 12 双胶鞋，应填写如下：

1-220　　220CTNS　JB702　@12/2 640PRS
221-520　300CTNS　JB703　@12/3 600PRS

两种或两种以上规格、货号的产品，应该在数量的下面合计汇总，得出一个总数量：6 240PRS。

(12) 毛重（Gross Weight）：此栏先填写包装单位的毛重，再填写总的毛重。如上所述的胶鞋纸箱毛重是 22KGS，应填写如下：

1-220　　220CTNS　JB702　@12/2 640PRS　@22/4 840KGS
221-520　300CTNS　JB703　@12/3 600PRS　@22/6 600KGS

两种或两种以上规格、货号的产品，应该在毛重的下面合计汇总，得出一个总毛重：11 440KGS。

(13) 净重（Net Weight）：此栏先填写包装单位的净重，再填写总的净重。上述的胶鞋净重是 20KGS，应填写如下：

JB702 @12/2 640PRS @22/4 840KGS @20/4 400KGS

JB703 @12/3 600PRS @22/6 600KGS @20/6 000KGS

两种或两种以上规格、货号的产品，应该在净重的下面合计汇总，得出一个总净重：10 400KGS。

(14) 尺码（Measurement）：此栏先填写包装单位的尺码，再填写总的尺码。上述的胶鞋纸箱的尺码是 58＊46＊40 厘米，应填写如下：

@22/4 840KGS @20/4 400KGS @(58＊46＊40)CMS/23.478CBM

@22/6 600KGS @20/6 000KGS @(58＊46＊40)CMS/31.016CBM

两种或两种以上规格、货号的产品，应该在尺码的下面合计汇总，得出一个总尺码：54.494CBM。

(15) 颜色尺码搭配（Size Colour and Quantity Assortment）：此处必须详细填写一个包装箱内的详细装箱情况，包括尺寸、颜色及数量等。上述的胶鞋，每个纸箱装 12 双，有 35 码至 40 码六种尺寸，其中 35 码与 40 码各 1 双，36 码与 39 码各 2 双，37 码与 38 码各 3 双，应填写如下：

Size：	35	36	37	38	39	40	TTL PER CTN
Quan（Pairs）	1	2	3	3	2	1	12

(16) 签章（Signature）：签署与商业发票相同即可。

六、普惠制产地证的填制内容

普遍优惠制（Generalized System of Preference），简称普惠制（GSP），是指发达国家（给惠国）给予发展中国家或地区（受惠国）在经济、贸易方面的一种非互利的特别优惠待遇。受惠国向给惠国出口工业制成品、半制成品和部分农产品时，给惠国海关凭受惠国有关当局出具的普惠制原产地证明书给予减免关税的优惠待遇。

受惠国出口商品到给惠国所提供的书面证明称为“普惠制原产地证明书格式 A”，英文全称是“Generalized System of Preference / Certificate of Origin (Combined declaration and certificate Form A)”。证书正本一份，为绿色，副本两份，为白色，简称 GSP Form A 或 Form A（见图 1—9—3）。

按照普惠制产地证签证机构（各地检验检疫部门）的要求，申领普惠制产地证的最晚日期为货物装运前 5 天，应严格按照签证机构的要求，真实、完整、正确地填写以下材料：

(1) 普惠制产地证申请书。

(2) 普惠制原产地证明书格式 A（FORM A）一正二副。

(3) 中国出口商业发票副本一份。

凡含有进口成分的商品，必须按要求提交“含进口成分受惠商品成本明细单”。

互联网时代，普惠制产地证申领采用 G2B 方式，出口企业上网申领，可以不提供普惠制产地证申请书。

1. Goods Consigned from (Exporter's Business Name, Address, Country) (2)	Reference No. (1) **GENERALIZED SYSTEM OF PREFERENCES** **CERTIFICATE OF ORIGIN** (Combined Declaration and Certificate) **FORM A** Issued in THE PEOPLE'S REPUBLIC OF CHINA (country)
2. Goods Consigned to (Consignee's Name, Address, Country) (3)	
3. Means of Transport and Route (as far as known) (4)	4. For Official Use (5)

5. Item Number	6. Marks & Nos of Packages	7. Number and Kind of Packages; Description of Goods	8. Origin Criterion	9. Gross Weight & Other Quantity	10. Number and Date of Invoice
(6)	(7)	(8)	(9)	(10)	(11)

11. Certification (12)	12. Declaration by the Exporter (13)
It is hereby certified, on the basis of control carried out, that the declaration by the exporter is correct.	The undersigned hereby declares that the above details and statements are correct; that all goods were produced in (13-1) **CHINA** (Country) and that they comply with the origin requirements specified for those goods in the **Generalized System of Preferences** for goods exported to (13-2) (Importing country)
	(13-3)
Place and date, signature and stamp of certifying authority	Place and date, signature of authorized signatory

图 1—9—3 普惠制原产地证明书格式 A

普惠制产地证申报人员应按照证书中各栏的要求，将出口货物的有关情况如实填制，保证所填的证书真实、准确。证书一律不得涂改，不得加盖更正章。具体各栏的填制要求如下：

（1）证书号（Reference No.）：此栏由出入境检验检疫机构计算机自动分配，例如，“G 09 380012005 0145”是注册号为 380012005 的出口企业 2009 年办理的第 145 票证书。

（2）发货人的名称、地址和国别［Goods Consigned from (Exporter's Business Name, Address, Country)］：此栏是带有强制性的，必须填写中国境内的出口企业的名称和详细地址。

(3) 收货人的名称、地址和国别 [Goods Consigned to (Consignee's Name, Address, Country)]：此栏填写给惠国的最终收货人，不能填中间转口商（如香港地区、新加坡客商）的名称。出口到欧盟的商品可以不填写具体进口商名称，允许填写"TO ORDER"。

(4) 运输方式及路线（就所知而言）[Means of Transport and Route (as far as known)]：此栏填写装货、到货地点（起运港、目的港等）及运输方式（如海运、陆运、空运、陆空运等），如FROM SHANGHAI TO OSAKA BY SEA。如果是转运的商品，还应加上转运港，如FROM NINGBO TO HAMBURG VIA HONG KONG BY SEA。此栏必须和提单、保险单等其他单证上显示的相关内容一致。

(5) 供官方使用 (For Official Use)：此栏申请单位不用填写，一般情况下留空，特殊情况下由出证机构根据签证需要在此栏加注、盖章。

1) 货物已出口，出证机构签发证书的日期迟于装运日期，此栏会显示"ISSUED RETROSPECTIVELY"字样，中文意思是"后发"。

2) 证书遗失、被盗或者损毁，出证机构签发"复本"证书时，会盖上"DUPLICATE"红色印章，并在此栏注明原证书的编号和签证日期，且声明原发证书作废，其文字是"THIS CERTIFICATE IS IN REPLACEMENT OF CERTIFICATE OF ORIGIN NO.… DATED… WHICH IS CANCELLED"。

(6) 商品顺序号 (Item Number)：此处的英文"Item Number"不是商品"货号"的意思，而是指不同税则号的顺序。如果出口货物只有单个税则号，此栏填写"1"，如果出口货物有不同税则号，此栏按不同税则号分列"1"，"2"，"3"，…，以下顺排。

注意：即使出口的货物单价不同、规格不同，只要税则号相同，即可以合在一起，填写"1"。

(7) 唛头 (Marks & Nos of Packages)：此栏填写具体的唛头，应与货物外包装上的唛头一致，也必须与发票、提单等其他单证上的唛头一致。

(8) 包装数量及种类和品名 (Number of Kind of Packages; Description of Goods)：此栏中的包装数量必须用英文和阿拉伯数字同时表示，包装数量与品名之间用介词"OF"连接，如ONE HUNDRED AND FIFTY (150) CARTONS OF FISHING BOOTS。

填写时应注意：

1) 如果包装数量为千以上，则"千"与"百"之间不需用连词"AND"，如TWO THOUSAND ONE HUNDRED AND FIFTY (2150) CARTONS OF FISHING BOOTS。

2) 数量、品名要求在一页内填写完毕，如果内容过长，则可以合并包装箱数，合并品名，如ONE HUNDRED AND FIFTY (150) CARTONS OF GLOVE, SCARF, TIE AND CAP。

3) 包装必须填写具体的种类，如POLYWOVEN BAG, DRUM, PALLET, CARTONS, CASE等，不能只填写"PACKAGE"。如果没有包装，应填写"NUDE CARGO"（裸装货）、"IN BULK"（散装货）或"HANGING GARMENTS"（挂装）。

4) 商品名称必须具体填写，具体到能找到相对应的4位数H.S.编码，不能笼统填写诸如"MACHINE"（机器）、"GARMENT"（服装）、GENERAL MERCHANDISE

（大宗货物）等。对某些服装，如男大衣，应注明为“MEN'S OVERCOATS”，而不能只填写“GARMENTS”（服装）。

5）商品的商标、牌名（Brand）及货号（Art. No.）一般可以不填。

6）商品名称等项填写完毕后，应在末行或次行加上表示结束的符号“ *** ”，以防止加塞伪造内容。国外信用证有时要求填写合同、信用证号码等，可填写在此栏空白处，如REMARK：L/C NO.：21BC000384。

（9）原产地标准（Origin Criterion）：此栏是普惠制原产地证书的核心栏，此栏的填写正确与否，关系到产品是否可以享受普惠制待遇。各给惠国对此栏的填写有不同的规定，具体要求如下：

1）完全原产品，不含任何非原产成分，出口到所有给惠国，填写“P”。

2）含有非原产成分的产品，出口到欧盟、挪威、瑞士、列支敦士登公国、土耳其和日本，填写“W”，其后加上出口产品的 H. S. 品目号，如“W42. 02”。条件为：

第一，产品列入了上述给惠国的“加工清单”，符合其加工条件。

第二，产品未列入“加工清单”，但产品生产过程中使用的非原产原材料和零部件经过充分加工，产品的 H. S. 品目号不同于所用的原材料和零部件的 H. S. 品目号。

第三，含有非原产成分的产品，出口到加拿大，填写“F”，条件是非原产成分的价值未超过产品出厂价的 40%。

第四，含有非原产成分的产品，出口到俄罗斯、乌克兰、白俄罗斯、哈萨克斯坦四国，填写“Y”，其后加上非原产成分价值占该产品 FOB 价的百分比，如“Y45%”，条件是非原产成分的价值未超过产品 FOB 价的 50%。

第五，输往澳大利亚、新西兰的货物，此栏不必填写，留空。

注意：此栏的填制可详见格式 A 证书背面注释的有关部分。需说明的是，此栏中不论是填“P”，还是填“W42. 02”，或填“F”，或“Y45%”，或留空，相关商品减免关税的幅度都不变。

（10）毛重或其他数量（Gross Weight & Other Quantity）：此栏填写商业发票上的计量计价数量，如 1 300PCS、500SETS 等，以重量计算的，填毛重即可；散装货物只有净重而无毛重的，可填净重，但要注明“N. W. (NET WEIGHT)”。

（11）发票号及日期（Number and Date of Invoice）：此栏填写商业发票的号码及日期，不得留空，月份一律用英文缩写，如 20 MAY.，2009。发票日期不得迟于出运日期。

（12）签证当局的证明（Certification）：此栏填写检验检疫局的签证地点、日期，如 HANGZHOU 22 MAY.，2009。出证机构的授权签证人员审核后，会在此栏手签并加盖签证章。

注意：此栏日期不得早于发票日期和申报日期，但应早于货物的出运日期。

（13）出口商的申明（Declaration by the Exporter）：

1）13-1 是原产地，不用填写，“CHINA”已印就。

2）13-2 是进口国，在横线上填写最终进口国，与第 2 栏国家及第 3 栏目的地一致，如 GERMANY。出口至欧盟的，进口国别不明确时可填“E. U.”。

3）13-3 是出口商签署，由出口企业的授权专人（一般为单证员）在此处手签，填写申报地点与日期，如 HANGZHOU 21 MAY.，2009，并加盖出口企业的条形章。手签人的笔迹必须事先在出证机构注册登记，并保持相对稳定。此栏日期不得早于发票日期（最早是同日），也不能晚于签证当局的证明的日期。盖章时应避免覆盖进口国国名。

七、汇付和托收下的海运提单的填制

不管是汇付还是托收结算方式，海运提单的填制内容和信用证结算方式的填制内容差不多。一般合同上都规定了对海运提单的条款要求，因此在填制时必须按照合同的规定来填写。主要的区别是“收货人（Consignee）”一栏的填写。

在汇付结算方式下，出口商习惯做成空白抬头、空白背书，就是在提单的收货人栏目内填上“TO ORDER”，并做空白背书，这样对出口商有利。但在FOB贸易术语下，因为是由买方指定船公司或者指定货代，所以也常做成记名抬头，即在收货人栏目内直接填写收货人的名称与地址。

在托收的支付方式下，“收货人（Consignee）”一栏通常填写“TO ORDER”或“TO ORDER OF SHIPPER”，并由发货人做空白背书，这样对出口商有利。但是近年来我国出口采用FOB术语日益增多，托收时的提单抬头也常见记名抬头。

需要说明的是，根据《URC522》的规定，若未经银行事先同意，而把货物直接发给了该银行，或以其或其指定人为收货人，并请其凭付款或承兑或根据其他条款和条件将货物交给付款人，该银行没有提取货物的义务，货物的风险和责任由发货的一方承担。

八、托收项下汇票的填制

在汇付支付方式下，出口商不用填写汇票，但在托收结算方式下，汇票是必备的单据之一。托收项下汇票的填制与信用证项下汇票的填制有所不同，填制的内容要少一些。有的银行不区分托收项下的汇票与信用证项下的汇票，有的银行则两种汇票格式不同。如果采用信用证项下的汇票在托收项下使用，上面的开证银行、信用证号码及开证日期三项内容留空不填，而在“出票依据（Drawn under）”栏目里填上“托收”的英文。如果采用专门的托收汇票（见图1—9—4），填写要求如下：

（1）出票依据（Drawn under）：此栏填写“FOR COLLECTION，DOCUMENTS AGAINST PAYMENT”或者“FOR COLLECTION，DOCUMENTS AGAINST ACCEPTANCE”，即说明托收的交单形式，是付款交单还是承兑交单。

（2）号码（No.）：此栏填写商业发票的号码。

（3）小写金额（Amount in Figure）：此栏填写商业发票的金额（数字）与币制（英文代码），大多是商业发票的100%，也可能是商业发票的60%、70%等。

（4）出票日期（Date of Issue）：此栏填写出口商交单到托收银行的日期，一般在运输单据日期后的5至7天，最晚不能晚于运输单据日期后的第21天。

（5）付款期限（Tenor）：此栏填写汇票的期限，如果是付款交单（DOCUMENTS AGAINST PAYMENT），一般是即期的，填写“＊＊＊”，如果是承兑交单（DOCUMENTS AGAINST ACCEPTANCE），则是远期的，根据合同填写“30 DAYS”、“45

DAYS”等汇票期限。有时也可能是提单日期后××天，或出票后××天，可参照信用证项下的汇票填写（见本篇项目6）。

（6）受款人（Payee）：此栏填写托收银行的名称。

（7）大写金额（Amount in Words）：此栏填写上述小写金额的英文大写，注意币制要填写完整。比如“USD32 100.00”，不能写成：SAY USD THIRTY TWO THOUSAND AND ONE HUNDRED ONLY，而要写成：SAY U.S. DOLLARS THIRTY TWO THOUSAND AND ONE HUNDRED ONLY。

（8）付款人（Drawee）：此栏填写合同中的进口商的名称及地址。

（9）出票人签字（Signature）：此栏填写合同中的出口商的名称及地址。在实务中，此处由单证员盖上出口公司的条形章和法人代表的签署章。

凭
Drawn under (1)

号码 **No.** (2)　汇票金额 **Exchange for** (3)　中国杭州 Hangzhou China　年　月　日 (4)

见票 **At** (5)　日后(本汇票之副本未付)付交 sight of this **FIRST** of Exchange (Second of exchange being unpaid) **Pay to the Order of** (6)　金额 **the sum of**

(7)

款已收讫
Value Received

此致
To:

(8)

(9)

图1—9—4　托收汇票

工作任务实训

一、任务情境

浙江托普进出口有限公司（以下简称托普公司）与瑞典的HELLENA TRADING KB公司（以下简称HELLENA公司）合作多年，之前两家公司之间的交易采用信用证的方式进行结算。因受金融危机的影响，HELLENA公司的采购经理Hellen Hilhorst向托普公司的经理张凡提出，把支付方式改为30%前T/T，70% D/P At Sight的方式。鉴于两家公司以往的关系和HELLENA公司的良好信誉，托普公司的张凡经理同意了对方的要求。

HELLENA 公司于 2009 年 2 月 1 号向托普公司下了一份订单，购买两个款式的男裤共 2 718 条。托普公司根据 HELLENA 公司的订单起草了合同（见图 1—9—5），要求对方在 2009 年 2 月 25 日前将 30%的货款打入公司在中国银行浙江省分行的账户。

浙江托普进出口有限公司

ZHEJIANG TOP IMP. AND EXP. CO., LTD.

No. 97 Shuguang Road, Hangzhou, China

售货确认书

SALE CONFIRMATION

To:

HELLENA TRADING KB
P. O. BOX 5194
SE-400 95 GOTHENBURG
SWEDEN

No.: ZTE090210
Date: 10 FEB., 2009

This sales contract is made between the sellers and buyers whereby the sellers agree to sell and the buyers agree to buy the under-mentioned goods according to the terms and conditions stipulated below:

Description of Goods		Quantity	Unit Price	Amount
MEN'S TROUSERS				
45PCT COTTON 55PCT LINEN				FOB CHINA
ORDER NO.	ART. NO.			
66611	25802	1 512PCS	USD2.85/PC	USD4 309.20
66612	24911	1 206PCS	USD3.30/PC	USD3 979.80
		2 718PCS		USD8 289.00

Total Amount in Words SAY U. S. DOLLARS EIGHT THOUSAND TWO HUNDRED AND EIGHTY NINE ONLY.

Packing 18PC IN ONE CARTON, TOTAL PACKED IN 151CARTONS.

Delivery SEA FREIGHT, FROM SHANGHAI / NINGBO TO GOTHENBURG, PARTIAL SHIPMENTS NOT ALLOWED BUT TRANSSHIPMENT ALLOWED

Shipping Mark HTKB / ZT09E0210 / GOTHENBURG /NO. 1-151

Time of Shipment ON OR BEFORE 05 MAR., 2009

Terms of Payment 30 PERCENT OF THE AMOUNT USD2 486.70 IS PAID BY T/T BEFORE THE SHIPMENT AND THE BALANCE OF AMOUNT USD5 802.30 IS PAID BY DOCUMENTS AGAINST PAYMENT AT SIGHT. IF THE AMOUNT OF USD2 486.70 IS NOT ARRIVED IN CHINA BEFORE 25 FEB. 2009, THE SELLER WILL NOT TAKE THE RESPONSIBILITY FOR THE DELAY OF THE SHIPMENT.

Insurance TO BE EFFECTED BY THE BUYER

Documents Required

1. Signed commercial invoice in triplicate
2. Full set clean on board Bill of Lading consigned to Hellena Trading KB, P. O. Box 5194, SE-400 95 Gothenburg, Sweden and notify the same
3. Detailed packing assorted list in triplicate
4. Certificate of Origin Form A in duplicate

The Seller
Zhejiang Top Imp. and Exp. Co., Ltd.
张凡
签署

The Buyer
Hellena Trading KB
Hellen Hilhorst
Signature

图 1—9—5 买卖合同

其他相关资料：

发票号码：09E0223	发票日期：2009 年 2 月 23 日
提单号码：NGBG0902826	提单日期：2009 年 3 月 3 日
装运港：宁波	在香港中转
船名与航次：HJN CHICAGO V. 037W	20' LCL，CFS/CFS
集装箱箱号：HJNU5210934	集装箱封号：341098-2
FORM A 号码：TZG093333410990093	完全国产，无进口成分

单色混码包装，每箱男裤的尺码搭配如下：

尺寸	46	48	50	52	54	56	
数量	2	3	4	4	3	2	= 18 条

货号 25802 的箱号：1-84	共 84 箱
其中1-25 箱为白色（WHITE）	共 450 条
26-59 箱为黑色（BLACK）	共 612 条
60-84 箱为军绿色（AMY GREEN）	共 450 条
货号 24911 的箱号：85-151	共 67 箱
其中85-104 箱为白色（WHITE）	共 360 条
105-131 箱为黑色（BLACK）	共 486 条
132-151 箱为军绿色（AMY GREEN）	共 360 条
毛重：8.00 千克/箱	净重：6.30 千克/箱
体积：48×40×20 厘米/箱	托收银行：中国银行浙江省分行

二、工作任务

HELLENA 公司于 2009 年 2 月 23 日将 30%的货款 2 486.70 美元打入托普公司在中国银行浙江省分行的账号后，负责单证工作的单证员李晓岚开始按照合同缮制各种单证。

该笔交易采用的是 FOB 贸易术语，买方指定拓亚环球货运代理（中国）公司宁波分公司（TOLL GLOBAL FORWARDING LTD NINGBO BRANCH）为货运代理，单证员李晓岚不用订舱，只要与指定货代公司确定船期、进仓地址、提单即可。

同时，这批男裤出口去欧盟，可以享受普惠制待遇，所以李晓岚还要填制一份普惠制产地证，并向出入境检验检疫局申领 FORM A。

因此在此笔交易中，公司的单证员要做的工作是填制商业发票、详细装箱搭配单、普惠制产地及汇票，确认海运提单。

三、任务实施

（一）商业发票的填制

第 1 栏：填写中英文的黑粗体“商业发票/COMMERCIAL INVOICE”。

第 2 栏：填写 HELLENA 公司的英文名称与地址。

第 3 栏：填写托普公司的英文名称与地址。

第 4 栏至第 7 栏：根据合同与有关资料填写发票号码、发票日期、合同号码与合同日期。

第 8 栏：填写“30% BY T/T IN ADVANCE，70% BY D/P AT SIGHT”。

第 9 栏：填写“FROM NINGBO TO GOTHENBURG VIA HONG KONG BY SEA”。

第 10 栏：根据合同填写唛头。

第 11 栏：根据合同填写货名，并列明货号与订单号码。

第 12 栏：根据合同填写数量，注意对应的订单、货号与数量在同一横线上。

第 13 栏：根据合同填写单价，注意对应的货号、数量与单价在同一横线上，并加上贸易术语。要注意，在合同中贸易术语是“FOB CHINA”，而实际装运港是宁波，因此要将贸易术语改成“FOB NINGBO”，这样做不违背合同的要求。

第 14 栏：根据合同填写总值，注意对应的数量、单价与总值在同一横线上。

第 15 栏：因为这笔交易采用了两种支付方式的结合，即 30%的前 T/T 和 70%的 D/P AT SIGHT，所以此栏中除了大写金额与币制，还要说明：30%的货款已经收到，剩下的货款用托收结算，即“IN THE AMOUNT OF USD 8 289.00，30 PCT OF IT，USD 2 486.70，IS PAID ON 23 FEB.，2009 AND THE BALANCE OF IT，USD5 802.30，WILL BE PAID BY D/P AT SIGHT”。

第 16 栏：盖托普公司的条形章和法人代表张凡的签署章。

填制好的商业发票见图 1—9—6。

（二）详细装箱搭配单的填制

第 1 栏：填写中英文的黑粗体“详细装箱搭配单/DETAILED PACKING ASSORTED LIST”。

第 2 栏至第 7 栏：根据合同与发票，相应地填写托普公司的英文名称与地址、HELLENA 公司的英文名称与地址、发票日期、发票号码、合同号码及起讫地点和运输方式。

第 8 栏：填写货物名称 MEN'S TROUSERS，不必像商业发票那样详细描述。

第 9 栏至第 14 栏：把货号 25802 的件号“1-84”、件数“84CTNS”和货号 24911 的件号“85-151”、件数“67CTNS”填写清楚，同时把每箱的毛重、净重和体积及每个货号的总毛重、总净重和总体积分别列明，最后，还要把两个货号的总箱数、总数量、总毛重、总净重、总体积相加。

第 15 栏：根据相关资料，列明两个货号的男裤在每个纸箱内的尺码与数量搭配、各种颜色的总数量及相应箱号。

一般情况下，包装单据的下方还要用英文大写明示总件数。

第 16 栏：签署与商业发票相同。

填制好的详细装箱搭配单见图 1—9—7。

商业发票
COMMERCIAL INVOICE

Messrs

HELLENA TRADING KB

P. O. BOX 5194

SE-400 95 GOTHENBURG

SWEDEN

Invoice No. 09E0223

Invoice Date 23 FEB., 2009

S/C No. ZTE090210

S/C Date 10 FEB., 2009

Exporter

ZHEJIANG TOP IMP. AND EXP. CO., LTD.
NO. 97 SHUGUANG ROAD
HANGZHOU
CHINA

Transport Details

FROM NINGBO TO GOTHENBURG

VIA HONG KONG BY SEA

Terms of Payment

30% BY T/T IN ADVANCE

70% BY D/P AT SIGHT

Marks & Nos	Description of Goods	Quantity	Unit Price	Amount
	MEN'S TROUSERS			
HTKB	45PCT COTTON 55PCT LINEN			
ZT09E0210				
GOTHEN BURG	ORDER NO. ART. NO.			FOB NINGBO
NO. 1-151	66611 25802	1 512PCS	USD2. 85	USD4 309. 20
	66612 24911	1 206PCS	USD3. 30	USD3 979. 80
		2 718PCS		USD8 289. 00

SAY U. S. DOLLARS EIGHT THOUSAND TWO HUNDRED AND EIGHTY NINE ONLY.

TOTAL PACKED IN 151CTNS
GROSS WEIGHT: 1208. 00KGS

IN THE AMOUNT OF USD8 289. 00, 30 PCT OF IT, USD2 486. 70 IS PAID ON 23 FEB., 2009 AND THE BALANCE OF IT, USD5 802. 30 WILL BE PAID BY D/P AT SIGHT.

浙江省托普进出口有限公司（章）
ZHEJIANG TOP I/E CO., LTD.

张凡（章）

图 1—9—6 商业发票实例

详细装箱搭配单
DETAILED PACKING ASSORTED LIST

Exporter
ZHEJIANG TOP IMP. AND EXP. CO., LTD.
NO. 97 SHUGUANG ROAD
HANGZHOU
CHINA

Date 23 FEB., 2009
No. 09E0223
S/C No. ZTE090210

Transport Details
FROM NINGBO TO GOTHENBURG
VIA HONG KONG BY SEA

Importer
HELLENA TRADING KB
P. O. BOX 5194
SE-400 95 GOTHENBURG
SWEDEN

Description of Goods
MEN'S TROUSERS

C/No.	No. & Kind of pkgs	Art. No., Packing, Quantity etc.		Gross Weight	Net Weight	Measurement
1-84	84CTNS	25802	@18/1 512PCS	@8.00/ 672.00KGS	@6.30/ 529.20KGS	@(48 * 40 * 20) CMS/3.226CBM
85-151	67CTNS	24911	@18/1 206PCS	@8.00/ 536.00KGS	@6.30/ 422.10KGS	@(48 * 40 * 20) CMS/2.573CBM
	151CTNS		2 718PCS	1 208.00KGS	951.30KGS	5.799CBM

Size Colour and Quantity Assortment

ORDER NO. 66611, ART. NO. 25802

SIZE	46	48	50	52	54	56	PCS/CTN	CTN NOS FOR WHITE	TOTAL PCS FOR WHITE
QUTY.	2	3	4	4	3	2	18	1-25	450
SIZE	46	48	50	52	54	56	PCS/CTN	CTN NOS FOR BLACK	TOTAL PCS FOR BLACK
QUTY.	2	3	4	4	3	2	18	26-59	612
SIZE	46	48	50	52	54	56	PCS/CTN	CTN NOS AMY GREEN	TTL PCS FOR AMY GREEN
QUTY.	2	3	4	4	3	2	18	60-84	450

ORDER NO. 66612, ART. NO. 24911

SIZE	46	48	50	52	54	56	PCS/CTN	CTN NOS FOR WHITE	TOTAL PCS FOR WHITE
QUTY.	2	3	4	4	3	2	18	85-104	360
SIZE	46	48	50	52	54	56	PCS/CTN	CTN NOS FOR BLACK	TOTAL PCS FOR BLACK
QUTY.	2	3	4	4	3	2	18	105-131	486
SIZE	46	48	50	52	54	56	PCS/CTN	CTN NOS AMY GREEN	TTL PCS FOR AMY GREEN
QUTY.	2	3	4	4	3	2	18	132-151	360

SAY ONE HUNDRED AND FIFTY ONE CARTONS ONLY.

浙江省托普进出口有限公司(章)
ZHEJIANG TOP I/E CO., LTD.

张凡(章)

图 1—9—7 详细装箱搭配单实例

（三）普惠制产地证的填制

证书号：不用填写，由浙江省出入境检验检疫机构的计算机自动给出。

第 1 栏：填写出口商托普公司的英文名称与地址。

第 2 栏：填写进口商 HELLENA 公司的英文名称与地址。

第 3 栏：参照商业发票的第 9 栏填写“FROM NINGBO TO GOTHENBURG VIA HONG KONG BY SEA”。

第 4 栏：留空不填。

第 5 栏：填写“1”。

第 6 栏：参照商业发票的第 10 栏唛头填写。

第 7 栏：填写“ONE HUNDRED AND FIFTY ONE（151）CARTONS OF MEN'S TROUSERS”，并加上结束符号“******”。

第 8 栏：填写“P”。

第 9 栏：填写“2 718PCS”。

第 10 栏：填写“09E0223”和“23 FEB.，2009”。

第 11 栏：填写“HANGZHOU 25 FEB.，2009”，出入境检验检疫机构专职授权人陈瑾将在此栏签署并盖章。

第 12 栏：13-1 处不用填写，已印就“CHINA”，13-2 处填写“SWEDEN”，13-3 处盖托普公司的条形章并签上李晓岚自己的名字，同时填写“HANGZHOU 和 24 FEB.，2009”。

全部填写完毕后，李晓岚将 FORM A 打印出来，送浙江省出入境检验检疫机构签署盖章。

盖章后的 FORM A 见图 1—9—8。

（四）海运提单的确认

李晓岚在 2009 年 2 月 25 日收到了拓亚环球货运代理（中国）公司宁波分公司的提单确认传真，她仔细核对了提单的各栏内容，尤其是托运人、收货人、被通知人、唛头、毛重、包装件数、体积和运费的填写后，没有发现问题，向对方确认了提单。

确认后的海运提单见图 1—9—9。

（五）汇票的填制

2009 年 3 月 3 日货物装运完毕后船公司签发了提单，李晓岚于 3 月 9 日收到了货代公司快递过来的提单后，即开始填写汇票，并于当日连同其他单证一起交给中国银行浙江分行委托代收货款。

（1）填写“FOR COLLECTION，DOCUMENTS AGAINST PAYMENT”。

（2）填写发票号码“09E0223”。

<table>
<tr><td colspan="3">1. Goods Consigned from (Exporter's Business name, Address, Country)
ZHEJIANG TOP IMP. AND EXP. CO., LTD.
NO. 97 SHUGUANG ROAD
HANGZHOU
CHINA</td><td colspan="3" rowspan="2">Reference No. TZG093333410990093
GENERALIZED SYSTEM OF PREFERENCES
CERTIFICATE OF ORIGIN
(Combined Declaration and Certificate)
FORM A
Issued in THE PEOPLE'S REPUBLIC OF CHINA
(country)</td></tr>
<tr><td colspan="3">2. Goods Consigned to (Consignee's Name, Address, Country)
HELLENA TRADING KB
P. O. BOX 5194
SE-400 95 GOTHENBURG
SWEDEN</td></tr>
<tr><td colspan="3">3. Means of transport and route (as far as known)
FROM NINGBO TO GOTHENBURG
VIA HONG KONG BY SEA</td><td colspan="3">4. For Official Use</td></tr>
<tr><td>5. Item Number</td><td>6. Marks & Nos of Packages</td><td>7. Number of Kind of Packages; Description of Goods</td><td>8. Origin Criterion</td><td>9. Gross Weight & Other Quantity</td><td>10. Number and Date of Invoice</td></tr>
<tr><td>1</td><td>HTKB
ZT09E0210
GOTHENBURG
NO. 1-151</td><td>ONE HUNDRED AND FIFTY ONE (151) CARTONS OF MEN'S TROUSERS
*************</td><td>"P"</td><td>2 718PCS</td><td>09E0223
23 FEB., 2009</td></tr>
<tr><td colspan="3">11. Certification
It is hereby certified, on the basis of control carried out, that the declaration by the exporter is correct.
浙江
出入境
检验检疫局
(章)
陈瑾(手签)
HANGZHOU 25 FEB., 2009
Place and date, signature and stamp of certifying authority</td><td colspan="3">12. Declaration by the Exporter
The undersigned hereby declares that the above details and statements are correct; that all goods were produced in
CHINA
(Country)
and that they comply with the origin requirements specified for those goods in the Generalized System of Preferences for goods exported to
SWEDEN
(Importing country)
浙江省托普进出口有限公司(章)
ZHEJIANG TOP I/E CO., LTD.
李晓岚
(手签)
HANGZHOU 24 FEB., 2009
Place and date, signature of authorized signatory</td></tr>
</table>

图 1—9—8 普惠制原产地证明书格式 A 实例

COMBINED TRANSPORT BILL OF LADING

<table>
<tr><td colspan="3" rowspan="2">**Shipper**
ZHEJIANG TOP IMP. AND EXP. CO., LTD
NO. 97 SHUGUANG ROAD
HANGZHOU, CHINA</td><td colspan="2">**Country of Origin**
CHINA</td><td colspan="2">**Bill of Lading No.**
NGBG0902826</td></tr>
<tr><td colspan="4">Dynamic Container Line Ltd</td></tr>
<tr><td colspan="3">**Consignee**
CONSIGNED TO HELLENA TRADING KB
P. O. BOX 5194, SE-400 95 GOTHENBURG
SWEDEN</td><td colspan="4" rowspan="3">**F/Agent Name & Ref.**
TOLL GLOBAL FORWARDING (SWEDEN) KB (SEA)
E-mail: infor@gothenburgshipping. se
Address: STIGBERG SLIDEN 5
S-414 63 GOTHENBURG SWEDEN
Phone: +46-31-14 11 11</td></tr>
<tr><td colspan="3">**Notify Party**
HELLENA TRADING KBP. O. BOX 5194, SE-400 95 GOTHENBURG
SWEDEN</td></tr>
<tr><td>**Place of Receipt**
NINGBO</td><td colspan="2">**Port of Loading**
NINGBO</td></tr>
<tr><td>**Vessel**
HJN CHICAGO V. 037W</td><td colspan="2">**Port of Discharge**
GOTHENBURG</td><td colspan="2">**Place of Delivery**
GOTHENBURG</td><td colspan="2">**No. of Original Bill of Lading**
THREE</td></tr>
<tr><td>**Marks & Numbers**</td><td>**No. of Pkgs or Shipping Units**</td><td>**Description of Goods**</td><td colspan="2">**Gross Weight (KGS)**</td><td colspan="2">**Measurement (CBM)**</td></tr>
<tr><td>HTKB
ZT09E0210
GOTHENBURG
NO. 1-151</td><td>151CTNS</td><td>MEN'S TROUSERS</td><td colspan="2">1 208. 00KGS</td><td colspan="2">5. 798CBM</td></tr>
<tr><td>**Total No. of Pkgs or Shipping Units in Words**</td><td colspan="2">SAY ONE HUNDRED AND FIFTY ONE CTNS ONLY</td><td colspan="4">**Temperature Control Instructions**</td></tr>
<tr><td>**Freight and Charges Revenue Tons Rate Per**</td><td>**PREPAID**</td><td>**COLLECT**</td><td colspan="4" rowspan="2">**Excess Value Declaration Refer to Clause 6(4)(B)+(C)**

Received by the Carrier the Goods as specified above in apparent good order and condition unless otherwise stated to be transported to such place as agreed authorized or permitted terms and conditions appearing on the front and revered of this Bill of Lading to which the Merchandise agrees by accepting this Bill of Lading, any local privileges and customs not withstanding. The particulars given above stated by the shipper and the weight, measure, quantity, condition, contents and value of the goods are unknown to the Carrier. In witness where of one (1) original Bill of Lading has been signed if not otherwise stated above the same being accomplished the other (s), if any, to be void. If required by the Carrier one original B/L must be surrendered endorsed in exchange for the Goods or delivery order.</td></tr>
<tr><td colspan="3">FREIGHT PAYABLE AT GOTHENBURG</td></tr>
<tr><td colspan="3">**JURISDICTION AND LAW CLAUSE**

The contract evidenced by or contained in the Bill of Lading is governed by the law of Hong Kong and any claim or dispute arising hereunder or in connection herewith shall be determined by the Courts in Hong Kong and no other Courts.

Terms Continued on back hereof</td><td colspan="4" rowspan="2">**Place and Date of Issue** NINGBO 03 MAR. ,2009
Signed by TOLL GLOBAL FORWARDING (CHINA) LTDNINGBO BRANCH
On Behalf of the Carrier:

Dynamic Container Line Ltd 周力勇（章）</td></tr>
<tr><td colspan="3">**On Board the Vessel**
Dated: 03 MAR. , 2009

By: TOLL GLOBAL NINGBO 周（章）</td></tr>
</table>

图1—9—9 海运提单实例

(3) 填写 70%的发票金额“USD5 802.30”。
(4) 填写缮制汇票的日期 2009 年 3 月 9 日（用英文）。
(5) 填写“ ******* ”，表明是即期汇票。
(6) 填写“BANK OF CHINA，ZHEJIANG BRANCH”。
(7) 填写 USD5 802.30 的英文大写。
(8) 填写 HELLENA 公司的英文名称与地址。
(9) 加盖托普公司的条形章和法人代表张凡的签署章。

填制好的汇票见图 1—9—10。

凭
Drawn under FOR COLLECTION，DOCUMENTS AGAINST PAYMENT

号码 汇票金额 中国杭州 年 月 日
No. 09E0223 **Exchange for** USD5 802.30 Hangzhou China 09 MAR.，2009

见票 日后（本汇票之副本未付）付交中国银行浙江省分行
At ******** sight of this **FIRST** of Exchange（Second of exchange 金额
being unpaid）**Pay to the order of** BANK OF CHINA，ZHEJIANG BRANCH **the sum of**

SAY U. S. DOLLARS FIVE THOUSAND EIGHT HUNDRED AND TWO AND CENTS THIRTY ONLY

款已收讫
Value Received

此致
To:

HELLENA TRADING KB
P. O. BOX 5194
SE-400 95 GOTHENBURG
SWEDEN

浙江省托普进出口有限公司（章）
ZHEJIANG TOP I/E CO.，LTD.
张凡（章）

图 1—9—10 汇票实例

? 训练测试题目

请根据下列合同（见图 1—9—11）及相关资料缮制商业发票、装箱单、普惠制产地证和汇票。

浙江省轻工业品进出口公司
ZHEJIANG LIGHT INDUSTRIAL PRODUCTS I/E CORP.

191 Baochu Road, Hangzhou, China

售货确认书
SALE CONFIRMATION

To:

PEGASUS CANDLE CO., LTD.
1320-5 NISHIACHI-CHO
KURASHIKI CITY, OKAYAMA,
JAPAN

No. ZTE090210
Date DEC. 28, 2008

This sales contract is made between the sellers and buyers whereby the sellers agree to sell and the buyers agree to buy the under-mentioned goods according to the terms and conditions stipulated below:

Description of Goods	Quantity	Unit Price	Amount
WIRE LANTERN		FOB SHANGHAI	
ART. NO. JM1905	720PCS	USD0.86	USD619.20
JM1904	480PCS	USD1.86	USD892.80
JM1894	960PCS	USD0.97	USD931.20
JM1896	960PCS	USD0.98	USD940.80
	3 120PCS		USD 3 384.00

Total Amount in Words SAY U. S. DOLLARS THREE THOUSAND THREE HUNDRED AND EIGHTY FOUR ONLY.

Packing TOTAL PACKED IN 215 CARTONS

Delivery FROM SHANGHAI TO KOBE BY VESSEL

Shipping Mark PEGASUS / LANTERN / KOBE / MADE IN CHINA

Time of Shipment ON OR BEFORE 15 FEB., 2009

Partial Shipment: NOT ALLOWED

Transshipment: NOT ALLOWED

Terms of Payment BY D/P AT SIGHT

Insurance TO BE EFFECTED BY THE BUYER

Documents Required

1. SIGNED COMMERCIAL INVOICE IN TRIPLICATE
2. DETAILED PACKING LIST IN DUPLICATE
3. FULL SET CLEAN ON BOARD OCEAN BILL OF LADING MADE OUT TO ORDER BLANK ENDORSED MARKED FREIGHT PREPAID NOTIFY THE BUYER
4. GSP FORM A IN DUPLICATE

The Seller
Zhejiang Light Industrial Products I/E Corp.
周芳根
签署

The Buyer
Pegasus Candle Co., Ltd.
Kouji Ooue
Signature

图 1—9—11 买卖合同

其他相关资料：

发票号码：SZP09E0204	发票日期：2009 年 2 月 4 日
FROM A 号码：TZG093310410120025	完全国产，无进口成分
提单日期：2009 年 2 月 14 日	交单日期：2009 年 2 月 19 日
制单员：王洁	托收银行：中国银行浙江省分行

包装情况：

JM1905，48 个/箱，件号 1-15，毛、净重：每箱 13/12 千克，体积 72×35×26 厘米/箱

JM1904，12 个/箱，件号 16-55，毛、净重：每箱 12/11 千克，体积 54×41×31 厘米/箱

JM1894，12 个/箱，件号 56-135，毛、净重：每箱 13/12 千克，体积 54×35×24 厘米/箱

JM1896，12 个/箱，件号 136-215，毛、净重：每箱 7/6 千克，体积 61×39×28 厘米/箱

项目10 其他常见单据

在本篇项目1至项目8中，介绍了出口业务的完整流程，项目9中介绍了T/T与D/P两种结算方式结合下的单证填制，前面9个项目已涵盖了出口业务中涉及的主要单证。本项目则主要介绍前面项目中未提到的单证，如国际货物托运书、航空货运单、区域性优惠原产地证明书和随附单据等内容，使读者对常用的一些外贸出口单证有更全面的了解和认识。

任务1　填制国际货物托运书

学习目标

应知目标

熟悉航空运输的托运流程

应会目标

能够根据信用证和/或合同及有关资料缮制国际货物托运书

★ 知识支撑

一、国际货物托运书概述

船公司不接受出口商的直接托运，出口商只能通过货代将货物托运出去。航空运输不同于水路运输，航空公司既接受货代的间接托运，也接受出口商的直接托运。而当危险品出运的时候，航空公司只接受出口商的直接托运，不接受货代的间接托运。

出口商通过货代托运航空运输货物出口时，填写“（出口商）国际货物运输托运单”；直接托运给航空公司时，就填写“国际货物托运书”（见图 1—10—1）。

“国际货物托运书”全称为“SHIPPER'S LETTER OF INSTRUCTION”，简称 SLI。如果出口企业委托货代间接托运，SLI 就由货代填写，如果出口企业向航空公司直接托运，就由出口企业填写。

二、国际货物托运书的缮制

国际货物托运书一般包括 24 项内容，现介绍如下：

（1）货运单号码（No. of AWB）：此栏出口企业不用填写，由货代填写。如果直接托运，此栏留空。

（2）始发站（Airport of Departure）：即起运地。如果直接托运，就写起运地的汉语拼音，如果货代填写，还要加上起运地机场的代码。

（3）到达站（Airport of Destination）：即目的地。如果直接托运，就写目的地的英文，如果货代填写，还要加上目的地的机场代码。如属同名机场，还要填写机场所属城市或国家的名称。

（4）供承运人用（For Carrier Use only）：此栏可以留空，由承运人或货代填写，也可以填写出口企业已经预先订妥的航班及日期。

（5）路线及到达站（Routing and Destination）：此栏出口企业不用填写，仅在没有直达航班的情况下，由货代或航空公司填写。

（6）托运人账号（Shipper's Account Number）：如果是出口企业直接托运，填写出口企业的账号，如果是通过货代间接托运，此栏由货代填写（即填写货代的账号），在 FCA 术语项下也可以留空此栏。

（7）托运人姓名及地址（Shipper's Name and Address）：填写出口企业的英文名称、地址等信息，须与合同或信用证一致。

（8）另行通知（Also Notify）：此栏一般情况下留空，但如果合同或信用证有“被通知人”的要求，可以将“被通知人”的信息填写在此处。

浙江航空开发总公司
ZHEJIANG AIR DEVELOPMENT GENERAL COMPANY
国际货物托运书
SHIPPER'S LETTER OF INSTRUCTION

货运单号码：
No. of AWB：(1)

<table>
<tr><td colspan="4">始发站
AIRPORT OF DEPARTURE
(2)</td><td colspan="4">到达站
AIRPORT OF DESTINATION
(3)</td><td colspan="2">供承运人用（4）
FOR CARRIER USE ONLY</td></tr>
<tr><td colspan="8"></td><td>航班/日期
FLIGHT /DATE</td><td>航班/日期
FLIGHT/DATE</td></tr>
<tr><td colspan="8">路线及到达站（5）
ROUTING AND DESTINATION</td><td></td><td></td></tr>
<tr><td>至
TO</td><td>第一承运人
BY 1ST
CARRIER</td><td>至
TO</td><td>承运人
BY</td><td>至
TO</td><td>承运人
TO</td><td>至
TO</td><td>承运人
BY</td><td colspan="2" rowspan="2">已预留吨位
BOOKED</td></tr>
<tr><td colspan="3">托运人账号（6）
SHIPPER'S ACCOUNT NUMBER</td><td colspan="5">托运人姓名及地址（7）
SHIPPER'S NAME AND ADDRESS</td></tr>
<tr><td colspan="8"></td><td colspan="2" rowspan="4">运费（11）
CHARGES</td></tr>
<tr><td colspan="8">另行通知（8）
ALSO NOTIFY</td></tr>
<tr><td colspan="3">收货人账号（9）
CONSIGNEE'S ACCOUNT NUMBER</td><td colspan="5">收货人姓名及地址（10）
CONSIGNEE'S NAME AND ADDRESS</td></tr>
<tr><td colspan="8"></td></tr>
<tr><td colspan="2">托运人声明的价值（12）
SHIPPER'S DECLARED VALUE</td><td colspan="3" rowspan="2">保险金额（13）
AMOUNT OF INSURANCE</td><td colspan="5" rowspan="2">随附文件（14）
DOCUMENTS TO ACCOMPANY AIR WAYBILL</td></tr>
<tr><td>供运输用
FOR CARRIAGE</td><td>供海关用
FOR CUSTOMS</td></tr>
</table>

件数 NO. OF PACKAGES	实际毛重（千克） ACTUAL G. WEIGHT (KG)	运价类别 RATE CLASS	计费重量 CHARGEABLE WEIGHT	费率 RATE/CHARGE	货物品名及数量（包括体积或尺寸） NATURE AND QUANTITY OF GOODS (INCL. DIMENSIONS OR VOLUME)
(15)	(16)	(17)	(18)	(19)	(20)

在货物不能交付收货人时，托运人指示处理方法（21）
SHIPPER'S INSTRUCTION IN CASE OF INABILITY TO DELIVER SHIPMENT AS CONSIGNED

处理情况（包括包装方式、货物标志及唛码等）（22）
HANDLING INFORMATION (INCL. METHOD OF PACKING, IDENTIFYING MARKS & NUMBERS, ETC.)

托运人证实以上所填全部属实并愿遵守承运人的一切载运章程
THE SHIPPER CERTIFIES THAT THE PARTICULARS ON THE FACE HEREOF ARE CORRECT AND AGREES TO THE CONDITIONS OF CARRIAGE OF THE CARRIER

托运人签字（23） SIGNATURE OF SHIPPER	日期 DATE	经手人（24） AGENT

图 1—10—1 国际货物托运书

（9）收货人账号（Consignee's Account Number）：此栏一般情况下留空。如果是FCA 术语，可由航空公司填写。

（10）收货人姓名及地址（Consignee's Name and Address）：此栏填写收货人的名称、地址、国家等信息，须与合同或信用证一致。因航空货运单不是物权凭证，不能转让（每份航空货运单的右上方都有"Not Negotiable"的字样），所以此栏内不能填写"TO ORDER"或"TO ORDER OF ×××"。在实务中，航空公司可以拒绝运载要求在收货人栏内填写"TO ORDER"或"TO ORDER OF ×××"的货物。

（11）运费（Charges）：此栏填写"FREIGHT PREPAID"（CPT 或 CIP 术语）或"FREIGHT COLLECT"（FCA 术语）。

（12）托运人声明的价值（Shipper's Declared Value）：此栏有两项内容：

1）供运输用：填写出口企业向货代或航空公司办理货物声明价值的金额，一般按发票金额缮制。如果没有办理货物声明价值，就填写"NVD（No Value Declare）"，即没有声明价值。

2）供海关用：此栏所填内容是提供给海关的征税依据，当以出口货物报关单或商业发票征税时，此栏可以留空或填"AS PER INV.（如发票）"。如果货物没有商业价值（如样品），此栏必须填写"NCV（No Commercial Value）"，即没有商业价值。

（13）保险金额（Amount of Insurance）：如果航空公司为托运人代办货物运输保险业务，此栏填写货物的保险金额；如果航空公司不提供此项服务或者托运人不要求，填写"NIL"。

（14）随附文件（Documents to Accompany Air Waybill）：填写出口企业交给航空公司或货代的随同货物一起出运的单据名称，如发票、装箱单等。

（15）件数（No. of Packages）：填写货物的包装件数，如果包装种类不同，应分别填写，并将总件数填写在横线下面。

（16）实际毛重［Actual G. Weight (kg)］：与件数相对应，填写货物的毛重，分别填写时，将总毛重填写在横线下面。与海运不一样的地方是，空运的毛重只保留一位小数，以 0.5 为界，0.5 千克以上进上去，不足 0.5 千克的填写 0.5。

（17）运价类别（Rate Class）：根据航空公司的有关资料（见表 1—10—1），结合出运的货物，按实际填写运价类别代码。

表 1—10—1　　航空运价类别代码

代码	英文全文	解释
M	Minimum Charge	货物的起运费率
N	Normal under 45 kgs Rate	45 千克以下的普通货物的费率
Q	Quantity over 45 kgs Rate	45 千克以上的普通货物的费率。45 千克是航空计费界限，因此称为重量分界点（Weight Break Point）
C	Special Commodity Rate	特种货物费率
R	Reduced Class Rate less than Normal Rate	折扣费率。对少数货物，可按"N"费率给予一定百分比的折扣

续前表

代码	英文全文	解释
S	Surcharged Class Rate more than Normal Rate	加价费率。对少数货物，可按“N”费率加上一定的百分比收取
U	Unit Load Device Basic Charge or Rate	集装箱设备基本运费或运价
E	Unit Load Additional Rate	集装箱设备附加运价
X	Unit Load Device Additional Information	集装箱设备附加说明
Y	Unit Load Discount	集装箱设备折扣

（18）计费重量（Chargeable Weight）：此栏填写货物的实际毛重。若属于“M”费率等级，此栏可空白；若属于按体积计费者，填写计费重量；使用航空集装箱运输时，还要填写航空集装箱的皮重。

知识链接

航空公司按照 1 000 千克等于 6 立方米来折算体积与重量。在货物体积小、重量大时，按实际重量计算；在货物体积大、重量小时，按体积计算。在集中托运时，一批货物由几件不同的货物组成，有轻泡货也有重货。其计费重量则采用整批货物的总毛重或总的体积重量，按两者之中较高的一个计算。

例如，如果某商品总体积 3 立方米，总毛重 600 千克，航空公司就按照 600 千克来计算运费。另一商品总体积也是 3 立方米，但总毛重只有 400 千克，航空公司就不按 400 千克计算运费，而是把 3 立方米折算成 500 千克，按 500 千克来计算运费，这 500 千克就是计费重量。

（19）费率（Rate/Charge）：此栏可以留空，也可以填写实际运费。

（20）货物品名及数量（包括体积或尺寸）[Nature and Quantity of Goods (incl. Dimensions or Volume)]：填写货物的具体名称及数量。货物品名不得填写表示货物类别的统称，如电器、仪器等；鲜活易腐物品、活体动物等及危险品不能作为货物品名，而应填写其标准学术名称。

此栏填写完货物名称后，还要填写每件货物的外包装尺寸或体积，单位分别为厘米和立方米，货物尺寸按其外包装的“长×宽×高×件数”的顺序填写。

（21）在货物不能交付收货人时，托运人指示处理方法（Shipper's Instruction in case of Inability to Deliver Shipment as Consigned）：一般情况下，此栏留空，或填写“由承运人处理”。

（22）处理情况（包括包装方式、货物标志及唛码等）[Handling Information (incl. Method of Packing, Identifying Marks & Numbers, etc.)]：此栏填写货物在运输、中转、装卸和仓储时需要注意的事项；填写货物的包装形式、标志和号码及货物外包装所用的材料。同一票货物如包装不同，要分别写明数量和包装种类，但不能超过航空公司的运输能力。

（23）托运人签字、日期（Signature of Shipper，Date）：直接托运时由出口企业签字或盖章，间接托运时由货代签字或盖章，并填写托运货物的日期。

（24）经手人（Agent）：直接托运时，填写出口企业单证员的姓名；间接托运时，填写货代的具体经办人名字。

工作任务实训

一、任务情境

2009年9月，杭州红袖服饰进出口公司（以下简称红袖公司）出口西班牙972件男式针织化纤起绒套头衫（MAN'S KNITTED ACRYLIC PULLOVER），单价：每件EUR3.90，贸易术语：FCA HANGZHOU，付款方式：电汇，运输方式：空运。

其他相关资料：

合同号：09HS06E0701　　起运地：杭州 HANGZHOU

目的地：马德里 MADRID　　航班/日期：MU5223/2009年9月10日

所附文件：一张商业发票，一张装箱单

装箱情况：每箱36件，共装27箱　　纸箱体积：58×38×30厘米

每箱毛重：18千克　　每箱净重：15.30千克

发货人：HANGZHOU HOPESHOW IMP. AND EXP. COMPANY
1252 GENSHAN ROAD WEST，HANGZHOU，CHINA

收货人：JULIANA S. L.
CL CUENCA 28，28970 HUMANES，MADRID，SPAIN

唛头：JULIANA
09HS06E0701
MADRID
MADE IN CHINA
C/NO.：1-27

二、工作任务

红袖公司的单证员李晓洁根据上述资料填写国际货物托运书。

三、任务实施

红袖公司出口西班牙的套头衫的国际货物托运书缮制如下：

（1）货运单号码：此栏留空。

（2）始发站：填写“HANGZHOU AIRPORT”。

（3）到达站：填写“MADRID AIRPORT”。

（4）供承运人用：此栏可以留空，但如果在托运时红袖公司已知航班号与出口日期，也可以填写“MU5223 / 09.09.10”。

（5）路线及到达站：此栏留空。

（6）托运人账号：此栏留空。

（7）托运人姓名及地址：填写红袖公司的英文名称、地址等信息。

（8）另行通知：此栏留空。

（9）收货人账号：此栏留空。

（10）收货人姓名及地址：此栏填写 JULIANA S. L. 公司的名称、地址等信息。

（11）运费：此栏填写“FREIGHT COLLECT”。

（12）托运人声明的价值：在“供运输用”栏内填写“NVD”，在“供海关用”栏内填写“AS PER INV.”。

（13）保险金额：填写“NIL”。

（14）随附文件：填写“ONE COMMERCIAL INVOICE AND ONE PACKING LIST”。

（15）件数：填写“27”。

（16）实际毛重：填写“486.0”。

（17）运价类别：填写“Q”。

（18）计费重量：填写“486”。

（19）费率：此栏留空。

（20）货物品名及数量（包括体积或尺寸）：此栏除了填写出口货物的具体名称“MAN'S KNITTED ACRYLIC PULLOVER”及数量“972PCS”外，还要填写“DIM.：(58 * 38 * 30) CM * 27”和“VOL.：1.785CBM”，表示共有 27 箱货物，每箱尺码 58×38×30 厘米，合计 1.785 立方米。

（21）在货物不能交付收货人时，托运人指示处理方法：此栏留空。

（22）处理情况（包括包装方式、货物标志及唛码等）：填写货物的唛头。

（23）托运人签字、日期：由红袖公司盖章，并写上 2009 年 9 月 2 日。

（24）经手人：由红袖公司的单证员李晓洁签署。

缮制完毕的国际货物托运书见图 1—10—2。

浙江航空开发总公司
ZHEJIANG AIR DEVELOPMENT GENERAL COMPANY
国际货物托运书
SHIPPER'S LETTER OF INSTRUCTION

货运单号码：
No. of AWB:

始发站 AIRPORT OF DEPARTURE HANGZHOU AIRPORT	到达站 AIRPORT OF DESTINATION MADRID AIRPORT	供承运人用 FOR CARRIER USE ONLY 航班/日期 FLIGHT /DATE MU5223/09. 09. 10	航班/日期 FLIGHT/DATE

路线及到达站 ROUTING AND DESTINATION

至 TO	第一承运人 BY 1ST CARRIER	至 TO	承运人 BY	至 TO	承运人 TO	至 TO	承运人 BY	已预留吨位 BOOKED

托运人账号 SHIPPER'S ACCOUNT NUMBER

托运人姓名及地址 SHIPPER'S NAME AND ADDRESS

HANGZHOU HOPESHOW IMP. AND EXP. COMPANY
1252 GENSHAN ROAD WEST
HANGZHOU, CHINA

运费 CHARGES
FREIGHT COLLECT

另行通知 ALSO NOTIFY

收货人账号 CONSIGNEE'S ACCOUNT NUMBER

收货人姓名及地址 CONSIGNEE'S NAME AND ADDRESS ↓

JULIANA S. L.
CL CUENCA 28，28970 HUMANES
MADRID，SPAIN

托运人声明的价值 SHIPPER'S DECLARED VALUE 供运输用 FOR CARRIAGE: NVD 供海关用 FOR CUSTOMS: AS PER INV.	保险金额 AMOUNT OF INSURANCE NIL	随附文件 DOCUMENTS TO ACCOMPANYAIR WAYBILL ONE COMMERCIAL INVOICE AND ONE PACKING LIST

件数 NO. OF PACKAGES	实际毛重（千克）ACTUAL G. WEIGHT（KG）	运价类别 RATE CLASS	计费重量 CHARGEABLE WEIGHT	费率 RATE/CHARGE	货物品名及数量（包括体积或尺寸）NATURE AND QUANTITY OF GOODS（INCL. DIMENSIONS OR VOLUME）
27	486.0	Q	486		MAN'S KNITTED ACRYLIC PULLOVER 972PCS DIM.：（58＊38＊30）CM＊27 VOL.：1.785CBM

在货物不能交付收货人时，托运人指示处理方法
SHIPPER'S INSTRUCTION IN CASE OF INABILITY TO DELIVER SHIPMENT AS CONSIGNED

处理情况（包括包装方式、货物标志及唛码等）
HANDLING INFORMATION（INCL. METHOD OF PACKING，IDENTIFYING MARKS & NUMBERS，ETC.）
MARKS AND NOS：
JULIANA
09HS06E0701
MADRID
MADE IN CHINA
C/NO.：1-27

杭州红袖服饰进出口公司托运专用章

托运人证实以上所填全部属实并愿遵守承运人的一切载运章程
THE SHIPPER CERTIFIES THAT THE PARTICULARS ON THE FACE HEREOF ARE CORRECT AND AGREES TO THE CONDITIONS OF CARRIAGE OF THE CARRIER

托运人签字 SIGNATURE OF SHIPPER	日期 DATE 2009 年 09 月 02 日	经手人 AGENT 李晓洁

图 1—10—2　国际货物托运书实例

? 训练测试题目

浙江外贸进出口公司有48件女式套头毛衣样品要空运给美国客户，请根据下列相关资料缮制国际货物托运书。

Shipper's Name & Address：ZHEJIANG FOREIGN TRADE IMP. AND EXP. CORP.
15/18F.，ZHEJIANG AAA BLDG.，123 BBB ROAD
HANGZHOU，CHINA

Consignee's Name & Address：ABC COMPANY LIMITED
BLUE BIRD STREET，N. Y. CITY
NEW YORK，U. S. A.

Airport of Departure：HANGZHOU AIRPORT

Airport of Destination：JOHN KENNEDY AIRPORT N. Y.

Flight /Date：CA253 / 23 JUN.，2009

Shipper's Account Number：CNZH123456789

Charges：FREIGHT PREPAID

Documents to Accompany AWB：ONE COPY OF INVOICE AND PACKING LIST

No. of Pkgs：1 CARTON

Actual Gross Weight：14 KGS

Rate / Charge：CNY65.00

Nature and Quantity of Goods：LADIES' KNITTED WOOL JUMPERS

Dimensions：58×50×34 CMS

Volume：0.0986 CBM

Marks & Nos：ABC
09ZFE090602
JEK N. Y.
NO. 1-1

经手人：陈莉

日期：2009年6月16日

任务2 填制（确认）航空货运单

➡ 学习目标

应知目标

掌握航空货运单的性质和作用

应会目标

熟悉航空货运单的具体内容，能够根据具体的业务情况完成航空货运单的填制

★ 知识支撑

一、航空货运单概述

(一) 航空货运单的含义

航空货运单（Air Waybill，简称 AWB）是航空运输公司及其代理人（承运人）签发给发货人（托运人）表示已收妥货物并接受托运的货物收据。航空货运单也是承运人与托运人之间的运输合同，但它不是物权凭证，既不能背书转让（运单右上方印有“Not Negotiable”字样），也不能凭以提货。

(二) 航空货运单的作用

(1) 航空货运单是航空货物运输条件及合同订立和承运人接受货物的初步证据。

(2) 航空货运单是货物交付后的收据和银行结汇单据之一。

(3) 航空货运单是运费结算凭证及运费收据。

(4) 航空货运单是承运人在货物运输组织全过程中运输货物的依据。

(5) 航空货运单是保险的证明。

(6) 航空货运单是国际进、出口商办理货物清关的证明文件。

二、航空货运单的分类

(一) 航空主运单

凡由航空公司签发的航空货运单均称为主运单（Master Air Waybill，MAWB)。它是航空公司据以办理货物运输和交付的依据，是航空公司和托运人订立的运输合同。

(二) 航空分运单

航空货运代理公司在集中托运货物时，要从各个托运人处收取货物，在收取货物时，需要给托运人一个凭证，这个凭证就是航空分运单（House Air Waybill，HAWB)。航空分运单表明托运人把货物交给了代理人，代理人收到了托运人的货物，它是代理人和发货人交接货物的凭证。代理人可以自己签发航空分运单，不受航空公司的限制，但通常要按照航空主运单的格式来制作。

在实务中，绝大多数用于结汇的航空货运单是航空分运单。

知识链接

航空货运单一般一式十二联，其中三联正本、六联副本、三联额外副本。正本第一份“ORIGINAL 1（FOR ISSUING CARRIER）”，由航空公司留存，作为记账凭证；第二份“ORIGINAL 2（FOR CONSIGNEE）”，随飞机转交给收货人，作为核收货物的依据；第三份“ORIGINAL 3（FOR SHIPPER）”，交给发货人，是承运人或其代理人接收货物的依据。虽然正本签发三份，但出口商只能拿到一份正本，所以银行也允许提交一份正本，即使信用证要求“整套”。

三、航空货运单的缮制

航空货运单与海运提单一样，各个航空公司有各自的格式，但内容大同小异。现以浙江航空开发总公司的航空货运单（见图 1—10—3）为例，说明航空货运单的缮制。

（1）航空货运单编号（Air Waybill Number）：由航空公司的电脑自动生成，在货运单的左上角或右下角。编号前三位一般是各国航空公司的代号，如中国民航的代号为 999，日本航空公司的代号为 131 等。第四位至第十位数字表示货运单序号，最后一位是检验号。例如：999-ZAD-36817184。

（2）发货人名称及地址（Shipper's Name and Address）：信用证结算时一般填写受益人名称，托收结算时一般填写合同卖方的名称、地址，若信用证或合同另有规定，则按照要求填写。

（3）发货人账号（Shipper's Account Number）：在实务中一般留空不填。

（4）收货人名称及地址（Consignee's Name and Address）：信用证结算时一般填写开证申请人名称，托收结算时一般填写合同买方的名称、地址。若信用证或合同另有规定，则按照要求填写。另外，此栏必须做成记名抬头，不允许填写“To order”或“To order of ×××”，如果信用证有此要求，应事先修改信用证。

（5）收货人账号（Consignee's Account Number）：在实务中一般留空不填。

（6）签发货运单的承运人的代理人名称及城市（Issuing Carrier's Agent Name and City）：若运单由承运人的代理人签发，可填写实际代理人名称及城市名，如果运单直接由承运人签发，此栏可以留空不填。

999-ZAD-36817184 (1)

House Waybill Number
ZAD-

Shipper's Name and Address (2)	Shipper's Account Number (3)	Not Negotiable **Air Waybill*** (Air Consignment Note) Issued by the Carrier: ***China ZAD*** 浙江航空开发总公司 **ZHEJIANG AIR DEVELOPMENT GENERAL COMPANY**
Consignee's Name and Address (4)	Consignee's Account Number (5)	Copies 1, 2 and 3 of this air waybill are originals and have the same Validity. It is agreed that the goods described here are accepted in apparent good order and condition (except noted) for carriage subject to the condition of contract on the reverse hereof the shipper's attention is drawn of the notice concerning carrier's limitation of liability. Shipper may increase such limitation by declaring a higher value for carriage and paying a supplement charge if required.
Issuing Carrier's Agent Name and City (6)		
Agent's IATA Code (7)	Account No. (8)	Accounting Information (10)
Airport of Departure and Requested Routing (9)		

To	By First Carrier	Routing & Destination (11)	To	By Second Carrier	To	By Third Carrier	Currency (12)	CHGS Code (13)	WT/VAL (14)		Other (15)		Declared Value for Carriage (16)	Declared Value for Customs (17)
									PPD	COLL	PPD	COLL		

Airport of Destination (18)	Flight/Date (19)	For Carrier Use Only	Flight/Date	Amount of Insurance (20)	INSURANCE if shipper requests insurance in accordance with conditions on reverse hereof indicate amount to be insured in figures in box marked "amount of insurance".

Handling Information (21)

No. of Piece RCP	Gross Weight	Kg/Lb	Rate Class/Commodity Item No.	Chargeable Weight	Rate/Charge	Total	Nature and Quantity of Goods (incl. Dimensions or Volume)
(22)	(23)	(24)	(25) / (26)	(27)	(28)	(29)	(30)

Prepaid		Collect	
Prepaid	Weight Charge (31)	Collect	Other Charges (43)
Prepaid	Valuation Charge (32)	Collect	
Prepaid	Tax (33)	Collect	Shipper certifies that the particulars on the face hereof are correct and that insofar as any part of the consignment contains restricted articles, such part is properly described by name and is in proper condition for carriage by air according to the Applicable Dangerous Goods Regulations.
Prepaid	Total Other Charges Due Agent (34)	Collect	
Prepaid	Total Other Charges Due Carrier (35)	Collect	
Total Prepaid (36)		Total Collect (37)	Signature of Shipper or its Agent (44) Executed on (45) at
Currency Conversion Rate (38)		CC Charges in Dest. Currency (39)	Signature of Issuing Carrier or its Agent (46)
For Carrier Use only at Dest. (40)		Charges at Destination (41)	Total Collect Charges (42)

ZAD-

ORIGINAL 3 (FOR SHIPPER)

图 1—10—3 航空货运单

（7）代理人国际航空运输协会代号（Agent's IATA Code）：IATA 系国际航空运输协会（International Air Transport Association）的缩写，在实务中一般留空不填。

（8）代理人账号（Account No.）：填写代理人账号，供承运人结算时使用。在实务中一般留空不填，除非承运人要求填写。

（9）始发站机场和指定航线（Airport of Departure and Requested Routing）：填写始发站机场名称和所要求的运输路线，在实务中，一般仅填写始发站机场名称或代码及所在城市的名称或代码。

（10）财务说明（Accounting Information）：填写运费缴付方式及其他财务说明事项，如运费预付（FREIGHT PREPAID）、运费到付（FREIGHT COLLECT）或托运人结算使用信用卡号码、账号等。货物到达目的站无法交付收货人而需要退回的，应将原始货运单号码填入此栏。

（11）运输路线和目的站（Routing & Destination）：如果是直达运输的，就在第一个“To”下方填写目的站机场代码，在“By First Carrier”下方填写第一承运人的代码。

如果是经过转运的，就分别在后面的“By”下方填写第二、第三承运人的代码，在后面的“To”下方填写第二、第三个机场代码，当该城市有多个机场而不知道机场名称时，也可填写城市代码。

（12）货币（Currency）：填写始发站所在国的货币代码，如 CNY、USD、HKD 等。

（13）运费代号（CHGS. Code）：一般不需填写，仅供电子传送货运单信息时使用。

（14）航空运费（WT/VAL）：WT 全文是 Weight Charge，指根据货物计费重量乘以适用的运价收取的运费；VAL 全文是 Valuation Charge，是指下列第 16 栏向承运人声明了价值时，必须与运费一起交付的声明价值费。在“PPD”栏内填写“P”或“×”表示预付，在“COLL”栏内填写“C”或“×”表示到付。

（15）其他费用（Other）：也有“PPD”和“COLL”两小栏，在“PPD”栏内填写“P”或“×”表示预付，在“COLL”栏内填写“C”或“×”表示到付。

（16）运费申报价值（Declared Value for Carriage）：填写托运人向承运人声明的货物保价金额，一般可以按照发票金额填写；如果托运人不声明保价，则填“NVD（No Value Declared)”。

（17）海关申报价值（Declared Value for Customs）：即托运人向海关申报的货物商业价值，是提供给海关的征税依据。当以出口货物报关单或商业发票作为征税依据时，本栏填写“AS PER INVOICE”，如果空运的货物是样品，可以填写“NCV（No Commercial Value)”。

（18）目的站机场（Airport of Destination）：填制最后目的站机场的代码。机场名称不明确时可填城市代码，如果城市名称有重名，应加上国名代码。如目的站为“悉尼”，须加上国名以区别，填写“SYD，AU”（澳大利亚悉尼），或“SYD，CA”（加拿大悉尼）。

（19）航班与日期（仅供承运人使用）[Flight/Date（For Carrier Use Only)]：即飞机航班号及实际起飞日期，一般不需填写。本栏即使填写，所填内容也只能供承运人使用，该起飞日期不能视为货物的装运日期，货物的装运日期一般以航空货运单上的签发日期为准。

(20) 保险金额 (Amount of Insurance): 如果承运人向托运人提供代办货物保险业务，此栏填写货物的保险金额；如果承运人不提供此项服务或托运人不要求投保，可填"NIL"或"***"。

(21) 运输处理注意事项 (Handling Information)。填写所需要注明的内容。

1) 当货物为危险品时，分两种情况处理：

第一，需要附托运人的危险品申报单的货物，填写"附托运人的申报 (Dangerous Goods as per Attached Shipper's Declaration)"和"只能装货机 (Cargo Aircraft only)"。

第二，不要附托运人的危险品申报单的货物，填写"不需托运人申报 (Shipper's Declaration Not Required)"。

2) 当货物中既有危险品又有非危险品时，危险品填写第一项。当然，这种危险品必须是不需要申报单的，否则，不能放在一起托运。

3) 其他注意事项：

第一，包装情况，如唛头、包装方式等。

第二，飞机随带的有关商业单据名称，如发票、装箱单等。

第三，被通知人 (如果有) 的名称、地址、城市、国名等。

第四，托运人对货物在途时的某些特别指示等。

第五，海关规定等。

(22) 件数 (No. of Piece RCP): 填写空运货物的总包装件数，RCP 是"Rate Combination Point"的缩写，即运价组合点。如果使用非公布直达运价计算运费，在件数的下方须填写运价组合点城市的代码。

(23) 毛重 (Gross Weight): 填写空运货物的实际毛重，以千克为单位时可保留小数点后一位。

(24) 重量单位 (Kg/Lb): 填写空运货物重量的计量单位。以千克为单位时用代号"K"，以磅为单位时用代号"L"。

(25) 费率等级 (Rate Class): 填写所采用的货物运价种类的代码。费率等级代号有："M"、"N"、"Q"、"C"、"R"、"S"等，具体的代码含义参见本项目任务 1 中的表 1—10—1。

(26) 商品品名编号 (Commodity Item No.): 在实务中一般留空不填。

(27) 计费重量 (Chargeable Weight): 当空运的货物是泡货 (1 000 千克大于 6 立方米) 时，填写按体积折算过来的货物的重量。例如，某货物 6.60 立方米，毛重 1 000 千克，航空公司按照 1 100 千克计收运费，这 1 100 千克就是计费重量。

(28) 运价/运费 (Rate/ Charge): 填写实际计费的费率。在实务中常填写"PREPAID AS ARRANGED"或者"COLLECT AS ARRANGED"。

(29) 运费总额 (Total): 填计收运费的总额，即计费重量与费率的乘积。在实务中常填写"AS ARRANGED"。

(30) 货物品名和数量 (包括体积或容积) [Nature and Quantity of Goods (incl. Dimensions or Volume)]: 填写空运货物的名称、数量及外包装尺码，应注意以下几项内容：

1）当空运的货物中含有危险货物时，应分别填写，并把危险品填写在第一项。

2）当空运的货物中有活动物时，应根据 IATA 关于活动物运输的规定填写。

3）对于集合货物，填写“CONSOLIDATION AS PER ATTACHED LIST”，并提供集合包装的清单。

4）货物的体积表示为“长＊宽＊高”，如“DIMS：30＊25＊20cm”。

5）当合同或信用证要求表明货物产地时，可在此栏填写“MADE IN CHINA”。

（31）计重运费（预付/到付）［Weight Charges（Prepaid / Collect）］：在对应的“预付”或“到付”栏内填入按重量计算的运费金额，应与上述第 29 栏（如果填写了的话）内的金额一致。但在实务中，常填写“AS ARRANGED”。

（32）声明价值附加费（Valuation Charge）：如果托运人对托运的货物进行了保价声明，则在对应的“预付”或“到付”栏内填入声明价值附加费金额，其计算公式为：

声明价值附加费金额＝（声明价值－实际毛重×最高赔偿额）×0.5％

如果托运人没有保价声明，此栏可以留空。

（33）预付税款（Tax）：在对应的“预付”或“到付”栏内填入适用的税款，在实务中常填写“AS ARRANGED”或者留空不填。

（34）由代理人收取的其他费用（Total Other Charges Due Agent）：在对应的“预付”或“到付”栏内填入由承运人收取的其他费用的总和，在实务中常留空不填。

（35）由承运人收取的其他费用（Total Other Charges Due Carrier）：在对应的“预付”或“到付”栏内填入由承运人收取的其他费用的总和，在实务中常留空不填。

（36）预付费用总额（Total Prepaid）：填写上述第 31 栏至第 35 栏各项预付费用之和，也可以填写“AS ARRANGED”。

（37）到付费用总额（Total Collect）：填写上述第 31 栏至第 35 栏各项到付费用之和，也可以填写“AS ARRANGED”。

（38）货币兑换比价（Currency Conversion Rate）：填写目的站机场所在国家的货币代码及兑换比率，在实务中常留空不填。

（39）用目的站国家货币付费（CC Charges in Dest. Currency）：填写目的站机场所在国家货币到付的费用总金额，在实务中常留空不填。

（40）仅供承运人在目的站使用（For Carrier Use only at Dest.）：在实务中常留空不填。

（41）在目的站的费用（Charges at Destination）：填写最后承运人在目的站发生的费用金额（包括利息等），在实务中常留空不填。

（42）到付费用总额（Total Collect Charges）：填写所有到付费用的总金额，CIP 和 CPT 贸易术语出口时此栏也可以留空不填。

（43）其他费用（Other Charges）：填写始发站运输中发生的其他费用，若无费用，则可以留空不填。如果费用是承运人收取的，用 C 表示；如果是代理人收取的，用 A 表示。例如：AWC：50.00，表明代理人收取制单费 50 元。常见的其他费用代码见表 1—10—2。

表 1—10—2 **常见的其他费用代码**

英文缩写	英文全文	中文意思
AC	Animal Container	动物容器费
AS	Assembly Service Fee	集装服务费
AW	Air Waybill Fee	航空货运单费
DF	Distribution Service	分发服务费
FC	Charges Collect Fee	运费到付手续费
PK	Packaging	包装服务费
RA	Dangerous Goods Surcharge	危险品处理费
SD	Surface Charge Destination	目的站地面费
SO	Storage Charge Origin	始发站地面费
SR	Storage Destination	目的站保管费
TR	Transit Charge	过境费
UH	ULD Handling	集装设备处理费
WC	Writing Documents Charge	制单费

（44）托运人或其代理人签名（Signature of Shipper or its Agent）：印就一段文字，意思是保证所托运的货物并非危险品，结尾处由托运人或其代理人签署。但在实务中，即使托运的货物是危险品，此栏也往往留空不填。

（45）日期和地点［Executed on（时间）at（地点）］：填写出具航空货运单的日期和地点。本栏所表示的日期为签发日期，按年、月、日顺序填写。根据《UCP600》的规定，航空货运单的签发日期被视为发运日期，除非空运单据载有专门批注注明实际发运日期，此时航空货运单的签发日期被视为出具日期。例如：信用证规定最晚的发运日期是 2009 年 7 月 30 日，某航空货运单的签发日期是 2009 年 7 月 31 日，但标注注明实际航班号日期为：MU501/30 JULY 2009，则这张航空货运单发运日期被视为 2009 年 7 月 30 日，这张航空货运单是符合信用证的。但是上述第 19 栏中仅供承运人使用的航班与日期不能作为发运日期。

（46）承运人或代理人签字（Signature of Issuing Carrier or its Agent）：签单以后正本航空货运单方能生效。当航空货运单以代理人身份签章时，如同提单一样，需在签章处加注“AS AGENTS FOR THE CARRIER：ABC AIR LINES”；承运人签章则加注“AS CARRIER”。

注意：在实务中，上述各栏内容不一定要全部填写，在后面的“工作任务实训”中读者可看到，很多栏目是可以空白不填的。

工作任务实训

一、任务情境

在本项目任务 1 中，杭州红袖服饰进出口公司出口西班牙 972 件男式针织化纤起绒套头衫（MAN'S KNITTED ACRYLIC PULLOVER），该公司单证员李晓洁已缮制好国际货物托运书，其他相关资料还有：

其他费用 AWC：50.00（制单费） RATE：CNY31.20/KG
杭州机场代码：HGH 马德里机场代码：MAD
承运人代码：ZAD 贸易术语：FCA

二、工作任务

航空公司根据红袖公司的国际货物托运书缮制完航空货运单后，传真给红袖公司，李晓洁进行航空货运单的确认审核。

三、任务实施

航空货运单缮制如下：

第 1 栏：航空公司电脑自动生成。
第 2 栏：填写红袖公司的英文名称与地址。
第 3 栏：留空不填。
第 4 栏：填写西班牙收货人的名称与地址。
第 5 栏：留空不填。
第 6 栏：填写“ZHEJIANG AIR DEVELOPMENT GENERAL COMPANY”。
第 7 栏和第 8 栏：留空不填。
第 9 栏：填写“HANGZHOU CHINA”。
第 10 栏：填写“FREIGHT COLLECT”。
第 11 栏：在第一个“To”下方填写马德里机场代码“MAD”，在“By First Carrier”下方填写第一承运人的代码“ZAD”。
第 12 栏：填写“CNY”。
第 13 栏：留空不填。
第 14 栏：在 COLL 对应栏中填写“C”或者打“×”。
第 15 栏：在 COLL 对应栏中填写“C”或者打“×”。
第 16 栏：填写“NVD”。
第 17 栏：填写“AS PER INVOICE”。
第 18 栏：填写“MADRID SPAIN”。
第 19 栏：填写“MU5223/10 SEP.，2009”。
第 20 栏：填写“NIL”。
第 21 栏：留空不填。
第 22 栏：填写“27”。
第 23 栏：填写“486.0”。
第 24 栏：填写“K”。
第 25 栏：填写“Q”。
第 26 栏：留空不填。
第 27 栏：填写“486”，并在下方填写唛头。

第 28 栏：填写“31.2”。

第 29 栏：因为 486 乘以 31.2 是 15 163.20，所以填写“15 163.20”。

第 30 栏：填写品名、数量、纸箱尺码与货物总体积。

第 31 栏至第 32 栏：在 COLLECT 下方填写“AS ARRANGED”。

第 33 栏至第 36 栏：留空不填。

第 37 栏：填写“AS ARRANGED”。

第 38 栏至第 41 栏：留空不填。

第 42 栏：填写 29 栏和 43 栏的数字之和，即“15 163.20＋50＝15 213.20”。

第 43 栏：填写“AWC：50.00”。

第 44 栏：留空不填。

第 45 栏：在 ON 后面填写“10 SEP.，2009”，在 AT 后面填写“HANGZHOU”。

第 46 栏：承运人签署盖章，并加注 AS CARRIER。

缮制完毕的航空货运单见图 1—10—4。

训练测试题目

上海晨光进出口有限公司出口全棉 T 恤到美国，运输方式为空运。请根据下面信用证条款的主要内容及有关制单资料，填制航空货运单。

部分信用证：

FROM：WELLS FARGO BANK，N. A. J. CITY OF INDUSTRY，CA

TO：HONGKONG AND SHANGHAI BANKING CORP.，SHANGHAI

20：DOCUMENTARY CREDIT NUMBER
　HUN300099

31C：DATE OF ISSUE
　20090730

31D：DATE AND PLACE OF EXPIRY
　20090830 CHINA

50：APPLICANT
　OTI CO.，LTD.
　3790 FORDYCE AVE.
　CARSON. N. Y. 2638

59：BENEFICIARY
　SHANGHAI CHEN GUANG IMP. AND EXP. CO.，LTD.
　127 SIPING ROAD
　SHANGHAI，CHINA

32B：CURRENCY CODE AMOUNT
　USD 23 040.00

……

43P：PARTIAL SHIPMENTS
　NOT ALLOWED

43T：TRANSHIPMENT
　NOT ALLOWED

44E：PORT OF LOADING
SHANGHAI AIRPORT
44F：PORT OF DISCHARGE
NEW YORK AIRPORT

999ZAD-23148912

House Waybill Number
ZAD-11724

Shipper's Name and Address	Shipper's Account Number
HANGZHOU HOPESHOW IMP. AND EXP. COMPANY 1252 GENSHAN ROAD WEST HANGZHOU, CHINA	

Not Negotiable
Air Waybill*
(Air Consignment Note)
Issued by the Carrier：

China ZAD

浙江航空开发总公司

ZHEJIANG AIR DEVELOPMENT GENERAL COMPANY

Consignee's Name and Address	Consignee's Account Number
JULIANA S. L. CL CUENCA 28, 28970 HUMANES MADRID, SPAIN	

Copies 1, 2 and 3 of this air waybill are originals and have the same Validity.

It is agreed that the goods described here are accepted in apparent good order and condition (except noted) for carriage subject to the condition of contract on the reverse hereof the shipper's attention is drawn of the notice concerning Issuing Carrier's Agent Name and City carrier's limitation of liability. Shipper may increase such limitation by declaring a higher value for carriage and paying a supplement charge if required.

Issuing Carrier's Agent Name and City
ZHEJIANG AIR DEVELOPMENT GENERAL COMPANY

Agent's IATA Code	Account No.

Airport of Departure and Requested Routing
HANGZHOU CHINA

Accounting Information
FREIGHT COLLECT

To	By First Carrier	Routing & Destination	To	By Second Carrier	To	By Third Carrier	Currency	CHGS Code	WT/VAL PPD	WT/VAL COLL	Other PPD	Other COLL	Declared Value for Carriage	Declared Value for Customs
MAD	ZAD						CNY			×		×	NVD	AS PER INV.

Airport of Destination	Flight/Date	For Carrier Use only	Flight/Date	Amount of Insurance
MADRID SPAIN	MU5223/10 SEP., 2009			NIL

INSURANCE if shipper requests insurance in accordance with conditions on reverse hereof indicate amount to be insured in figures in box marked "amount of insurance".

Handling Information

No. of Piece RCP	Gross Weight	Kg/Lb	Rate Class/Commodity Item No.	Chargeable Weight	Rate/Charge	Total	Nature and Quantity of Goods (incl. Dimensions or Volume)
27	486.0	K	Q	486	31.20	15 163.20	MAN'S KNITTED ACRYLIC PULLOVER

MARKS & NO.：
JULIANA
09HS06E0701
MADRID
MADE IN CHINA
C/NO.：1-27

927PCS
DIM.：(58 * 38 * 30) CM * 27
VOL.：1.785CBM

Prepaid	Weight charge	Collect
		AS ARRANGED
Prepaid	Valuation charge	Collect
		AS ARRANGED
Prepaid	Tax	Collect
Prepaid	Total Other Charges Due Agent	Collect
Prepaid	Total Other Charges Due Carrier	Collect

Other charges
AWC：50.00

Shipper certifies that the particulars on the face hereof are correct and that insofar as any part of the consignment contains restricted articles, such part is properly described by name and is in proper condition for carriage by air according to the Applicable Dangerous Goods Regulations.

浙江航空开发总公司(章)

Total Prepaid	Total Collect
	AS ARRANGED
Currency Conversion Rate	CC Charges in Dest. Currency
For Carrier Use only at Dest.	Charges at Destination

Signature of Shipper or its Agent
ZHEJIANG AIR DEVELOPMENT GENERAL COMPANY AS CARRIER 周源（章）
Executed on 10 SEP., 2009 at HANGZHOU
Signature of Issuing Carrier or its Agent

Total Collect Charges
15 213.20

ZAD-11724

ORIGINAL 3 (FOR SHIPPER)

图 1—10—4 航空货运单实例

44C：LATEST DATE OF SHIPMENT
20090817
45A：DESCRIPTION OF GOODS AND/OR SERVICES
5760 PCS 100 PCT COTTON T-SHIRT AS PER BUYER'S PURCHASE'S CONTRACT
USD4.00/PC CPT NEW YORK
46A：DOCUMENTS REQUIRED
+SIGNED CLEAN AIR WAYBILL CONSIGNED TO Q. T. SERVICE GROUP INC. CHEETHAM HILL ROAD NEW YORK，2160 U. S. A. NOTIFY APPLICANT INDICATING THIS LETTER OF CREDIT NUMBER
+ BENEFICIARY'S CERTIFICATE CERTIFYING THAT ONE SET OF ORIGINAL DOCUMENTS ACCOMPANY THE GOODS (FOR AIR SHIPMENT ONLY)
……

其他相关资料：
航空货代：SHANGHAI WIL-CAN CARGO AGENCY LTD.
中文：上海维嘉货运代理有限公司，代码 SWH
始发站：上海浦东国际机场（PVD）
目的站：纽约拉瓜地亚机场（LGA）
预定航班号与起飞日期：CA921/16 AUG.，2009
唛头：OTI CO
SH030926
NEW YORK
C/NO. 1-120
包装：ONE PC IN ONE PLASTIC BAG，48 PCS IN ONE CARTON
毛重：24 千克/箱
净重：22 千克/箱
体积：72×45×22 厘米/箱
运单上明示：THIS SHIPMENT CONTAINS NO SOLID WOOD PACKING MATERIALS
总运单号码：232 CAN 8652 2026
分运单号码：WAN-0503221
Rate Class 栏目：R
实际起飞日期：2009 年 8 月 17 日
运单签发日期：2009 年 8 月 17 日
制单费：50.00

任务 3 填制（申请）其他产地证

学习目标

应知目标

熟悉区域性优惠原产地证明书的定义与种类

应会目标

能够根据信用证和/或合同及有关资料缮制区域性优惠原产地证明书

知识支撑

随着改革开放的深入，我国与世界各国的经济贸易交往越来越频繁，贸易量已位居世界前列。为进一步扩大对外贸易规模，实现“双赢”战略，近几年来，我国与许多区域性经济集团进行了多轮谈判并达成协议，双方在减让清单中的产品可享受比最惠国税率更为优惠的关税税率。这种关税优惠是相互的，与发达国家给予发展中国家的普遍的、非互惠的、非歧视的普惠制有所不同。它是互惠互利的“有价证券”，是开启国际市场的“金钥匙”。无论是我国从指定国家进口货物，还是我国的产品出口到指定国家去，进口商都可以凭区域性优惠原产地证明书减免进口关税。

截至 2011 年我国所使用的区域性优惠原产地证明书有：亚太贸易协定原产地证明书(Form B)、中国—东盟自由贸易区优惠原产地证明书（Form E)、中国—智利自由贸易区优惠原产地证明书（Form F)、中国—巴基斯坦自由贸易区优惠原产地证明书（Form P)、中国—新西兰自由贸易区优惠原产地证明书（Form N)、中国—新加坡自由贸易区优惠原产地证明书（Form X)、中国—秘鲁自由贸易区优惠原产地证明书（Form R)、中国—哥斯达黎加自由贸易区优惠原产地证明书（Form L)、CEPA 原产地证书、ECFA 原产地证书。本书主要介绍 Form B 和 Form E 两种原产地证明书，对其他原产地证明书只进行简单说明。

一、亚太贸易协定原产地证明书

(一) 亚太贸易协定原产地证明书介绍

亚太贸易协定原产地证明书［Certificate of Origin Asia-Pacific Trade Agreement (Combined Declaration and Certificate)］，因为证书号的首字母是B，所以也称Form B。我国出口货物在亚太贸易协定成员国通关时，进口商凭我国检验检疫机构签发的Form B可获得关税减免的优惠待遇；我国从亚太贸易协定成员国进口货物时，如果我国进口商持有上述出口国有关当局签发的Form B，也可以减免进口关税。

空白亚太贸易协定原产地证明书（正面）见图1—10—5。

(二) 亚太贸易协定原产地证明书的申领

根据我国现行的规定，出口企业最迟于货物报关出运前5天向签证机构申请办理亚太贸易协定原产地证明书（Form B)，并严格按照签证机构的要求，真实、完整、正确地提供以下材料：

(1) 提供规定格式并已缮制的亚太贸易协定原产地证明书申请书一份。

(2) 提供缮制完毕的亚太贸易协定原产地证明书（Form B）一套。

(3) 提供出口货物的商业发票正本一份。

(4) 签证机构认为必要的其他证明文件，如“加工工序清单”等。

(5) 如果出口商品含有进口成分，应交“含进口成分受惠商品成本明细单”一式两份。

由于目前各地出入境检验检疫机构采取B2G的网上申领方式，因此出口企业可以省略提供上述材料中的（1）和（3）或（4)。但是如果出口商品含有进口成分，出口企业必须提交（5)。

(三) 亚太贸易协定原产地证明书的缮制

我国出入境检验检疫机构签发的亚太贸易协定原产地证明书（Form B）由粉红色正本一份和白色副本两份组成，共十二栏，各栏的填写方法如下：

(1) 证书号码（Reference No.)。

例如：证书号B093300000120039是注册号为330000012的出口企业2009年办理的第39票证书。

签署机构已经签发的证书，申报单位如需要更改，须提出更改申请，并退还原签发证书。更改证的号码与新证的编码规则一致，但改变流水号。如原签发的证书遗失，经签证当局重发证书，重发证的号码与新证的编码规则一致，但改变流水号。

(2) 第1栏：出口商的名称、地址、国别［Goods Consigned from (Exporter's Business Name, Address, Country)］。

例如：HANGZHOU ABC IMP AND EXP CO., LTD, NO. 201 JIEFANG ROAD,

HANGZHOU，ZHEJIANG CHINA。

1. Goods consigned from
(Exporter's business name，address，country)

Reference No.

CERTIFICATE OF ORIGIN

Asia-Pacific Trade Agreement

(Combined Declaration and Certificate)

Issued in **THE PEOPLE'S REPUBLIC OF CHINA**

(Country)

2. Goods consigned to
(Consignee's business name，address，country)

3. For official use

4. Means of transport and route

5. Tariff item number	6. Marks and numbers on packages	7. Number and kind of packages/description of goods	8. Origin criterion (see notes overleaf)	9. Gross weight or other quantity	10. Number and date of invoice

11. Declaration by the exporter
The undersigned hereby declares that the above details and statement are correct；that all the goods were produced in

CHINA

(Country)

and that they comply with the origin requirements specified for these goods in the Asia-Pacific Trade Agreement for goods exported to

(Importing Country)

Place and date，signature of authorized signatory

12. Certification
It is hereby certified，on the basis of control carried out，that the declaration by the exporter is correct.

Place and date，signature and stamp of certifying authority

图 1—10—5　亚太贸易协定原产地证明书（Form B）

注意：此栏是带有强制性的，应填写中国境内的出口商详细地址，包括街道名称、门牌号码等。出口商必须是已办理产地注册的企业，且公司英文名称应与检验检疫局注册备案的一致。此栏切勿出现我国香港、台湾等中间商。

（3）第 2 栏：收货人的名称、地址、国家［Goods Consigned to（Consignee's Business Name，Address，Country)]。

例如：DEF CO.，LTD.，803 LT BLDG，693-2，GOLAN-DONG，NANTONG-KU，INCHON，KOREA。

注意：一般应填亚太贸易协定成员国最终收货人名称，即信用证上规定的提单通知人或特别声明的收货人，不能填我国香港、澳门、台湾等其他中间商的名称。在特殊情况下，此栏也可填上“TO ORDER”或“TO WHOM IT MAY CONCERN”。

(4) 第 3 栏：供签证当局使用（For Official Use)。

此栏由签证当局填写，申请单位应将此栏留空。签证当局根据实际情况，填写如下有关内容：

1) 如属“后发”证书，签证当局会在此栏加打“Issued Retrospectively”。

2) 如属重发证书，签证当局会在此栏注明原发证书的编号和签证日期，并声明原发证书作废，填写如下：此证书是某月某日签发的某证书（号码为……）的副本，原证书已作废（This certificate is in replacement of Certificate of Origin No.… dated… which is cancelled)，并盖上“副本（Duplicate)”的红色印章。

(5) 第 4 栏：运输方式与路线（Means of Transport and Route)。

例如：FROM SHANGHAI TO INCHON BY SEA。

注意：始发地应填写最后一个离开中国大陆关境的离境地，如果是转运货物，还应加上转运港，如：SEA FREIGHT FROM NINGBO TO COLOMBO VIA HONG KONG。运输方式有海运、陆运、空运、海空联运等。

(6) 第 5 栏：税则号（Tariff Item Number)。

例如：某商品的税则号（商品编码）是 63022100，填写前四位数 6302。

(7) 第 6 栏：唛码标志（Marks and Numbers on Packages)。

例如：DEF CO
S/C E078965
INCHON
NO. 1-100

此栏内容及格式必须与实际货物的外包装箱上所印刷的内容相一致，并按实际货物和发票上的唛头填制，唛头中处于同一行的内容不能换行打印。

注意：

1) 唛头不得出现“HONG KONG”、“MACAO”、“TAIWAN”、“R. O. C.”等字样。

2) 此栏不得留空，货物无唛头时应填“N/M”；如唛头过多，可填写在第 7、8、9、10 栏的空白处。

3) 如唛头为图文等较复杂的形式，可在该栏填上“SEE ATTACHMENT”，并另加附页。附页需一式三份，附页上方填上“ATTACHMENT TO THE CERTIFICATE OF ORIGIN NO.…（证书号码)”，附页下方两边分别打上签证地点、签证日期和申报地点、申报日期，右下方盖上申报单位签证章并由申报单位申报员签名；附页应与证书大小一致。

(8) 第 7 栏：包装数量及种类和货物描述（Number and Kind of Packages/Description of Goods)。

例如：FOUR（4）DRUMS OF ACID GREEN DYESTUFFS，并在下方填上“*** ”（截止线）。

注意：填写此栏时请勿忘记填写包件数量及种类，并在包装数量的英文数字描述后用括号加上阿拉伯数字。商品名称应填写具体，应详细到可以准确判定该商品的 H. S. 税则号。如果信用证中品名笼统或拼写错误，必须在括号内加注具体描述或正确品名。商品名称等项列完后，应在末行加上“ *** ”（截止线），以防止加塞伪造内容。有时国外来证要求填写信用证号码等，可加在截止线下方，并以“REMARKS：”开头。

例如：FOUR（4）DRUMS OF ACID GREEN DYESTUFFS

*** *** *** *** ***

REMARKS：L/C NO. SID46905067

（9）第 8 栏：原产地标准［Origin Criterion（See Notes Overleaf）］。

此栏用字不多，却是进口国海关审核的核心项目，必须认真填写，若有不明之处，可查看证书正本的反面，所以有“see notes overleaf”的字样。属于完全原产的货物，填写“A”，如果含有进口成分，填写如下：

1）在一出口成员国境内最终制得或加工的产品，如果其使用的来自非成员国或不明原产地的原材料、零件或制品的总价值不超过该产品 FOB 价的 55%，则填写字母“B”，并注明原产于非成员国或原产地不明的原材料、零部件或制品的总价值占出口产品 FOB 价的百分比，如“B50%”。

2）符合原产地累积标准的，如果最终产品中成员国成分合计不低于其 FOB 价的 60%，则填写字母“C”，并注明原产于成员国领土内的累计含量的总价值占出口产品 FOB 价的百分比，如“C60%”。

3）最不发达成员国原产的产品在适用条件 1）时百分比不能超过 65%，适用条件 2）时百分比不能低于 50%。符合该特定原产地标准的产品，填写字母“D”。

（10）第 9 栏：毛重及其他数量（Gross Weight or Other Quantity）。

例如：15 000PCS。

注意：此栏应以商品的正常计量单位填写，如只、件、匹、双、台、打等。以重量计算的，填毛重；只有净重的，填净重也可，但要标明净重，即加上“N. W.（Net Weight）”。

（11）第 10 栏：发票号及日期（Number and Date of Invoice）。

例如：SDAKF0522，18 MAY，2009。

注意：发票号码与发票日期必须与正式商业发票一致，此栏不得留空。为避免误解，月份用英文缩写 JAN.、FEB.、MAR. 等表示；发票日期年份要填全，如 2009 不能写成 09；发票号码如果太长需换行打印，应使用折行符“-”；发票日期不能迟于提单日期和申报日期。

（12）第 11 栏：生产国、进口国和出口商声明（Declaration by the Exporter）。

此栏有三行内容：第一行是出口商的声明和生产国，英文声明和生产国“CHINA”字样已印就，大意是证书中所列内容正确，货物产于中国。第二行是进口国，横线上的进口国国名一定要填写正确，必须是亚太协定成员国，与收货人及目的港的国别一致。第三行是出口商签署，出口企业的申报员须在此栏手签，并加盖已注册的中英文签证章，填上申报地点、时间。印章应清晰。

例如："杭州婉丽进出口有限公司陈小安，HANGZHOU，22 MAY，2009"。

注意：申报日期不能填写法定休息日，也不得早于发票日期，一般最晚申报时间是货物装运日期的前 5 天，如迟于提单日期，则要申请后发证书。在证书正本和所有副本上盖章签字时，要避免覆盖进口国名称、原产国名称、申报地址和申报时间。更改证的申报日期一般与原证一致，重发证的申报日期应为当前日期。

（13）第 12 栏：签证当局证明（Certification）。

此栏填制签证地址和日期，一般情况下与出口商申报日期、地址一致，签证机构授权签证人员在此栏手签，并加盖签证当局印章。

例如："浙江省出入境商品检验检疫局，陈婧，HANGZHOU，22 MAY，2009"。

注意：签证当局只在证书正本加盖印章，副本没有印章。

二、中国—东盟自由贸易区优惠原产地证明书

（一）中国—东盟自由贸易区优惠原产地证明书介绍

中国—东盟自由贸易区优惠原产地证明书［ASEAN - CHINA FREE TRADE AREA PREFERENTIAL TARIFF CERTIFICATE OF ORIGIN（Combined Declaration and Certificate）］，简称 Form E。为享受中国—东盟自由贸易区优惠关税协议下优惠待遇而接受本证明书的成员国有：文莱、柬埔寨、印度尼西亚、老挝、马来西亚、缅甸、菲律宾、新加坡、泰国、越南和中国。出口至上述任一成员国的货物，享受中国—东盟自由贸易区优惠关税协议下优惠待遇的主要条件是：

（1）必须是在目的国可享受关税减让的货物。

（2）必须符合货物由任一中国—东盟自由贸易区成员国直接运至另一进口成员国的运输条件，但如果过境运输、转换运输工具或临时储存仅是由于地理原因或仅出于运输需要的考虑，运输途中经过一个或多个非中国—东盟自由贸易区成员国境内的运输亦可接受。

（3）必须符合原产地标准。

空白中国—东盟自由贸易区优惠原产地证明书（正面）见图 1—10—6。

（二）中国—东盟自由贸易区优惠原产地证明书的缮制

中国—东盟自由贸易区优惠原产地证明书由一份土黄色正本及三份浅绿色副本组成：正本 Original 交给进口商；第一副本 Duplicate 由出证机构留存；第二副本 Triplicate 交给进口商（可送银行结汇或寄交进口商）；第三副本 Quadruplicate 由出口商留存。

Form E 也是十二栏，其中，证书号码和第 1、2、6、10 栏的内容及填制要求，与 Form A 及 Form B 相应各栏一致，可参见 Form A 和 Form B 的填制要求。第 3、4、5、7、8、9、11、12 栏的填制要求叙述如下：

（1）第 3 栏：运输方式及运输途径［Means of Transport and Route（as far as known）］。

此栏除了注明运输方式以外，还要在栏内对应的英文后分别填写：离港日期（Departure Date）、运输工具号（Vessel's Name / Aircraft etc.）和卸货港（Port of Discharge）。

<table>
<tr><td colspan="3">1. Goods consigned from (Exporter's business name, address, country)</td><td colspan="3" rowspan="2">Reference No.
ASEAN-CHINA FREE TRADE AREA
PREFERENTIAL TARIFF
CERTIFICATE OF ORIGIN
(Combined Declaration and Certificate)
FORM E
Issued in THE PEOPLE'S REPUBLIC OF CHINA
(Country)
See Notes overleaf</td></tr>
<tr><td colspan="3">2. Goods consigned to (Consignee's business name, address, country)</td></tr>
<tr><td colspan="3">3. Means of transport and route (as far as known)
Departure date
Vessel's name / Aircraft etc.
Port of discharge</td><td colspan="3">4. For official use
□Preferential treatment given under ASEAN-CHINA Free Trade Area Preferential Tariff
□Preferential treatment not given (Please state reasons)
Signature of authorised signatory of the importing country</td></tr>
<tr><td>5. Item number</td><td>6. Marks and numbers on packages</td><td>7. Number and type of packages, description of goods (including quantity where appropriate and H.S. number of the importing country)</td><td>8. Origin criterion (see notes overleaf)</td><td>9. Gross weight or other quantity and value(FOB)</td><td>10. Number and date of invoices</td></tr>
<tr><td colspan="3">11. Declaration by the exporter
The undersigned hereby declares that the above details and statement are correct; that all the goods were produced in
CHINA
(Country)
and that they comply with the origin requirements specified for these goods in the ASEAN-CHINA Free Trade Area Preferential Tariff for the goods exported to
(Importing Country)
Place and date, signature of authorised signatory</td><td colspan="3">12. Certification
It is hereby certified, on the basis of control carried out, that the declaration by the exporter is correct.
Place and date, signature and stamp of certifying authority</td></tr>
</table>

图 1—10—6 中国—东盟自由贸易区优惠原产地证明书（FORM E）

（2）第 4 栏：官方使用（For Official Use）。

此栏由进口国海关填写。不论是否给予优惠待遇，进口成员国海关必须在第 4 栏做出相应的标注。可以给予优惠待遇的，就在上面的小方框内打“×”。如果不能给予优惠，就在下面的小方框内打“×”，并要说明不给予优惠的理由。

（3）第 5 栏：序列号（Item Number）。

注意，这里的 Item Number 不是出口货物货号，而是指出口货物的税则号（商品编码）。此栏与 Form A（普惠制产地证）的第 5 栏相同，可参照 Form A 的第 5 栏填制。

（4）第 7 栏：包装数量及种类、货物描述（包括 H. S. 税目号）[Number and Type of Packages，Description of Goods（including Quantity where Appropriate and H. S. Number of the Importing Country）]。

填写此栏时，切勿忘记填写货物的包装数量及种类，并在包装数量的英文数字描述后用括号加上阿拉伯数字；货物名称必须详细，以便验货的海关官员可以识别；H. S. 税则号就是商品编码，填写六位数即可，如“H. S. CODE：940320”；货名与 H. S. 编码要对应。如果货物无包装，应注明“散装（IN BULK）”。货物描述结束后，应在后面添加“ *** ”（截止线）。

（5）第 8 栏：原产地标准 [Origin Criterion（See Note Overleaf）]。

1）货物为出口国完全生产的，不含任何非原产成分，填写“WO”（适用于泰国、马来西亚、新加坡、文莱、越南）或“X”（适用于印度尼西亚、老挝、柬埔寨 、菲律宾、缅甸）。

2）货物在出口成员国加工但并非完全生产，未使用原产地累计规则判断原产地标准的，填写该国家成分的百分比，如“70％”。

3）货物在出口成员国加工但并非完全生产，使用了原产地累计规则判断原产地标准的，填写中国—东盟累计成分的百分比，如“40％”。

4）货物符合产品特定原产地标准的，填写产品特定原产地标准。

（6）第 9 栏：毛重或其他数量及价格（FOB） [Gross Weight or other Quantity and Value（FOB）]。

此栏比上述 Form B 多一项内容，即除了填写数量或毛重外，还要填写出口货物的 FOB 金额。如果商业发票上价值是 CIF 金额，此处的金额应小于发票金额。

（7）第 11 栏：生产国、进口国和出口商声明（Declaration by the Exporter）。

此栏与 Form B 的第 11 栏相同，可参照 Form B 的填制。

（8）第 12 栏：官方证明（Certification）。

此栏的填写可参照 Form B 第 12 栏的填制，但是当出口商在提单日期后申请证书时，需在此栏上加注“ISSUED RETROSPECTIVELY”，即后发证书；当出口商申请重发证书时，需在此栏上加注“CERTIFIED TRUE COPY”。

三、填制 Form B、Form E 原产地证明书的注意事项

（1）办理优惠原产地证明书的单位，必须先在当地检验检疫局办理注册登记手续。

（2）Form B 或 Form E 使用英文填制，特殊情况下，第 2 栏（收货人栏）可以使用进口国的文字种类，第 6 栏（唛头栏）不受文字种类限制，可据实申报。

（3）在申报 Form B、Form E 时，申报单位需提交用“原产地电子签证系统企业端软件”打印出的全套证书和商业发票（加盖公章及法人章）。

（4）如出口商品含有进口成分，但符合原产地标准，需提供“含进口成分受惠商品成本明细单”；如产品系签署机构范围以外的厂家生产，则需提供异地调查结果单。

（5）如申报日期迟于出运日期，申请后发证书，需提供正本提单复印件。

（6）如果签发的证书正本遗失或损毁，申请单位可向原签证机构申请重发，先登报声明作废，同时提供申请单位和丢证方书面说明及原证的复印件，经检验检疫机构审核通过，予以重发。

四、其他优惠原产地证明书

（一）CEPA 原产地证书

CEPA 原产地证书见图 1—10—7。

<table>
<tr><td colspan="2">出口商（名称及香港地址）Exporter (Full Name and Hong Kong Address)</td><td>证书编号 CERTIFICATE NO.
签发日期 DATE OF ISSUE
证书有效截止日期 VALID UP TO</td></tr>
<tr><td colspan="2">收货人（名称及内地地址）Consignee (Full Name and Inland Address)</td><td rowspan="2">原产地证书
［内地与香港关于建立更紧密经贸关系的安排］
CERTIFICATE OF HONG KONG ORIGIN
(CLOSER ECONOMIC PARTNERSHIP ARRANGEMENT)
(CEPA)
【原产地证书发证机构标志】</td></tr>
<tr><td>离港日期 Departure Date</td><td>工厂登记编号 Factory Number</td></tr>
<tr><td>船只/飞机/火车/货车编号
Vessel/Flight/Train/Vehicle No.</td><td>装货地 Place of Loading</td><td rowspan="2">内部专用 For Internal Use Only</td></tr>
<tr><td>到货口岸 Port of Discharge</td><td></td></tr>
</table>

<table>
<tr><td>包装标志，数量及货柜编号；包裹件数及种类；货物摘要及产品内地协制编号，离岸价（港元）
Marks, Nos and Container No.; No. and Kind of Packages; Description of Goods and Mainland H. S. Code; FOB Value (HK$)</td><td>数量（计量单位）
Quantity (Quantity Unit)</td><td>商标名称或标签
Brand Name or Labels(if any)</td></tr>
<tr><td></td><td></td><td></td></tr>
<tr><td colspan="3">本人谨证明以上描述之货物均符合《内地与香港关于建立更紧密经贸关系的安排》下货物贸易的原产地规则的要求。
I HEREBY CERTIFY THAT THE GOODS DESCRIBED ABOVE COMPLY WITH THE REQUIREMENTS OF THE RULES OF ORIGIN FOR TRADE IN GOODS UNDER CEPA.

【原产地证书发证机构印章】　　　　【原产地证书发证机构签署】</td></tr>
</table>

图 1—10—7　CEPA 原产地证书

CEPA（Closer Economic Partnership Arrangement），即《关于建立更紧密经贸关系的安排》的英文简称，包括中央政府与香港特区政府签署的《内地与香港关于建立更紧密经贸关系的安排》、中央政府与澳门特区政府签署的《内地与澳门关于建立更紧密经贸关系的安排》。CEPA 原产地证书是指在内地、香港、澳门更紧密经贸关系的相关协定下使用的原产地证书。进口商或其代理人在进口报关时，应主动向进境地海关申明有关货物为 CEPA 货物，并提交有效的原产地证书正本。进境地海关审核无误后，准予进口货物享受零关税待遇。

（二）ECFA 原产地证书

ECFA 原产地证书见图 1—10—8。

<table>
<tr><td colspan="7">海峡两岸经济合作框架协议原产地证书
正本
如有任何涂改、损毁或填写不满，均将导致本原产地证书失效</td></tr>
<tr><td colspan="4">1. 出口商(名称、地址)
电话：　传真：
电子邮件：</td><td colspan="3">编号：
签发日期：
有效期至：</td></tr>
<tr><td colspan="4">2. 生产商(名称、地址)
电话：　传真：
电子邮件：</td><td colspan="3" rowspan="2">5. 受惠情况
□ 依据海峡两岸经济合作框架协议给予优惠关税待遇
□ 拒绝给予优惠关税待遇(请注明原因)
____
进口方海关已获授权签字人签字</td></tr>
<tr><td colspan="4">3. 进口商(名称、地址)
电话：　传真：
电子邮件：</td></tr>
<tr><td colspan="4">4. 运输工具及路线：
离港日期：
船舶/飞机编号等：
装货口岸：
到货口岸：</td><td colspan="3">6. 备注</td></tr>
<tr><td>7. 项目编号</td><td>8. H.S. 编码</td><td>9. 货品名称、包装件数及种类</td><td>10. 毛重或其他计量单位</td><td>11. 包装唛头或编号</td><td>12. 原产地标准</td><td>13. 发票价格、编号及日期</td></tr>
<tr><td colspan="4">14. 出口商声明
本人对于所填报原产地证书内容的真实性与正确性负责；
本原产地证书所载货物，系原产自本协议一方或双方，且货物属符合海峡两岸经济合作框架之原产货物。
____
出口商或已获授权人签字
____
地点和日期</td><td colspan="3"></td></tr>
</table>

图 1—10—8 ECFA 原产地证书

ECFA 是《海峡两岸经济合作框架协议》（Economic Cooperation Framework Agreement）的英文简称，该协议的目的是加强和增进海峡两岸之间的经贸及投资合作，促进双方货物和服务贸易进一步自由化，逐步建立公平、透明、便利的投资及保障机制，扩大经济合作领域，建立合作机制。从 2011 年 1 月 1 日起，凡符合《海峡两岸经济合作框架协议》原产地规则的出口企业可向出入境检验检疫局申请"海峡两岸经济合作框架协议原产地证书"，出口企业持有此原产地证书可享受关税减免的优惠。

（三）中国—哥斯达黎加自由贸易区优惠原产地证明书

中国—哥斯达黎加自由贸易区优惠原产地证明书（Form L）见图 1—10—9。

<table>
<tr><td colspan="7">Certificate of Origin</td></tr>
<tr><td colspan="4">1. Exporter's name, address, country</td><td colspan="3" rowspan="2">Reference No.
CERTIFICATE OF ORIGIN
Form for China-Costa Rica Free Trade Agreement

Issued in THE PEOPLE'S REPUBLIC OF CHINA
(see Instruction overleaf)</td></tr>
<tr><td colspan="4">2. Producer's name and address, if known</td></tr>
<tr><td colspan="4">3. Consignee's name, address, country</td><td colspan="3">For official use only</td></tr>
<tr><td colspan="4">4. Means of transport and route (as far as known)
Departure date
Vessel/Flight/ Train/Vehicle No.
Port of loading
Port of discharge</td><td colspan="3">5. Remarks</td></tr>
<tr><td>6. Item number (Max 20)</td><td>7. Marks and numbers on packages</td><td>8. Number and kind of packages, description of goods</td><td>9. H. S. code (six digit code)</td><td>10. Origin criterion</td><td>11. Gross weight quantity (quantity unit) or other measures (items, etc.)</td><td>12. Number, date of invoice and invoiced value</td></tr>
<tr><td colspan="4">13. Declaration by the exporter
The undersigned hereby declares that the above stated information is correct, and that all the goods were produced in
CHINA
(Country)
and that they comply with the origin requirements specified in the Free Trade Agreement for the goods exported to
COSTA RICA
(Importing Country)

Place and date, signature of authorized person</td><td colspan="3">14. Certification
On the basis of the carried out control, it is hereby certified that the information is correct and that the described goods comply with the origin requirements of the China — Costa Rica Free Trade Agreement.

Place and date, signature and stamp of the authorized body

Tel:　　　　Fax:
Address:</td></tr>
</table>

图 1—10—9　中国—哥斯达黎加自由贸易区优惠原产地证明书（Form L）

近年来中哥双边贸易发展迅速，中国已成为哥斯达黎加的第二大贸易伙伴，《中华人民共和国政府和哥斯达黎加共和国政府自由贸易协定》于 2011 年 8 月 1 日起开始实施。中哥双方将对各自 90%以上的产品分阶段实施零关税，企业申请中国—哥斯达黎加自由贸易区原产地证明书后，可享受关税减免。

（四）其他

中国—智利自由贸易区优惠原产地证明书（Form F）见图 1—10—10，中国—巴基斯坦自由贸易区优惠原产地证明书（Form P）见图 1—10—11，中国—新西兰自由贸易区优惠原产地证明书（Form N）见图 1—10—12，中国—新加坡自由贸易区优惠原产地证明书（Form X）见图 1—10—13，中国—秘鲁自由贸易区优惠原产地证明书（Form R）见图 1—10—14。

<table>
<tr><td colspan="3">1. Exporter's name, address, country</td><td colspan="4" rowspan="3">Certificate No.

CERTIFICATE OF ORIGIN
Form F for China-Chile FTA

Issued in THE PEOPLE'S REPUBLIC OF CHINA

(see Instruction overleaf)</td></tr>
<tr><td colspan="3">2. Producer's name and address, if known</td></tr>
<tr><td colspan="3">3. Consignee's name, address, country</td></tr>
<tr><td colspan="3" rowspan="2">4. Means of transport and route (as far as known)

Departure date

Vessel/Flight/ Train/Vehicle No.

Port of loading

Port of discharge</td><td colspan="4">5. For official use only

□Preferential tariff treatment given under China-Chile FTA

□Preferential treatment not given (Please state reasons)

Signature of authorized signatory of the importing country</td></tr>
<tr><td colspan="4">6. Remarks</td></tr>
<tr><td>7. Item number (Max 20)</td><td>8. Marks and numbers on packages</td><td>9. Number and kind of packages, description of goods</td><td>10. H. S. code (six digit code)</td><td>11. Origin criterion</td><td>12. Gross weight quantity (quantity unit) or other measures (items, etc.)</td><td>13. Number, date of invoice and invoiced value</td></tr>
<tr><td colspan="3">14. Declaration by the exporter
The undersigned hereby declares that the above details and statement are correct, that all the goods were produced in
CHINA
(Country)
and that they comply with the origin requirements specified in the FTA for goods exported to
CHILE
(Importing Country)

Place and date, signature of authorized signatory</td><td colspan="4">15. Certification
It is hereby certified, on the basis of control carried out, that the declaration by the exporter is correct.

Place and date, signature and stamp of certifying authority Certifying authority

Tel: Fax:

Address:</td></tr>
</table>

图 1—10—10　中国—智利自由贸易区优惠原产地证明书（Form F）

<table>
<tr><td colspan="2">1. Exporter's name, address, country</td><td colspan="4" rowspan="3">Reference No.

CERTIFICATE OF ORIGIN
CHINA-PAKISTAN FTA
(Combined Declaration and Certificate)

Issued in THE PEOPLE'S REPUBLIC OF CHINA
(Country)
See Notes Overleaf</td></tr>
<tr><td colspan="2">2. Consignee's name, address, country</td></tr>
<tr><td colspan="2">3. Producer's name, address, country</td></tr>
<tr><td colspan="2">4. Means of transport and route (as far as known)
Departure date

Vessel/Flight/Train/Vehicle No.

Port of loading

Port of discharge</td><td colspan="4">5. For official use only

□Preferential treatment given under China-Pakistan FTA

□Preferential treatment not given (Please state reason/s)

Signature of authorised signatory of the importing country</td></tr>
<tr><td>6. Item number</td><td>7. Marks & Nos on packages, number and kind of packages, description of goods, H. S. code of the importing country</td><td>8. Origin criterion</td><td>9. Gross weight quantity and FOB value</td><td>10. Number and date of invoices</td><td>11. Remarks</td></tr>
<tr><td colspan="2">12. Declaration by the exporter
The undersigned hereby declares that the above details and statement are correct, that all the goods were produced in
CHINA
(Country)
and that they comply with the origin requirements specified for these goods in the China-Pakistan Free Trade Area Preferential Tariff for the goods exported to
PAKISTAN
(Importing Country)

Place and date, signature and stamp of authorized signatory</td><td colspan="4">13. Certification
It is hereby certified, on the basis of control carried out, that the declaration by the exporter is correct.

Place and date, signature and stamp of certifying authority</td></tr>
</table>

图 1—10—11　中国—巴基斯坦自由贸易区优惠原产地证明书（Form P）

<table>
<tr><td colspan="4">1. Exporter's name, address, country</td><td colspan="3" rowspan="3">Certificate No.
CERTIFICATE OF ORIGIN
Form for the Free Trade Agreement between the Government of the People's Republic of China and the Government of New Zealand
Issued in the People's Republic of China
(see Instruction overleaf)</td></tr>
<tr><td colspan="4">2. Producer's name and address, if known</td></tr>
<tr><td colspan="4">3. Consignee's name, address, country</td></tr>
<tr><td colspan="4" rowspan="2">4. Means of transport and route (as far as known)
Departure date
Vessel/Flight/ Train/Vehicle No.
Port of loading
Port of discharge</td><td colspan="3">5. For official use only
□Preferential tariff treatment given under China-New Zealand FTA
□Preferential treatment not given (Please state reasons)
Signature of authorized signatory of the importing country</td></tr>
<tr><td colspan="3">6. Remarks</td></tr>
<tr><td>7. Item number (Max 20)</td><td>8. Marks and numbers on packages</td><td>9. Number and kind of packages, description of goods</td><td>10. H. S. code(six digit code)</td><td>11. Origin criterion</td><td>12. Gross weight quantity(quantity unit) or other measures (items, etc.)</td><td>13. Number, date of invoice and invoiced value</td></tr>
<tr><td colspan="3">14. Declaration by the exporter
The undersigned hereby declares that the above details and statement are correct, that all the goods were produced in
CHINA
(Country)
and that they comply with the origin requirements specified in the FTA for goods exported to
NEW ZEALAND
(Importing Country)
Place and date, signature of authorized signatory</td><td colspan="4">15. Certification
On the basis of control carried out, it is hereby certified that the information herein is correct and that the goods described comply with the origin requirements specified in the Free Trade Agreement between the Government of the People's Republic of China and the Government of New Zealand.
Place and date, signature and stamp of authorized body</td></tr>
</table>

图 1—10—12 中国—新西兰自由贸易区优惠原产地证明书（Form N）

1. Goods consigned from (Exporter's business name, address, country)

2. Goods consigned to (Consignee's business name, address, country)

Reference No.

CHINA-SINGAPORE FREE TRADE AREA
PREFERENTIAL TARIFF
CERTIFICATE OF ORIGIN

(Combined Declaration and Certificate)

Issued in **the People's Republic of China**
(Country)
See Notes Overleaf

3. Means of transport and route (as far as known)

Departure date

Vessel's name/Aircraft etc.

Port of discharge

5. For official use only

□Preferential treatment given under CHINA-SINGAPORE Free Trade Area Preferential Tariff

□Preferential treatment not given (Please state reasons)

Signature of authorized signatory of the importing country

5. Item number	6. Marks & Nos on packages	7. Number and type of packages, description of goods (including quantity where appropriate and H. S. number of the importing country)	8. Origin criterion (see notes overleaf)	9. Gross weight or other quantity and value (FOB)	10. Number and date of invoice

11. Declaration by the exporter
The undersigned hereby declares that the above details and statement are correct, that all the goods were produced in

CHINA
(Country)

and that they comply with the origin requirements specified for these goods in the China-Singapore Free Trade Area Preferential Tariff for the goods exported to

SINGAPORE
(Importing Country)

Place and date, signature of authorized signatory

12. Certification
It is hereby certified, on the basis of control carried out, that the declaration by the exporter is correct.

Place and date, signature and stamp of certifying authority

图 1—10—13 中国—新加坡自由贸易区优惠原产地证明书（Form X）

1. Export's name and address	Certificate No. **CERTIFICATE OF ORIGIN** **Form for China-Peru FTA** Issued in THE PEOPLE'S REPUBLIC OF CHINA (see Overleaf Instruction)
2. Producer's name and address, if known	
3. Consignee's name and address	
4. Means of transport and route (as far as known) Departure Date Vessel/Flight/Train/Vehicle No. Port of loading Port of discharge	For Official use only 5. Remarks

6. Item number (Max 20)	7. Number and kind of packages, description of goods	8. H. S. code (Six digit code)	9. Origin criterion	10. Gross weight, quantity (quantity unit) or other measures (liters, m3, etc)	11. Number and date of invoice	12. Invoiced value

13. Declaration by the exporter The undersigned hereby declares that the above details and statement are correct, that all the goods were produced in CHINA (Country) and that they comply with the origin requirement specified in the FTA for the goods exported to PERU (Importing country) Place and date, signature of authorized signatory	14. Certification On the basis of control carried out, it is hereby certified that the information herein is correct and that the goods described comply with the origin requirements specified in the China-Peru FTA. Place and date, signature and stamp of authorized body

图1—10—14 中国—秘鲁自由贸易区优惠原产地证明书（FORM R）

工作任务实训

一、任务情境

2009 年 5 月 25 日，浙江省轻工业品进出口公司出口 800 个（40 箱）节能灯泡（Energy-Saving Light Bulbs）到菲律宾马尼拉。5 月 14 日，该公司单证员章小岚到浙江出入境检验检疫局申领中国—东盟自由贸易区优惠原产地证明书，5 月 18 日取得证书。

其他相关资料：

发票号码：ZL09E0514　　发票日期：2009 年 5 月 14 日

H. S. 编码：94054090　　证书号码：E093301000680159

装运港：SHANGHAI　　卸货港：MANILA

装运日：2009 年 5 月 24 日　　FOB 价值：4 000 美元

船名与航次：PIL PINE V. 54　　授权签署人：陈婧

出口商：ZHEJIANG LIGHT INDUSTRIAL PRODUCTS I/E CORP.
191 BAOCHU ROAD，HANGZHOU，CHINA

进口商：LAXON ENTERPRISES
926 MAKARTEE BOULEVARD
MANILA，THE PHILIPPINES

唛头：LAXON
ZLE090331
MANILA
NO. 1-40

二、工作任务

单证员章小岚根据上述条件及有关资料缮制中国—东盟自由贸易区优惠原产地证明书。

三、任务实施

填写好的中国—东盟自由贸易区优惠原产地证明书见图 1—10—15。

<table>
<tr><td colspan="4">1. Goods consigned from (Exporter's business name, address, country)
ZHEJIANG LIGHT INDUSTRIAL PRODUCTS
I/E CORP
191 BAOCHU ROAD
HANGZHOU
CHINA</td><td colspan="2" rowspan="2">Reference No.
E093301000680159
ASEAN-CHINA FREE TRADE AREA
PREFERENTIAL TARIFF
CERTIFICATE OF ORIGIN
(Combined Declaration and Certificate)
FORM E
Issued in THE PEOPLE'S REPUBLIC OF CHINA
(Country)
See Notes Overleaf</td></tr>
<tr><td colspan="4">2. Goods consigned to (Consignee's business name, address, country)
LAXON ENTERPRISES
926 MARKARTEE BOULEVARD
MANILA
THE PHILIPPINES</td></tr>
<tr><td colspan="4">3. Means of transport and route (as far as known)
Departure date 25 MAY, 2009
Vessel's name/Aircraft etc. PIL PINE V. 54 BY SEA
Port of discharge MANILA</td><td colspan="2">4. For official use
□Preferential treatment given under ASEAN-CHINA Free Trade Area Preferential Tariff
□Preferential treatment not given (Please state reasons)
Signature of authorised signatory of the importing country</td></tr>
<tr><td>5. Item number

1</td><td>6. Marks and numbers on packages
LAXON
ZLE090331
MANILA
NO. 1-40</td><td>7. Number and type of packages, description of goods (including quantity where appropriate and H. S. number of the importing country)
FORTY (40) CARTONS OF ENERGY-SAVING LIGHT BULBS
H. S. CODE: 940540
******</td><td>8. Origin criterion (see notes overleaf)
X</td><td>9. Gross weight or other quantity and value (FOB)
800PCS
USD4 000. 00</td><td>10. Number and date of invoices
ZL09E0514
14 MAY, 2009</td></tr>
<tr><td colspan="3">11. Declaration by the exporter
The undersigned hereby declares that the above details and statement are correct, that all the goods were produced in
CHINA
(Country)

and that they comply with the origin requirements specified for these goods in the ASEAN-CHINA Free Trade Area Preferential Tariff for the goods exported to
THE PHILIPPINES
(Importing Country)

浙江省轻工业品进出口公司(章)
ZHEJIANG LIGHT INDUSTRIAL PRODUCTS I/E CORP
章小岚 (手签)
HANGZHOU 14 MAY 2009
Place and date, signature of authorised signatory</td><td colspan="3">12. Certification
It is hereby certified, on the basis of control carried out, that the declaration by the exporter is correct.
浙江出入境检验检疫局(章)
陈婧(手签)
HANGZHOU 18 MAY, 2009
Place and date, signature and stamp of certifying authority</td></tr>
</table>

图 1—10—15 中国—东盟自由贸易区优惠原产地证明书（FORM E）实例

训练测试题目

2009 年 1 月 15 日，杭州婉丽进出口有限公司就出口韩国 2 400 件针织女式套头衫（Ladies Jumpers）一事，与韩国英顺贸易有限公司签订了号码为 WL09E0115 的买卖合同，2009 年 4 月 1 日前出运，采用信用证结算。2009 年 3 月 20 日，婉丽公司单证员陈小安向浙江出入境检验检疫局申领亚太贸易协定原产地证明书，3 月 23 日取得证书。请根据上述条件和下面的相关资料填写亚太贸易协定原产地证明书。

其他相关资料：

发票号码：09WLE0318　　发票日期：2009 年 3 月 18 日

证书号码：B093301000090091　　运输方式：海运

装运港：SHANGHAI　　卸货港：PUSAN

税则号：6302. 210020　　完全国产，无进口成分

包装：48 件一纸箱，共 50 纸箱　　授权签署人：陈婧

出口商：HANGZHOU WANLI IMP. AND EXP. CO., LTD.
258 MOGANSHAN ROAD, HANGZHOU, CHINA

进口商：LIMCHAE TRADING CO., LTD.
RM 305, 32 KONYIM-DONG, PUSAN, KOREA

唛头：LIMCHAE
WL09E0115
PUSAN
NO. 1-50

任务 4　填制其他随附单据——船公司证明、价格单、生产过程证明

学习目标

应知目标

熟悉随附单据的含义及种类

应会目标

能够根据相关资料缮制各种随附单据

★ 知识支撑

在国际贸易的履行过程中会产生许多单证，这些单证种类繁多，金融单证有汇票、本票、支票等；商业单证有发票、装箱单等；运输单证有海运提单、航空货运单、邮政收据等；保险单证有保险单、保险凭证等；官方单证有产地证、许可证等。随附单据就是除了上述这些单证以外的其他单证，以补充说明履约情况，便于进口商办理进口手续和产品销售。

随附单据名称多样，内容、制作格式也没有严格统一的规范，不像提单、保险单等单据有专门的法律规定或约定可依。常用的随附单据有受益人证明、装船通知、船公司证明等。由于受益人证明和装船通知在本篇项目 6 里已有讲解，这里不再赘述，主要介绍船公司证明、生产过程证明和价格单。

一、船公司证明

船公司证明（Shipping Company's Certificate）是承运人或其代理人出具的单据，通常是进口商为了满足政府需要或了解船舶装载性能、货物运输情况等，要求出口商提供由承运人或其代理人出具的相关证明文件。

（一）船公司证明的种类

1. 船舶本身的证明文件

（1）船龄证明（Certificate of Vessel's Age）：因为海洋中波涛汹涌，日晒雨淋，一条船舶经过了 15 年左右时间的航行，大多破旧不堪，所以有些国家/地区的信用证规定，装载货物的船舶的船龄不得超过 15 年，并要求受益人提供船公司或其代理人出具的船龄证明书。这样要求的主要目的在于禁止使用老龄船，以保证货物运输安全。

（2）船级证明（Certificate of Classification）：是一种证明载货船舶符合一定船级标准的证明文书。按照惯例，船级证明由船级社（专门从事船舶检验的机构）出具。国际上著名的船级社有英国劳埃德船级社（LR）、德国船级社（GL）、挪威船级社（DNV）、法国船级社（BV）、日本海事协会（NK）、美国船级社（ABS）等。

（3）船籍证明（Certificate of Ship's Nationality）：主要用于证明船舶所属国籍，一般由承运人出具。进口商要求提供船籍证明，通常是因为一些政治原因。比如在 1998 年之前，巴基斯坦的银行开来的信用证常要求提供载货船舶的船籍不属于印度的证明。在 2000 年之前，阿拉伯国家的银行开来的信用证常要求提供船籍不属于以色列的证明。随着冷战的结束，船籍证明日渐减少。

（4）集装箱船只证明（Certificate of Container Vessel）：在 1995 年之前比较常见，进口商或银行在合同/信用证中规定，货物必须装集装箱船并出具相应证明，一般由受益人根据信用证缮制后交承运人或其代理人，加盖提单签发人的公章，也可在运输单据上加以注明。随着集装箱运输的普及，集装箱船只证明也渐渐淡出。

2. 运输和航行证明

（1）航行路线证明（Certificate of Sailing Route）：主要说明航程中船舶停靠的港口和挂靠港。在中东战争和海湾战争时期，红海和波斯湾地区的国家常在信用证中要求进口货物不在以色列或与以色列友好的国家中转或停靠。证明信的格式及内容一般不固定，可以由受益人出具，也可以由承运人出具，只要符合信用证的要求即可。

（2）转船证明（Certificate of Transshipment）：主要用来说明出口货物将在中途转船，且已联系妥当，由承运人出具，由出口商负责通知进口商。

（3）船长收据（Captain's Receipt）：即船长签字的随船单据收据。有的信用证规定，样品或单据副本交载货船只的船长，由其交给进口商。因此出口商将单据交给船长后，船长签发收单证明即船长收据。船长收据一般注明收到的单据的种类、份数，并声明将于到达目的港后交予指定人。在 20 世纪五六十年代，航空快递还没有今天这样发达，常常出现货物到达目的港而单据还未到达的情况，进口商为了能及时提货，就要求出口商让船长将某些单据随货带到目的地。如今随着航空快递业的发展，船长收据已基本不用。

3. 航运组织和公约证明

（1）黑名单证明（Black List Certificate）：是船公司出具的说明载货船舶未被列入黑名单的证明文件。中东战争与海湾战争时期，阿拉伯国家将与以色列有业务往来的船公司列入黑名单，并不与它们发生业务往来。那时阿拉伯国家开出的信用证都要求出具载货的船舶不属于黑名单的证明，现已不常见。

（2）SMC、DOC 和 SOLAS：这几个缩略语近年来常出现在信用证的要求中。SMC（Safety Management Certificate，船舶安全管理证书）和 DOC（Document of Compliance，安全符合证书，也称船/港保安符合证书）是按照国际安全管理规则（ISM）的规定，载货船舶应在船上拥有的必要证书。SOLAS 指的是《1974 年国际海上人命安全公约》（简称 SOLAS 公约）。"9·11"事件后国际海事组织于 2002 年 12 月召开缔约国大会，通过对 SOLAS 公约的修正案，并于 2004 年 7 月 1 日起开始实施。按上述有关规定，船舶应持有 SMC 正本，其船名与国籍证书一致，所载公司名称与 DOC 中的公司名称相一致。

（二）船公司证明的缮制

如果船公司证明有固定格式，如船级证明，就不需要出口商提供资料。一些船公司证明本身没有固定格式，而是出口商按照信用证条款的要求进行缮制，然后让承运人或其代理人盖章就行了。

二、生产过程证明

在食品、药品出口时，信用证往往要求出口商提供生产过程证明，目的是了解产品从原材料到成品所经过的一系列生产环节是否符合相应的规范。

生产过程证明一般没有固定统一的格式，只要符合信用证要求即可。如果信用证要求生产过程证明必须经过专门机构的认证，则出口商需要到相应的认证机构对其生产过程证明进行认证盖章。如果信用证未做此要求，只需出口商或生产厂商签字盖章即可。

三、价格单

价格单通常是在进口商希望核实货物价格，或者进口国海关核实货物是否存在倾销的情况下提供的，价格单的内容和商业发票一样，只是单据名称不是"COMMERCIAL INVOICE"而是"PRICE LIST"，货币是出口国货币而不是进口国或第三国的货币。例如我国企业出具的价格单，一定是采用人民币（CNY）计价的。在实务中，价格单通常采用FOB价格的90%计算。

有时信用证要求价格单必须由商会证实，这就要求出口商将价格单拿到相应的机构去认证。目前，我国的贸促会（CCPIT）视同商会，可行使此认证职权。

工作任务实训

一、任务情境

杭州味亨进出口有限公司向日本出口话梅，日本开来的信用证中，除了一些基本单证外，还要求提供生产过程证明和价格单。杭州味亨进出口有限公司单证员刘晓慧必须在规定时间里完成这些单证。

信用证（部分）如下：

SEQUENCE OF TOTAL	*27：1/1
DOC. CREDIT NUMBER	*20：DAB-09-782
DATE OF ISSUE	31C：090612
EXPIRY	*31D：DATE 090731 PLACE IN CHINA
APPLICANT	*50：IWATANI CORPORATION 6-3-1 HOMMACHI OSAKA，JAPAN
APPLICANT BANK	51：DAIWA BANK，OSAKA
BENEFICIARY	*59：HANGZHOU WEIHENG IMP. AND EXP. CO. 335 LINDING ROAD HANGZHOU CHINA
AMOUNT	*32B：CURRENCY USD AMOUNT 32 400.00
AVAILABLE WITH/BY	*41D：THE ADVISING BANK BY NEGOTIATION
DRAFT AT...	42C：AT SIGHT FOR FULL INVOICE VALUE
DRAWEE	42D：DAIWA BANK OSAKA

PARTIAL SHIPMENT	43P：NOT ALLOWED
TRANSSHIPMENT	43T：NOT ALLOWED
PORT OF LOADING	44E：NINGBO
PORT OF DISCHARGE	44F：KOBE
LATEST DATE OF SHIP.	44C：090716
DESCRIPTION OF GOODS	45A： HALF DRIED PRUNE CFR KOBE 2009 CROP，GRADE A，USD3 000 PER M/T，10.80M/T PACKING：150G PER BAG，25BAGS PER ONE INNER BOX，4BOXES PER EXPORT CARTON，TOTAL 720CARTONS INTO ONE 20 FEET CONTAINER
DOCUMENTS REQUIRED	46A： +MANUALLY SIGNED COMMERCIAL INVOICE IN TRIPLICATE …… +PRICE LIST IN TRIPLICATE +CERTIFICATE OF MANUFACTURING PROCESS
ADDITIONAL COND.	47A： +DOCUMENTS PRESENTED WITH DISCREPANCY WHETHER INDICATED OR FOUND IS SUBJECT TO A HANDLING FEE OF USD100.00 OR THE EQUIVALENT WHICH IS PAYABLE BY THE BENEFICIARY AND WILL BE DEDUCTED FROM PROCEEDS UPON NEGOTIATION +THIS CREDIT IS SUBJECT TO THE U.C.P. FOR DOCUMENTARY CREDITS (2006 REVISION) ICC PUBLICATION NO. 600
DETAILS OF CHARGES	71B：ALL BANK CHARGES OUTSIDE JAPAN ARE FOR ACCOUNT OF THE BENEFICIARY
PRESENTATION PERIOD	48：WITHIN 15 DAYS AFTER THE DATE OF SHIPMENT BUT WITHIN THE VALIDITY OF THE CREDIT
CONFIRMATION	*49：WITHOUT
	……

其他相关资料：

发票号码：HWH090702　　发票日期：2009年7月2日

出口公司法人：沈水根　　海运费：400.00美元

合同号码：WHE090609　　合同日期：2009年6月9日

箱毛重：18千克　　美元对人民币汇率：1美元=6.83人民币

唛头：IWATANI
KOBE
NO. 1-720
MADE IN CHINA

二、工作任务

价格单和生产过程证明由刘晓慧根据商业发票和工厂的实际生产过程缮制。价格单用人民币 FOB 值且 90%的商业发票价值计算。生产过程有采摘、清洗、腌制、烘干、检验、包装等步骤。

三、任务实施

缮制好的价格单见图 1—10—16，生产过程证明见图 1—10—17。

杭州味亨进出口有限公司

HANGZHOU WEIHENG IMP. AND EXP. CO.

335 Linding Road, Hangzhou China

价格单

PRICE LIST

To:

IWATANI CORPORATION
6-3-1 HOMMACHI
OSAKA, JAPAN

Invoice No. HWH090702
Invoice Date 02 JUL., 2009
S/C No. WHE090609
S/C Date 09 JUN., 2009

Credit No. DAB-09-782 **Dated** 12 JUN., 2009

Issued by DAIWA BANK, OSAKA

Marks	Description of Goods	Quantity	Unit Price	Amount
IWATANI KOBE NO. 1-720 MADE IN CHINA	HALF DRIED PRUNE 2009 CROP, GRADE A	10.8MT	CNY18 213.33	FOB NINGBO CNY196 704.00

PACKING: 150G PER BAG, 25BAGS PER ONE INNER BOX, 4BOXES PER EXPORT CARTON, TOTAL 720CARTONS INTO ONE 20 FEET CONTAINER.
SAY CHINESE YUAN ONE HUNDRED NINETY SIX THOUSAND SEVEN HUNDRED AND FOUR ONLY.
TOTAL PACKED IN 720CARTONS.
GROSS WEIGHT: 12 960.00KGS.

杭州味亨进出口有限公司（章）
HANGZHOU WEIHENG IMP. AND EXP. CO.

沈水根（章）

图 1—10—16 价格单实例

杭州味亨进出口有限公司

HANGZHOU WEIHENG IMP. AND EXP. CO.

335 Linding Road, Hangzhou, China

生产过程证明

CERTIFICATE OF MANUFACTURING PROCESS

Inv. No. HWH090702

Date 02 JUL., 2009

To:
IWATANI CORPORATION
6-3-1 HOMMACHI
OSAKA, JAPAN

Description of Goods: HALF DRIED PRUNE 2009 CROP

Packing: 150G PER BAG, 25BAGS PER ONE INNER BOX, 4BOXES PER EXPORT CARTON

Manufacturing Process: MATURE PLUM FRUITS → GRADING AND WASHING → SALTING POOL (SALT 28% TO 30% IN 8 WEEKS) → PLUM IN BRINE (21°TO 24° BRIX) → SUNDRY → INSPECTION → PACKING → HALF DRIED PRUNE

杭州味亨进出口有限公司（章）
HANGZHOU WEIHENG IMP. AND EXP. CO.

沈水根（章）

图 1—10—17 生产过程证明实例

训练测试题目

一、缮制船公司证明

上海汇远贸易有限公司出口一批闹钟到卡塔尔，对方开来的信用证里要求提供一份船公司证明，请根据下述资料进行缮制。

商品名称：ALARMING CLOCK WITH CALENDAR

承运人：中国远洋运输（集团）总公司 CHINA OCEAN SHIPPING (GROUP) CO.

提单签署人：上海中远集装箱船务代理有限公司 COSCO SHANGHAI CONTAINER

SHIPPING AGENCY CO., LTD

装运日期：2009.12.20　　船名与航次：CHANGHE V.038

起运港：SHANGHAI　　目的港：DOHA

开证银行：QATAR NATIONAL BANK　开证日期：2009.11.06

信用证号码：ILC/2009/00739　　船籍：P.R. OF CHINA

开证申请人：TAMIM AL MARRI（地址略）

受益人：SHANGHAI HUI YUAN TRADE CO., LTD.（地址略）

信用证关于船公司证明的条款：

A CERTIFICATE FROM SHIPPING COMPANY OR ITS AGENT SHOWING THE NAME, FLAG AND NATIONALITY OF THE CARRYING VESSEL ALSO CONFIRMING THAT THE VESSEL WILL NOT PASS BY ANY ISRAELI PORTS THROUGH ITS PRESENT VOYAGE AND THAT IT IS PERMITTED TO ENTER ARAB PORTS.

二、缮制价格单

浙江绍兴强宇贸易有限公司出口 4 500 条针织带到希腊，对方开来的信用证条款中要求提供一份价格单。请根据下述资料缮制一份价格单。

信用证条款：

FROM: THE ALPHA BANK OF GREECE, PIRAEUS

TO: CHINA CONSTRUCTION BANK, NINGBO

DOC. CREDIT NUMBER　　* 20: GRM005259

DATE OF ISSUE　　* 30C: 090706

……

APPLICANT　　* 50: SHARKS AND WHEAL EL SA
SYROU 48
11561 PIRAEUS
GREECE

BENEFICIARY　　* 59: SHAOXING QIANGYU TRADE CO., LTD
ANCHANG TOWN SHAOXING
ZHEJIANG CHINA

AMOUNT　　* 32B: CURRENCY USD AMOUNT　5 700.00

……

DESCRIPT. OF GOODS　　45A: KNITTED BELTS, FOB NINGBO

ART. NO.	LENGTH	QUANTITY	U. PRICE
225	98cm-125cm	1 500PCS	USD1.10
335	102cm-135cm	2 000PCS	USD1.30
345	112cm-145cm	1 000PCS	USD1.45

AS PER S/C NO. LHF070624 DATED 24 JUN., 2009

DOCUMENTS REQUIEED　　46A: ……

+PRICE LIST BEARING BENEFICIARIES ATTESTATION THAT INVOICED AND SHIPPED GOODS ARE THOSE SPECIFIED IN THE SALES CONTRACT NO. LHF090624 DATED 24 JUN., 2009

ADDITIONAL COND 47A：+THE NUMBER AND THE DATE OF THE CREDIT AND THE NAME OF ISSUING BANK MUST QUOTED ON ALL DOCUMENTS REQUIRED

......

其他相关资料：

发票号码：LHF0723　　发票日期：23 JUL.，2009

美元对人民币汇率：1 美元＝6.83 元　　法人签字：殷建强

运输标志：SHARKS
QTY
C/NO.：1-45

第二篇

进口单证操作

在进口合同签订以后，买方需要根据合同的规定履行自己的义务。本篇以废纸的进口业务流程为实例，以CIF条件成交、远期信用证结算业务为背景，主要介绍了进口批件的申领（自动进口许可证的申领和申请表的填写）、开证申请（根据买卖双方的合同填制开证申请书）、进口报检（入境货物报检单的填制）、进口报关（进口货物报关单的填制）、进口付汇核销（贸易进口付汇核销单的填制）五个项目所涉及的单证操作。

⊙ 项目 1　进口批件的申领

⊙ 项目 2　开证申请书的填制

⊙ 项目 3　入境货物报检

⊙ 项目 4　进口货物报关

⊙ 项目 5　进口付汇核销

进口批件的申领

我国对进口商品的贸易管制可以分为两类：一类是禁止进口管理，凡列入国家公布的禁止进口货物目录，以及其他法律、法规明令禁止或停止进口的货物、技术，任何对外贸易经营者不得经营进口。另一类是限制进口管理，对有数量限制的限制进口货物，实行配额管理，其他限制进口货物实行许可证管理。

凡列入进口许可证管理的商品，除国家另有规定外，各类进出口企业应该在进口前按规定向指定的发证机构申领进口许可证，海关凭进口许可证接受申报和验放。因此，在对外成交、签订合同前，进口单位或受托代理进口单位必须按规定向主管部门和审批部门履行报批手续，并凭批件向发证机关申领进口许可证。

学习目标

应知目标

1. 了解进口许可证的含义和种类
2. 了解办理进口许可证的程序
3. 熟悉自动进口许可证申请表的内容

应会目标

能够根据相关信息填写自动进口许可证申请表

任务　申领自动进口许可证

★ 知识支撑

一、进口许可证概述

（一）进口许可证的含义

进口许可证（Import License）指由国家对外经贸行政管理部门代表国家统一签发的、批准某项商品进口的具有法律效力的证明文件，也是海关查验、放行进口货物和银行办理付汇的依据。

（二）进口许可证的分类

(1) 从许可证管理的范围来看，我国的许可证管理主要包括进口许可证、濒危物种进口、可利用废物进口、进口药品、进口音像制品、进口黄金及其制品等的管理。

(2) 从进口许可证与配额的关系来看，进口许可证可分为如下两种：

1) 有定额的进口许可证，即国家有关机构先规定有关商品的配额，然后在配额的限度内，根据进口商的申请，发放有关商品一定数量的进口许可证。

2) 无定额的进口许可证，即进口许可证不与进口配额相结合。

(3) 从进口商品的许可程度上看，进口许可证可分为如下两种：

1) 公开一般许可证，又称自动进口许可证，即一经申请一般都能获得的许可证，其特点是对进口国别或地区没有限制，适用于一些需求广泛、不需要进行严格限制和不限制货物来源的商品。本书主要介绍自动进口许可证。

2) 特别许可证，又称非自动进口许可证，即需经主管部门个别审批才能获得的许可证，特点是对进口国别或地区有限制，主要适用于特殊商品、配额商品及某些禁止进口的商品。

二、自动进口许可证

（一）自动进口许可证概述

自动进口许可证管理是我国货物自动进口许可管理制度中的主体管理部分，是国家基于对这类货物的统计和监督需要而实行的一种在任何情况下对进口申请一律予以批准，具有自动登记性质的许可管理。

《中华人民共和国货物进出口管理条例》规定，对进口属于自动进口许可管理的货物，国家均应当给予许可；进口属于自动进口许可管理的货物，进口经营者应当在办理海关报关手续前，向国务院外经贸主管部门或者国务院有关经济管理部门提交自动进口许可申请，国务院外经贸主管部门或者国务院有关经济管理部门应当在收到申请后，立即发放自动进口许可证明；进口经营者凭国务院外经贸主管部门或者国务院有关经济管理部门发放的自动进口许可证明，向海关办理报关验放手续。

（二）自动进口许可证管理

（1）商务部对自动进口许可证项下货物原则上实行"一批一证"管理，对部分货物也可实行"非一批一证"管理。

"一批一证"：同一份自动进口许可证不得分批次累计报关使用。同一进口合同项下，收货人可以申请并领取多份自动进口许可证。

"非一批一证"：同一份自动进口许可证在有效期内可以分批次累计报关使用，但累计使用不得超过6次。海关在自动进口许可证原件"海关验放签注栏"内批注后，留存复印件；最后一次使用后，海关留存正本。

非外商投资企业申领《进口许可证管理商品目录一》商品的自动进口许可证，均实行"一批一证"（即同一份自动进口许可证只能一次报关使用，不得分批次累计报关使用）。

对"非一批一证"进口实行自动进口许可管理的大宗散装商品，每批货物进口时，按其实际进口数量核扣自动进口许可证额度数量；最后一批货物进口时，其溢装数量按该自动进口许可证实际剩余数量并在规定的允许溢装上限内计算。

（2）海关对散装货物的溢短装数量，在货物总量正负5%以内的予以免证验放，对原油、成品油、化肥、钢材4种大宗货物的散装货物，溢短装数量在货物总量正负3%以内的予以免证验放。

（三）自动进口许可证的申领程序

1. 提交材料

申请自动进口许可证，应向发证机构提交如下材料：

（1）进口商从事货物进出口的资格证书、备案登记文件或者外商投资企业批准证书、进口用户营业执照（初次申领者提交）。

（2）自动进口许可证申请表（一式两份）。

（3）货物进口合同。

（4）属于委托代理进口的，应当提交委托代理进口协议（正本）。

（5）废物进口还需提供环保批文外经贸部门留存联（首次申请提供正本，再次申请提供复印件）。

2. 申领方式

进口经营者可以通过网上申领方式或书面申领方式向相关商务主管部门提出申请。

(1) 书面申请：收货人可以到各地商务厅网站上下载“自动进口许可证申请表”（可复印），按要求如实填写，并将所需材料一并递交商务主管部门。外资企业申请一般要求纸质资料。

(2) 网上申请：进口经营者在网上申领前，应当先申领用于企业身份认证的电子钥匙。申请时，登录商务部配额许可证事务局许可证网上申领系统。按要求如实在线填写“自动进口许可证申请表”等资料，在线查看“自动进口许可证申请表”状态，待复审通过后打印“自动进口许可证申请表”并加盖公章。

进口经营者持“自动进口许可证申请表”及相关材料到相关商务主管部门领取自动进口许可证。许可申请内容正确且形式完备的，各地商务厅将在3个工作日内签发“自动进口许可证”，最多不超过10个工作日。

(四) 自动进口许可证申请表的填写

自动进口许可证申请表的表格分两种：一种表格由外资企业填写，另一种表格供内资企业填写。“自动进口许可证申请表（外资）”（见图2—1—1）的填制栏目共有20栏，内容如下：

(1) 进口商：此栏中的进口商编号是指进口企业资格证书的13位编码，此项为非必填项；进口商名称指进口用户委托的进口商代理名称，如果属用户自行进口，输入进口用户名称。

(2) 进口用户：输入进口用户的名称。

(3) 自动进口许可证号：由发证机关编排。书面申请时留空不填，网上申请时自动生成。

(4) 自动进口许可证有效截止日期：自动进口许可证的有效期为6个月，一般情况下自动进口许可证仅限公历年度内有效。

(5) 贸易方式：可以分为一般贸易、来料加工、进料对口、进料深加工、合资合作设备、外资设备物品、货样广告品及无代价抵偿。根据实际情况选择填写。

(6) 外汇来源：按实际填写，如“银行购汇”、“自筹”、“其他”等。

(7) 报关口岸：按实际的报关口岸填写。

(8) 出口国（地区）：填写出口国（地区）的名称。

(9) 原产地国（地区）：填写实际原产国（地区）的名称。

(10) 商品用途：包括自用、生产配套件、仿制样机或合作制造、直接销售等。

(11) 商品名称、商品编码：商品名称应按商务部公布的《进口许可证管理商品目录》填写，商品编码填写实际进口商品的10位编码。

(12) 规格、型号：规格只能填写同一编码商品不同规格型号的4种，多于4种型号应另行填写许可证申请表。

(13) 单位：指计量单位。各商品使用的计量单位由商务部统一规定，不得任意变动。合同中使用的计量单位与规定的计量单位不一致时，应换算成统一计量单位。非限制进口商品，此栏以“套”为计量单位。

<table>
<tr><th colspan="6">中华人民共和国自动进口许可证申请表（外资）</th></tr>
<tr><td colspan="3">1. 进口商</td><td colspan="3">3. 自动进口许可证号</td></tr>
<tr><td colspan="3">2. 进口用户</td><td colspan="3">4. 自动进口许可证有效截止日期
年　月　日</td></tr>
<tr><td colspan="3">5. 贸易方式</td><td colspan="3">8. 出口国（地区）</td></tr>
<tr><td colspan="3">6. 外汇来源</td><td colspan="3">9. 原产地国（地区）</td></tr>
<tr><td colspan="3">7. 报关口岸</td><td colspan="3">10. 商品用途</td></tr>
<tr><td colspan="3">11. 商品名称</td><td colspan="3">商品编码</td></tr>
<tr><td>12. 规格、型号</td><td>13. 单位</td><td>14. 数量</td><td>15. 单价
（币别）</td><td>16. 总值
（币别）</td><td>17. 总值折美元</td></tr>
<tr><td></td><td></td><td></td><td></td><td></td><td></td></tr>
<tr><td></td><td></td><td></td><td></td><td></td><td></td></tr>
<tr><td></td><td></td><td></td><td></td><td></td><td></td></tr>
<tr><td></td><td></td><td></td><td></td><td></td><td></td></tr>
<tr><td>18. 总计</td><td></td><td></td><td></td><td></td><td></td></tr>
<tr><td colspan="3">19. 领证人姓名
申请日期
联系电话</td><td colspan="3">20. 发证机关审核
经办初审
负责人终审</td></tr>
</table>

中华人民共和国商务部监制（2008）

图 2—1—1　自动进口许可证申请表（外资）

（14）数量：应按商务部规定的计量单位填写数量，允许保留一位小数。

（15）单价（币别）：应填写成交时用的价格或估计价格并与计量单位一致。

（16）总值（币别）：根据数量和单价的乘积填写。

（17）总值折美元：如果成交币别不是美元，要填写折成美元后的数字。

（18）总计：根据内容进行汇总。

（19）备注：此栏填写联系人的姓名和联系电话及申请日期。

（20）签证机构审批意见：由发证机构填写。

与外资企业的自动进口许可证申请表相比，“自动进口许可证申请表（内资）”（见图 2—1—2）有 26 项内容，增加了申请单位、装运时间、是否国营贸易、生产商、进口合同号、预计到港时间 6 个栏目，另外备注还要求说明上年进口数量和当年进口数量，其他的内容及填写方法与外资企业的申请表相同。

<table>
<tr><th colspan="6">中华人民共和国自动进口许可证申请表（内资）</th></tr>
<tr><td colspan="3">1. 申请单位　　代码
地址　　邮政编码
经办人　　电话
（单位签章）　　年　月　日</td><td colspan="3">4. 自动进口许可证申请表号
自动进口许可证号</td></tr>
<tr><td colspan="3">2. 进口商　　代码</td><td colspan="3">5. 自动进口许可证有效截止日期
年　月　日</td></tr>
<tr><td colspan="3">3. 进口用户　　代码</td><td colspan="3">9. 贸易国（地区）</td></tr>
<tr><td colspan="3">6. 贸易方式</td><td colspan="3">10. 装运时间</td></tr>
<tr><td colspan="3">7. 外汇来源</td><td colspan="3">11. 原产地国（地区）</td></tr>
<tr><td colspan="3">8. 是否国营贸易</td><td colspan="3">12. 生产商</td></tr>
<tr><td colspan="3">13. 进口合同号</td><td colspan="3">14. 预计到港时间</td></tr>
<tr><td colspan="3">15. 报关口岸</td><td colspan="3">16. 商品用途</td></tr>
<tr><td colspan="6">17. 商品名称　　商品编码　　商品状态</td></tr>
<tr><td>18. 规格、型号</td><td>19. 单位</td><td>20. 数量</td><td>21. 单价
（币别）</td><td>22. 总值
（币别）</td><td>23. 总值折美元</td></tr>
<tr><td></td><td></td><td></td><td></td><td></td><td></td></tr>
<tr><td></td><td></td><td></td><td></td><td></td><td></td></tr>
<tr><td></td><td></td><td></td><td></td><td></td><td></td></tr>
<tr><td></td><td></td><td></td><td></td><td></td><td></td></tr>
<tr><td>24. 总计</td><td></td><td></td><td></td><td></td><td></td></tr>
<tr><td colspan="3">25. 备注
今年已进口报关数量（吨）
上年进口数量（吨）

领 证 人
联系电话
申请日期</td><td colspan="3">26. 发证机关审核意见

经办初审

负责人终审</td></tr>
</table>

中华人民共和国商务部监制（2008）

图 2—1—2　自动进口许可证申请表（内资）

工作任务实训

一、任务情境

富阳飞思升纸业有限公司是一家具有自营进出口经营权的经环保局批准的进口废物再利用的纸业制造企业。根据我国法律规定，废纸进口企业需向环保部门申请固体废物进口许可证（有效期为一年），该企业 2009 年度的固体废物进口许可证号码是 09-2000M-201771。2009 年 1 月 16 日，飞思升公司与荷兰的 FIBRE SUPPLY EUROPE 公司达成了 1 000 公吨 ONP 欧洲废纸的交易，约定分批装运，于 2009 年 2 月至 5 月每月装运 250 公吨。我国规定，ONP 废纸属于《自动进口许可证管理类可用作原料的废物目录》（一批一证）的货物，因此飞思升公司在签订合同后要向商务部申请自动进口许可证。

其他相关资料：

企业代码：3300142943925　　企业地址：杭州富阳春江镇上江村
邮编：311400　　经办人：凌晓婷
电话：0571-23266789　　申请日期：2009 年 1 月 17 日
贸易方式：一般贸易　　外汇来源：银行购汇
合同号：AFY0230　　预计到港时间：3 月 25 日
报关口岸：上海　　企业用途：企业自用
单价：每公吨 98 美元　　总值：24 500 美元
H. S. 编码：4707300000　　2008 年进口数量：2 000 公吨
商品名称：欧洲废纸（EUROPEAN WASTE PAPER ONP 80/20）

二、工作任务

单证员凌晓婷根据上述任务情境中的资料填写自动进口许可证申请表。

三、任务实施

第 1 栏，根据申请单位的具体信息填写公司的名称、代码及地址。

第 2、3 栏，进口商和进口用户都是富阳飞思升纸业有限公司，所以这两栏的内容填写一致。

第 4 栏，留空不填，该栏由出证机构的计算机系统自动生成。

第 5 栏，自动许可证的有效期为 6 个月，由出证机构填写。

第 6 栏，贸易方式填写“一般贸易”。

第 7 栏，外汇来源填写“银行购汇”。

第 8 栏，根据企业性质填写“否”。

第 9 栏，贸易国别填写出口国的名称“荷兰”。

第 10 栏，装运时间填写“2009 年 2 月底”。

第 11 栏，原产地国填写“荷兰”。

第 12 栏，生产商填写出口公司的名称“FIBRE SUPPLY EUROPE”。

第 13 栏，填写进口合同号“AFY0230”。

第 14 栏，预计到港的时间，根据其他资料填写“2009 年 3 月 25 日”。

第 15 栏，报关口岸填写“上海海关”。

第 16 栏，商品用途填写“企业自用”。

第 17 栏，填写具体的商品名称及 H. S. 编码。

第 18、19、20、21、22、23、24 栏，填写内容见图 2—1—3。

<table>
<tr><th colspan="6">中华人民共和国自动进口许可证申请表（内资）</th></tr>
<tr><td colspan="3">1. 申请单位　代码
富阳飞思升纸业有限公司　3300142943925
地址　邮政编码
杭州富阳春江镇上江村　311400
经办人　电话
凌晓婷　富阳飞思升纸业有限公司　0571-23266789
（单位签章）　2009 年 1 月 17 日</td><td colspan="3">4. 自动进口许可证申请表号
自动进口许可证号</td></tr>
<tr><td colspan="3">2. 进口商　代码
富阳飞思升纸业有限公司　3300142943925</td><td colspan="3">5. 自动进口许可证有效截止日期
年　月　日</td></tr>
<tr><td colspan="3">3. 进口用户　代码
富阳飞思升纸业有限公司　3300142943925</td><td colspan="3">9. 贸易国（地区）
荷兰</td></tr>
<tr><td colspan="3">6. 贸易方式
一般贸易</td><td colspan="3">10. 装运时间
2009 年 2 月底</td></tr>
<tr><td colspan="3">7. 外汇来源
银行购汇</td><td colspan="3">11. 原产地国（地区）
荷兰</td></tr>
<tr><td colspan="3">8. 是否国营贸易
否</td><td colspan="3">12. 生产商
FIBRE SUPPLY EUROPE</td></tr>
<tr><td colspan="3">13. 进口合同号
AFY0230</td><td colspan="3">14. 预计到港时间
2009 年 3 月 25 日</td></tr>
<tr><td colspan="3">15. 报关口岸
上海海关</td><td colspan="3">16. 商品用途
企业自用</td></tr>
<tr><td colspan="3">17. 商品名称
欧洲废纸 ONP 80/20</td><td colspan="2">商品编码
4707300000</td><td>商品状态</td></tr>
<tr><td>18. 规格、型号</td><td>19. 单位</td><td>20. 数量</td><td>21. 单价（USD）</td><td>22. 总值（USD）</td><td>23. 总值折美元</td></tr>
<tr><td>ONP 80/20</td><td>公吨</td><td>*250.0000</td><td>*98.00</td><td>*24 500.00</td><td>*24 500.00</td></tr>
<tr><td></td><td></td><td></td><td></td><td></td><td></td></tr>
<tr><td></td><td></td><td></td><td></td><td></td><td></td></tr>
<tr><td></td><td></td><td></td><td></td><td></td><td></td></tr>
<tr><td>24. 总计</td><td></td><td>*250.0000</td><td></td><td>*24 500.00</td><td>*24 500.00</td></tr>
<tr><td colspan="3">25. 备注
今年已进口报关数量（吨）　0
上年进口数量（吨）　2 000 公吨

领 证 人　凌晓婷
联系电话　0571-23266789
申请日期　2009 年 1 月 17 日</td><td colspan="3">26. 发证机关审核意见
经办初审

负责人终审</td></tr>
</table>

图 2—1—3　自动进口许可证申请表（内资）实例

第25栏，根据2009年企业的实际需要，填写报关数量。

第26栏，留空，由发证机构填写。

填制好的自动进口许可证申请表见图2—1—3。

训练测试题目

上海永发冷冻食品有限公司于2009年8月10日与日本的MARUHA MICHIRO FOOD CO.，LTD达成进口3 000千克冷冻整鸡（H.S. 编码0207120000，为2009年自动进口许可证管理目录一内商品）的交易，用于加工罐头。请根据下列资料，以公司单证员陈捷的身份填写“自动进口许可证申请表（外资）”。

其他相关资料：

企业代码：3100632423941　　企业性质：外资企业

贸易方式：一般贸易　　外汇来源：银行购汇

报关口岸：上海海关　　商品用途：企业自用

商品名称：冷冻整鸡　　数量：3 000千克

单价：USD16.00　　总值：USD48 000.00

申请日期：2009年8月15日　　联系电话：021-56732154

开证申请书的填制

买卖双方签订合同后，按期开立信用证是买方履行合同的关键步骤。向银行申请开立信用证相当于是买方在履行合同的付款责任，通过银行对出口商做出付款责任。因此，作为进口商的买方，签订合同，办理好必要的进口批件后，接下来的工作就是向当地银行申请开立信用证，填写开证申请书。

学习目标

应知目标

1. 了解开立信用证的具体手续
2. 了解进口开证中必须注意的问题
3. 熟悉开证申请书的内容

应会目标

能够根据贸易合同填制开证申请书

任务　填制开证申请书

★ 知识支撑

一、申请开立信用证的具体手续

当进出口双方在贸易合同中确立以信用证结算方式支付货款后，进口商必须在合同规定的时间内到所在地银行办理申请开立信用证手续。开证的手续如下。

（一）递交有关合同的副本及附件

进口商在向银行申请开证时，要向银行递交进口合同的副本及所需的文件，如进口许可证、进口批件等文件。

（二）填写开证申请书

进口商根据银行规定的统一开证申请书格式，填写一式三份：一份留业务部门；一份留财务部门；一份交银行。填写开证申请书，必须按照合同条款的具体规定，写明信用证的各项要求，内容要求明确、完整，无词意不清的记载。

（三）缴纳保证金

按照国际贸易的习惯做法，进口商向银行申请开立信用证时，应向银行缴付一定比例的保证金，其金额一般为信用证金额的百分之十几到百分之几十，根据进口人的资信情况而定。在我国的进口业务中，开证行往往根据不同企业的资信和交易情况，要求开证申请人缴付一定比例的人民币保证金。

（四）支付开证费用

按照国际惯例，开证费由开证申请人支付，所以进口商在申请开立信用证时必须支付开证费。按照我国目前各银行的一般规定，开证费为信用证金额的 0.1%，最高为 100 美元，最低为 25 美元。

二、申请开证的注意事项

（1）申请开证前，要落实进口批准手续（如进口许可证）及外汇来源。

（2）注意申请开证的时间应以卖方在收到信用证后能在合同规定的装运期内出运为原则。若合同规定了具体的开证期限，则必须在规定的期限内开立信用证；若合同未规定限期，则应在合理的时间即合同规定的交货期前一个月开至卖方。信用证开出后就不受合同约束，因此应注意信用证与合同的一致，要以对外签订的买卖合同（包括修改后的买卖合同）为开证依据，合同中规定要在信用证上明确的条款都必须列明，不能使用“参阅第×号合同”或“第×号合同项下货物”等条款，也不能将有关合同作为信用证附件附在信用证后，因为信用证是一个独立的文件，不依附于贸易合同。

（3）当合同规定为远期付款时，要明确汇票期限，价格条款必须与相应的单据要求，以及费用负担、表示方法等相吻合。如CIF价格条件下，开证申请书应表明要求卖方提交“运费预付”的提单，要求卖方提交保险单据，并要表明保险内容、保险范围及投保金额。

（4）信用证内容必须明确无误，应明确规定各类单据、条款的出单人（商业发票、保险单和运输单据除外），明确各单据应表述的内容。

（5）银行只处理单据，不管货物质量如何，也不受贸易合同的约束。为使货物符合要求，应要求卖方提供商品检验机构出具的装船前检验证明。

（6）在信用证支付方式下，只要单据表面与信用证条款相符合，开证行就必须按规定付款。所以进口商对卖方的要求，在申请开证时，应按合同有关规定转化成有关单据，具体规定在信用证中。若信用证中含有某些条件而未列明应提交与之相应的单据，银行将认为未列此条件，对此将不予理会。

（7）不准分批、不准转运、不接受第三者装运单据等要求，均应在信用证中明确规定，否则将被认为允许分批、允许转运、接受第三者装运单据。

（8）国外通知行应由开证行指定，出口商不能指定。但如果出口商在订立合同时坚持指定通知行，进口商可在开证申请书上注明，供开证行在选择通知行时参考。

（9）对我方开出的信用证，如对方（出口商）要求其他银行保兑或由通知行保兑，我方原则上不能同意（在订立合同时，应说服国外出口商免除保兑要求，以免开证时被动）。

（10）我国银行一般不开立不可转让信用证（因为对第二受益人资信难以了解，特别是对于跨地区和国家的转让更难掌握）。但在特殊情况下，如大额合同项下开证要求多家出口商交货，照顾实际需要可与银行协商开出可转让信用证。另外，我国银行一般也不开有电报索偿条款的信用证。

三、开证申请书的填制内容

我国各大商业银行的开证申请书格式及填制内容大同小异，下面以中国银行的开证申请书（见图2—2—1）为例来介绍开证申请书的填制内容。

APPLICATION FOR ISSUING LETTER OF CREDIT

To: Bank of China Ltd., Branch (1) Date (2)
(3) Please issue on our behalf and for our account the following IRREVOCABLE□Transferable□Un-transferable letter of credit subject to UCP600.
Credit No. (4)

Applicant (Full name and detailed address) (5)	**Beneficiary** (Full name and detailed address) (7)	
Advising bank (Left for bank to fill) (6)	**Expiry date** **Place** (8) **Partial shipments** (9) □allowed □not allowed **Transshipment** □allowed □not allowed	**Loading in charge** (10) **For transport to** **Latest date of shipment**

Amount (11)

(12) **Credit available with** □any bank □issuing bank
by □negotiation □sight payment □acceptance □deferred payment against the documents detailed herein and
(13) **Beneficiary's drafts** □at sight □at ____ days after □sight □B/L date □Air Waybill date □delivery documents date □drafts date drawn on ____________.
(14) **Documents required** (Marked with ×)
1. □Manually signed commercial invoice in ____ indicating L/C No. ____ and Contract No. ____
2. □Full set □2/3 set □1/3 set of clean on board ocean Bill of Lading □consigned to applicant □made to order and blank endorsed marked freight □prepaid □collect □payable as per charter party notify □ applicant □
3. □Air Waybills consigned to applicant marked □freight prepaid □freight collect indicating actual flight No. and flight date notify ____________
4. □Full set □1/2 set of original insurance policy / certificate for 110% of the invoice value showing claims payable in China, in the currency of the draft, blank endorsed, covering □Ocean marine transportation □Air transportation □Overland transportation all risks and war risk, as per ICC clause, the number of original (s) issued must be stated
5. □Certificate of origin in ____ copies issued by ________.
6. □Packing list in ____ issued by ____ indicating □quantity □gross and net weights of ____
7. □Weight memo in ____ issued by ____ indicating gross and net weights of each package
8. □Certificate of Quality in ____ issued by ____
9. □Beneficiary's certified copy of fax sent to ____ within ____ working days of the shipment date indicating contract No., L/C No., goods name, quantity, invoice value, □vessel's name □flight No. □container No. □packages □loading port □dispatch place □shipping date and ETA
10. □Beneficiary's statement attesting that one set of non-negotiable documents have been sent to applicant by ____ within□____ days □____ beneficiary's working days after □shipment □delivery
11. □Fumigated certificate in duplicate

12. □Certificate of non-wood packing material in duplicate
13. □Other documents required

(15) **Description of goods**

□FOB　　□CFR　　□CIF　　□Other Terms
□Packing　　□Shipping marks

(16) **Additional instructions**
1. □All documents must indicate Contract No. ____
2. □All banking charges except □L/C opening and/or acceptance charges □outside the issuing bank are for account of the beneficiary
3. □Both quantity and amount for each item ____% more or ____% less allowed
4. □Third party as shipper is not acceptable
5. □Documents must be presented within ____ days after the date of ____ but within the validity of this credit
6. □Other instructions

(17) Signature of authorized person:

Tel:　　Fax:

图 2—2—1　开证申请书

中行的开证申请书有 17 项内容：

（1）致（To）：银行印制的申请书上事先都会印就开证银行的名称、地址，银行的 SWIFT 号码、电传号码等也会同时显示。

（2）申请开证日期（Date）：此栏填写进口商申请开证的实际日期。

（3）信用证的种类：此栏的中文意思：请根据《UCP600》开列不可撤销信用证、可转让信用证或不可转让信用证，记在我方账下。

填写时，进口商只要选择信用证的种类，在可转让或不可转让前面的□内打“×”。一般来说，我国银行开出的信用证都是不可撤销的不可转让信用证。

（4）信用证号码（Credit No.）：此栏由银行填写。

（5）开证申请人［Applicant (Full Name & Detailed Address)］：此栏填写开证申请人（进口商）的全称及详细地址。

（6）通知行（Advising Bank）：此栏由开证行填写。因为通知行一般为开证银行的代理行或分支机构，与开证行有账户往来。如果出口商指定了通知行，进口商应事先向有关银行查询，并及时更改，以免被动。

(7) 受益人(Beneficiary):此栏填写受益人(出口商)的全称及详细地址。

(8) 到期日期和地点(Expiry Date / Place):此栏填写信用证的有效期及到期地点。按照一般惯例,有效期为最后装运日后15天,到期地点为受益人所在地。

(9) 分批装运(Partial Shipments)与转运(Transshipment)条款:此栏根据合同规定填写,如果可以分批装运和转运,就在"allowed"前面的□内打"×",如果不能分批装运和转运,就在"not allowed"前面的□内打"×"。

(10) 装运地/港(Loading in Charge)、目的地/港(For Transport to)名称和最晚装运日期(Latest Date of Shipment):此栏根据合同规定填写,若允许有转运地/港,也应清楚标明。

(11) 金额(Amount):此栏根据合同规定填写信用证金额的大写与小写,大、小写金额必须一致。

(12) 信用证兑用方式(Credit Available with):此栏填写信用证兑用方式,即议付、即期付款、承兑、延期付款四种,并明示自由议付还是限制议付。填写时只要在所提供的即期付款、承兑、议付和延期付款四种信用证兑用方式中选择与合同要求一致的类型。

另外,还要明示是自由议付、承兑或付款的信用证(在"any bank"前面的□内打"×"),还是限制议付、承兑、付款的信用证(在"issuing bank"前面的□内打"×")。

(13) 汇票要求(Beneficiary's Draft):如果第12栏选择了议付或承兑,此栏必须填写汇票的期限,如果第12栏选择了即期付款,此栏可以留空不填。

此栏根据合同规定填写,如果是即期,就在"at sight"前面的□内打"×",如果是远期,就在"at ____ days after"前面的□内打"×",填写上远期天数(30、45等),并根据不同的远期方式,选择在"sight"(见票后若干天)、"B/L date"(提单日期后若干天)、"Air Waybill date"(航空货运单日期后若干天)、"delivery documents date"(交单日后若干天)或"drafts date"(汇票日期后若干天)前面的□内打"×"。

注意:虽然延期付款的信用证不需要汇票,但是此栏也要填写,以说明延期付款的期限,也就是根据合同规定,在"B/L date"、"Air Waybill date"和"delivery documents date"三者前面的□内选择打"×",即提单日期后、航空货运单后或交单日后若干天付款。

最后,要注明汇票的付款人,即在"Drawn on"后面填写开证行名称。如果是即期或延期付款信用证,则不需要注明汇票付款人。

(14) 单据条款(Documents Required):中国银行在此栏已印就的单证条款有13条,从上至下为发票、提单、航空货运单、保险单、产地证、装箱单、重量单、品质证书、装运通知、受益人证明、熏蒸证明、无木质包装证明和其他单证。

开证申请人可根据合同规定在对应的单据前的□内打"×",不能随意提出超出合同规定的要求,也不能降低或减少合同规定的要求。选中某单据后,对该单据的具体要求(如一式几份、要否签字、正副本的份数、单据中应标明的内容等)也应如实填写,如果印就的单据要求不完整，则可在第 13 条前的□内打“×”，并填写上单证的名称、份数及出证机构。

（15）商品描述（Description of Goods）：此栏根据合同规定填写商品描述，包括品名、数量、单价、总价、包装、唛头及贸易术语。所有内容都必须与合同内容相一致，如果合同条款里附带“AS PER INCOTERMS 2000”、数量条款中规定“MORE OR LESS”或“ABOUT”、使用某种特定包装物等特殊要求，在此也必须清楚列明。

贸易术语的选择是在对应的□内打“×”，并在术语后填写装运港或卸货港。如合同规定“FOB HAMBURG”，就在“FOB”前的□内打“×”，并在“FOB”后加“HAMBURG”。

（16）附加指示（Additional Instructions）：中国银行在此栏已印就 6 条指示，自上而下分别是：所有单证显示合同号码、银行费用条款、数量及金额的增减条款、不接受第三方托运的提单、交单期、其他要求。

进口商可以在对应的指示前的□内打“×”，并填上对应的号码和数字。按照一般惯例，开证行以外的费用由受益人承担，不接受第三方托运的提单，交单期为提单日期后 15 天，但又必须在信用证有效期之内。

如果印就的指示要求不完整，则可在第 6 条前的□内打“×”，并明示要求。

（17）开证申请人签署、电话、传真等：此栏由进口企业盖公章、财务专用章、法人代表签署章，以及填写电话与传真号码。

工作任务实训

一、任务情境

富阳飞思升纸业有限公司于 2009 年 1 月 16 日向荷兰 FIBRE SUPPLY EUROPE 公司订购了 1 000 公吨的欧洲废纸，合同见图 2—2—2。富阳飞思升纸业有限公司于 1 月 20 日拿到了自动进口许可证，于 1 月 21 日开始向中国银行浙江分行申请开立信用证。

二、工作任务

单证员凌晓婷根据合同填写开证申请书。

富阳飞思升纸业有限公司

FUYANG FEISISHENG CO. , LTD

SHANGJIANG VILLAGE, CHUNJIANG STREET, FUYANG CITY, HANGZHOU, CHINA

TEL: + 86 0571 23266789 FAX: + 86 0571 23581013

CONTRACT

合同号码 No.：AFY0230
日期 Date：16 Jan.，2009

买方：富阳飞思升纸业有限公司　　卖方：
Buyer：FUYANG FEISISHENG CO.，LTD　　Seller：FIBRE SUPPLY EUROPE
ADD：SHANGJIANG VILLAGE，ADD：FEETHOVEN 10，5247
CHUNJIANG TOWN，FUYANG CITY，THE NETHERLANDS
HANGZHOU，CHINA TEL：+31.73.5224390　FAX：+31.73.5224389

本合同由买卖双方订立，买方按照如下条款购进卖方售出的以下产品：

This contract is made between the buyers and the sellers，whereby the buyers agree to buy and the sellers agree to sell the under-mentioned：

(1)品名 Commodity	(2)规格 Specifications	(3)数量 Quantity	(4)单价 Unite Price	(5)总额 Total Value
欧洲废纸 ONP80/20 EUROPE WASTE PAPER	①杂质不可超过 1% A. Prohibitive material may not exceed 1% ②不合格纸张不可超过 5% B. Total out throws may not exceed 5% ③水分最多不可超过 12% C. Moisture contents 12% maximum is deemed to be air dry ④短重不可超过 2%(参照欧洲 CEPAC 品质标准) D. Total shortage weight may not exceed 2%(as per list of Europe standard quality-CEPAC)	1 000 公吨 1 000M/TS	每公吨 98 美元 USD98Per M/T	CIF SHANGHAI 含目的港码头操作费和检验费 Including THC and CIQ Charges USD98 000.00 USD98 000.00

总额大写：美元玖万捌仟元整

Total value in words：Say U. S. Dollars ninety eight thousand only

(6)溢短装：±10%
More or less：±10%

(7)包装：标准出口包装
Packing：Standard export packing

(8)付款条件：100%发票之金额不可撤销信用证，提单日后 60 天付款，中国银行为付款人。若买方晚开信用证造成卖方无法及时制作装运单据而造成的所有相关费用将不属于卖方之责任。

Terms of Payment：100% invoice value of Irrevocable L/C drafts at 60 days after B/L date drawn on Bank of China. If buyer issue L/C lately so that seller can't make the shipping documents in time caused all related fee by the documents delay are not belong to the seller's responsibility.

(9)装船港口：欧洲主要港口
Porting of Lading：Europe main port

(10)目的港：中国上海
Porting of destination：Shanghai，China

(11)装运：允许分批装运，允许转船，卖方提供 14 天免箱期。

Shipment：Partial shipments allowed and transshipment allowed. Seller should confirm 14 days free time for the containers.

(12)装运时间：2009 年 2 月、3 月、4 月、5 月，每月一批，等量出运。

Shipment：Will be effected during Feb. / Mar. / Apr. / May 2009 in four equal monthly lots.

(13)信用证有效期：最后装船日起算 15 天内。

L/C expiry date：15 days within latest shipping date.

(14)装船前商品检验:货物必须在装船前由中国检验认证集团欧洲有限公司进行检验,检验费由卖方负担。
Commodity inspection: The commodity must be inspected by CCIC Europe Company before it is loaded on board. The inspection expenses shall be borne by the seller.
(15)保险:由卖方根据发票金额的110%投保一切险。
Insurance: To be effected by the seller for 110% of invoice value covering all risks and war risks as per CIC of PICC dated 01/01/1981.
(16)卖方需提供的单证
Documents provided by the seller:
A. Signed commercial invoice in 3 copies
B. Packing list in 3 copies showing gross and net weight of each package
C. Certificate of quality in 3 copies issued by the CIQ Europe Company
D. Full set clean on board Bill of Lading consigned to the buyer notify the same
E. Certified copy of fax notifying applicant of the shipment details within 2 working days of the shipment date
F. Certificate of non-wood packing issued by seller
G. Certificate of 14 days free time detention
H. Insurance policy or certificate in 2 copies
(17)卖方需将1/3正本提单、无木质包装证明、发票、14天免箱期证明及其他副本单据通过快递在装运后两个工作日内直接寄往买方指定地址,2/3正本提单及其他单证通过银行转交买方。
Seller will mail 1/3 original B/L, certification of non-wood packing, certification of 14 days free time detention, commercial invoice & other shipping documents to the address that buyer appoints by courier within 2 workingdays after shipment, 2/3 original B/L & other shipping documents will be delivered to buyer through the bank.
(18)索赔期限:卸货后56天内。
Claim period: The claim should lodged within 56 days after empty container to be refunded.
(19)说明:本合同以中英文两种文字书就,两种文字的条款具有同等效力,如有争议以中文为准。
Note: This contract is made out in Chinese and English, both versions being equally authentic. Should the disputes arise the Chinese version is final.
(20)通知行:
Advising bank: F. VAN LANSCHOT BANKIERS N. V. P. O. BOX 1775 DEN BOSCH 5200 BV
Swift Code: FVLBNL22I, Account No.: 26.04.12.651

Confirmed by (as buyer)
FUYANG FEISISHENG CO., LTD
孙历艇

Confirmed by (as seller)
FIBRE SUPPLY EUROPE
Maitim

图 2—2—2 合同

三、任务实施

凌晓婷根据中国银行的开立国际信用证的格式填写开证申请书:

第1栏，在“Branch”的前面填写“ZHEJIANG”，因为在中行浙江分行开证。

第2栏，填写“21 JAN., 2009”。

第3栏，选择不可转让信用证，在“UNTRANSFERABLE LETTER OF CREDIT”前的□里打“×”。

第4栏，留空。

第5栏，填写富阳飞思升纸业有限公司的英文全称及地址。

第6栏，根据合同填写“F. VAN LANSCHOT BANKIERS N. V. P. O. BOX1775 DEN BOSCH

5200 BV，SWIFT CODE：FVLBNL22I，ACCOUNT NO.：26.04.12.651”。

第 7 栏，根据合同填写 FIBRE SUPPLY EUROPE 公司的全称、地址。

第 8 栏，根据合同的规定，填写“15 JUN.，2009”和“THE NETHERLANDS”。

第 9 栏，根据合同的规定，在“allowed”前的□内打“×”。

第 10 栏，根据合同的规定，在“Loading in charge”下面填写“EUROPE MAIN PORT”；在“For transport to”下面填写“SHANGHAI，CHINA”；在“Latest date of shipment”下面填写“31 MAY，2009”。

第 11 栏，填写“USD98 000.00”和“SAY U. S. DOLLARS NINETY EIGHT THOUSAND ONLY”。

第 12 栏，按照惯例在“any bank”和“negotiation”前的□内打“×”。

第 13 栏，根据合同的规定，在“at ____ days”前面的□内打“×”，在横线上填写“60”，并在“B/L date”前的□内打“×”，最后在“drawn on”后填写“BANK OF CHINA ZHEJIANG BRANCH”。

第 14 栏，根据合同的规定，在第 1、2、4、6、8、9、13 前面的□内打“×”，并填制相应空格，在“Other documents required”后再添加“Certificate of non-wood packing issued by seller”和“Certificate of 14 days free time detention issued by seller”。

第 15 栏，根据合同的规定，填写“EUROPE WASTE PAPER，ONP80/20”，选择相应的贸易术语 CIF SHANGHAI，并明示单价和数量。由于该合同中关于货物的规格很多，进口商可以不一一列明，而仅填写“AS PER S/C NO. AFY0230”。

第 16 栏，根据惯例与合同规定，在第 1、2、3、4、5 条前的□内打“×”，并在第 1 条后的横线上填写“AFY0230”，在第 2 条“outside the issuing bank”前的□内打“×”，在第 3 条的横线上填写“10”，在第 5 条的“days”前的横线上填写“15”，在“but”前的横线上填写“B/L”。

第 17 栏，按规定加盖公司章、财务章及法人代表签署章，并填写电话号码与传真号码。

填写好的开证申请书见图 2—2—3。

APPLICATION FOR ISSUING LETTER OF CREDIT

<table>
<tr><td colspan="2">To: Bank of China Ltd.，ZHEJIANG Branch　　　　Date 21 JAN.，2009
Please issue on our behalf and for our account the following IRREVOCABLE □Transferable ☒Untransferable letter of credit subject to UCP600
Credit No.</td></tr>
<tr><td>Applicant (Full name and detailed address)
FUYANG FEISISHENG CO.，LTD.
SHANGJIANG VILLAGE, CHUNJIANG TOWN
FUYANG CITY，HANGZHOU
CHINA</td><td>Beneficiary (Full name and detailed address)
FIBRE SUPPLY EUROPR
FEETHOVEN 10，5247
THE NETHERLANDS
TEL：31.73.5224390 FAX：31.73.5224389</td></tr>
</table>

<table>
<tr>
<td>Advising bank（Left for bank to fill）
F. VAN LANSCHOT BANKIERS
N. V.，P. O. BOX 1775，
DEN BOSCH 5200 BV
SWIFT CODE：FVLBNL22I，
ACCOUNT NO. 26. 04. 12. 651</td>
<td>Expiry date Place
15 JUN.，2009，THE NETHER-LANDS
Partial shipments
☒allowed ☐not allowed
Transshipment
☒allowed ☐not allowed</td>
<td>Loading in charges
EUROPE MAIN PORT
For transport to
SHANGHAI，CHINA
Latest date of shipment
31 MAY，2009</td>
</tr>
<tr>
<td colspan="3">Amount
USD98 000. 00 SAY U. S. DOLLARS NINETY EIGHTY THOUSAND ONLY</td>
</tr>
<tr>
<td colspan="3">Credit available with ☒any bank☐issuing bank
by ☒negotiation ☐sight payment ☐acceptance ☐deferred payment against the documents detailed herein and
Beneficiary's drafts ☐at sight ☒at 60 days after ☐ sight ☒B/L date ☐Air Waybill date ☐delivery documents date ☐drafts date drawn on BANK OF CHINA ZHE JIANG BRANCH.
Documents required（Marked with ×）
1. ☒Manually signed commercial invoice in 3 copies indicating L/C No. ____ and Contract No. AFY0230
2. ☒Full set ☐2/3 set ☐1/3 set of clean on board ocean Bill of Lading ☒consigned to applicant ☐made to order and blank endorsed marked freight ☒prepaid ☐collect ☐payable as per charter party notify ☒applicant ☐
3. ☐Air Waybills consigned to applicant marked ☐freight prepaid ☐freight collect indicating actual flight No. and flight date notify ________
4. ☒Full set ☐1/2 set of original insurance policy / certificate for 110% of the invoice value showing claims payable in China，in the currency of the draft，blank endorsed，covering ☒Ocean marine transportation ☐Air transportation ☐Overland transportation all risks and war risk，as per ICC clause，the number of original（s）issued must be stated
5. ☐Certificate of origin in ____ copies issued by ________.
6. ☒ Packing list in 3 copies issued by the seller indicating ☐quantity ☒ gross and net weights of each package
7. ☐Weight memo in ____ issued by ____ indicating gross and net weights of each package
8. ☒Certificate of Quality in 3 copies issued by the CIQ Europe Company
9. ☒Beneficiary's certified copy of fax sent to the applicant within 2 working days of the shipment date indicating contract No.，L/C No.，goods name，quantity，invoice value，☒vessel's name ☐flight No. ☒container No. ☒packages ☒loading port ☐dispatch place ☒shipping date and ETA
10. ☐Beneficiary's statement attesting that one set of non-negotiable documents have been sent to applicant by ____ within ____☐days ☐____ beneficiary's working days after ☐shipment ☐delivery
11. ☐Fumigated certificate in duplicate
12. ☐Certificate of non-wood packing material in duplicate
13. ☒Other documents required：A. Certificate of non-wood packing issued by seller
B. Certificate of 14 days free time detention issued by seller
Description of goods
EUROPE WASTER PAPER，ONP80/20
1 000M/T，USD98. 00 PER M/T CIF SHANGHAI INCL. THC AND CCIC CHARGE
AS PER S/C NO. AFY0230</td>
</tr>
</table>

☐FOB ☐CFR ☒CIF SHANGHAI ☐Other Terms

☒Packing：Standard export packing ☒ Shipping marks：N/M

Additional instructions

1. ☒All documents must indicate contract No. AFY0230

2. ☒All banking charges except ☐L/C opening and/or acceptance charges ☒outside the issuing bank are for account of the beneficiary

3. ☒Both quantity and amount for each item 10 % more or 10 % less allowed

4. ☒Third party as shipper is not acceptable

5. ☒Documents must be presented within 15 days after the date of B/L but within the validity of this credit

6. ☐Other instructions

Signature of authorized person：

富阳飞思升纸业有限公司（章）
财务专用章
孙历艇（章）
Tel：0571-23266789
Fax：0571-23581013

图 2—2—3 开证申请书实例

? 训练测试题目

杭州胜康橡胶有限公司与德国的 LANXESS DEUTSCHLAND GMBH 公司签订了进口 8 760 千克的三元一丙胶（人造橡胶）的合同，用于加工产品后再返销出口。请以该公司单证员的名义，根据下面的合同（见图 2—2—4）和相关资料填写开证申请书。

其他相关信息：

申请开证日期：2009 年 4 月 28 日

开证银行：中国银行杭州支行

附加指示：所有单据必须显示合同号和信用证号

不接受第三方托运的提单

杭州胜康橡胶有限公司
HANGZHOU SHENCON RUBBER CO.，LTD

No. A-17 Xiasha Ave Hangzhou China

TEL：0571-69346798 FAX：0571-69346797

购货确认书
PURCHASE CONFIRMATION

Seller：

LANXESS DEUTSCHLAND GMBH

103567 LEVERKUSEN，GERMANY

TEL：0214/30-66321 FAX：0214/30-66328

E-MAIL：LXA@LANXESS. COM

S/C No.： P103188

Date： 16 APR.，2009

Signed at： HANGZHOU

The undersigned Sellers and Buyers have agreed to close the following transaction according to the terms and conditions stipulated below：

Name of Commodity and Specifications	Quantity	Unit Price	Amount
BUNA EP G 5962			FOB HAMBURG
AT. NO. 08P3，ORDER NO. 415344	8 760. 00KGS	USD2. 60 PER KG	USD22 776. 00

Total Amount： SAY U. S. DOLLARS TWENTY TWO THOUSAND SEVEN HUNDRED AND SEVENTY SIX ONLY.

More or Less： 5PCT MORE OR LESS IN QUANTITY AND AMOUNT ARE ALLOWED

Delivery： FROM HAMBURG GERMANY TO SHANGHAI CHINA BY VESSEL

Shipping Marks： AS PER SELLER'S OPTION

Packing： STANDARD EXPORT PACKING（HEAT TREATED PALLET）

Time of Shipment： ON OR BEFORE 30 JUN.，2009

Partial Shipment： ALLOWED

Transshipment： ALLOWED

Insurance： TO BE EFFECTED BY THE BUYER

Terms of Payment： BY IRREVOCABLE L/C DRAFTS AT SIGHT DRAWN ON THE ISSUING BANK AND REMAIN VALID IN GERMANY 15 DAYS AFTER THE DATE OF SHIPMENT THE CREDIT SHOULD REACH THE SELLER NOT LATER THAN 10 MAY，2009

Documents Required：
1. SIGNED COMMERCIAL INVOICE IN TRIPLICATE
2. SIGNED PACKING LIST IN DUPLICATE
3. FULL SET CLEAN ON BOARD OCEAN BILL OF LADING MADE OUT TO ORDER BLANK ENDORSED MARKED FREIGHT COLLECT NOTIFY THE BUYER
4. CERTIFICATE OF GERMANY ORIGIN IN DUPLICATE
5. CERTIFICATE OF QUALITY ISSUED BY AUTHORIZED CONCERN
6. INSURANCE POLICY IN DUPLICATE ENDORSED IN BLANK

The Buyer：
Hangzhou Shencon Rubber Co.，Ltd
杨文新

The Seller：
Lanxess Deutschland Gmbh
John Brwon

图 2—2—4 买卖合同

3 项目 入境货物报检

进口商在收到开证行转来的全套议付单据（进口商业发票、装箱单、汇票等）后，对其进行审核。如果审核无误，办理付款赎单手续。审单的原则和方法与出口审单相同，在此项目里不再介绍。一俟货物到港，进口商将着手报关报检。如果是属于法定检验检疫的商品，则应在报关前办理报检手续，取得入境货物通关单。进口商可以自行报检（填写入境货物报检单，提供相关单据，申请报检），也可以委托货代公司代理报检（进口商填写入境货物代理报检委托书，提供相关单据，货代公司填写入境货物报检单，申请报检）。

学习目标

应知目标

1. 了解入境货物检验检疫的报检基本知识和报检程序
2. 掌握入境货物报检单的内容和缮制要求

应会目标

能够根据进口单据和相关资料填制入境货物报检单

任务　填制入境货物报检单

★ 知识支撑

一、入境货物检验检疫的报检基本知识

（一）入境货物检验检疫的报检范围

（1）国家法律、行政法规规定必须由出入境检验检疫机构实施检验检疫的。
（2）对外贸易合同约定须凭检验检疫机构签发的证书进行结算的。
（3）有关国际条约规定必须经检验检疫的。
（4）国际贸易关系人申请的其他检验检疫、鉴定工作。

（二）入境货物检验检疫的报检方式

1. 进境一般报检

进境一般报检是指法定检验检疫入境货物的收货人或其代理人，持有关单证向卸货口岸检验检疫机构申请取得入境货物通关单，并对货物进行报检。对进境一般报检业务而言，签发入境货物通关单和对货物的检验检疫都由口岸检验检疫机构完成，收货人或其代理人在办理完通关手续后，应主动与检验检疫机构联系，落实施检工作。

2. 进境流向报检

进境流向报检亦称口岸清关转异地进行检验检疫的报检，指法定入境检验检疫货物的收货人或其代理人持有关单证在卸货口岸向口岸检验检疫机构报检，获取入境货物调离通知单，通关后由进境口岸检验检疫机构进行必要的检疫处理，货物调往目的地后再由目的地检验检疫机构进行检验检疫监管。申请进境流向报检货物的通关地与目的地属于不同海关辖区。

3. 异地施检报检

异地施检报检是指已在口岸完成进境流向报检，货物到达目的地后，该批进境货物的收货人或其代理人在规定的时间内，向目的地检验检疫机构申请进行检验检疫的报检。因进境流向报检只在口岸对装运货物的运输工具和外包装进行了必要的检疫处理，并未对整批货物进行检验检疫，只有当检验检疫机构对货物实施了具体的检验检疫，确认其符合有

关检验检疫要求及合同或信用证的相关规定，收货人才能获得相应的准许进口货物销售使用的合法凭证，完成进境货物的检验检疫工作。异地施检报检时应提供口岸出入境检验检疫机构签发的入境货物调离通知单。

(三) 报检的地点和时限

(1) 审批、许可证等有关政府批文中规定检验检疫地点的，在规定的地点报检。

(2) 大宗散装商品、易腐烂变质商品、废旧物品及在卸货时发现包装破损、重/数量短缺的商品，必须在卸货口岸检验检疫机构报检。

(3) 需结合安装调试进行检验的成套设备、机电仪产品，以及在口岸开件后难以恢复包装的商品，应在收货人所在地检验检疫机构报检并检验。

(4) 其他入境货物，应在入境前或入境时向报关地检验检疫机构办理报检手续。

(5) 入境的运输工具及人员应在入境前或入境时向入境口岸检验检疫机构申报。

(6) 入境货物需对外索赔出证的，应在索赔有效期前不少于 20 天向到货口岸或货物到达地的检验检疫机构报检。

(7) 输入微生物、人体组织、生物制品、血液及其制品或种畜、禽及其精液、胚胎、受精卵的，应当在入境前 30 天报检。

(8) 输入其他动物的，应在入境前 15 天报检。

(9) 输入植物、种子、种苗及其他繁殖材料的，应在入境前 7 天报检。

知识链接

木质包装是指用于承载、包装、铺垫、支撑、加固货物的木质材料，如木箱、木板条箱、木托盘等。经人工合成的材料或经浓度加工的包装用木质材料，如胶合板、纤维板等不在此列。来自美国、日本、韩国和欧盟的货物（不论是否列入《法检商品目录》）的木质包装，在入境口岸结关的，收货人或其代理人凭入境口岸检验检疫机构签发的入境货物通关单向口岸海关办理通关手续。申请转关运输或直通式转关运输的货物，收货人或其代理人应按规定向指运地检验检疫机构报检，凭指运地检验检疫机构签发的入境货物通关单向指运地海关办理通关手续。

二、报检委托书的填制

在实务中，进口商（外贸公司）往往委托货代公司进行报检。进口商填写一份代理报检委托书（见图 2—3—1），双方盖章后，由货代公司全权代理进口商的报检业务。

代理报检委托书的填写比较简单，把相关信息填好就可以了，这里不再详细介绍。

<table>
<tr><td colspan="6">出入境货物代理报检委托书</td></tr>
<tr><td>委托单位</td><td colspan="2"></td><td>十位编码</td><td colspan="2"></td></tr>
<tr><td>地址</td><td colspan="2"></td><td>联系电话/经办人</td><td colspan="2"></td></tr>
<tr><td colspan="6">我单位将于________年________月进口□出口□以下货物</td></tr>
<tr><td>货物名称</td><td></td><td>H.S. 编码</td><td></td><td>件数 / 重量</td><td></td></tr>
<tr><td>货　值</td><td></td><td>贸易性质</td><td></td><td>包装性质</td><td></td></tr>
<tr><td>货物起运国</td><td></td><td>货物产地</td><td></td><td>合同号或发票号</td><td></td></tr>
<tr><td>企业性质</td><td></td><td>运单号</td><td></td><td>信用证号</td><td></td></tr>
<tr><td>经营范围</td><td colspan="5"></td></tr>
<tr><td colspan="6">随附单据名称、份数及编号：
1. 合同________份　　6. 不办、免办证明________份，编号：________
2. 发票________份　　7. 机电证明________份，编号：________
3. 装箱清单________份　　8. 海关免表________份，编号：________
4. 登记手册______本，编号：______　　9. 换证凭证或电子转单______份，编号：______
5. 许可证________份，编号：______　　10. ________________</td></tr>
<tr><td colspan="6">我单位郑重声明，保证遵守中华人民共和国出入境检验检疫有关法律、法规的规定和检验检疫机构的各项规章制度。如有违反行为，自愿接受检验检疫机构的处罚并负法律责任。
我单位所委托受托人向出入境检验检局提交的“报检单”和随附各种单据所列内容是真实无讹的。</td></tr>
<tr><td colspan="6">（以上内容由委托单位填写）</td></tr>
<tr><td>被委托单位</td><td colspan="2"></td><td>报检单位注册号</td><td colspan="2"></td></tr>
<tr><td>地址</td><td colspan="2"></td><td>联系电话</td><td colspan="2"></td></tr>
<tr><td>经办人</td><td colspan="2"></td><td>报检证号</td><td colspan="2"></td></tr>
<tr><td colspan="6">（以上内容由被委托单位填写）</td></tr>
<tr><td>代理报检企业章</td><td colspan="2"></td><td>委托单位章及
法人代表章</td><td colspan="2"></td></tr>
</table>

图 2—3—1　代理报检委托书

三、入境货物报检单的填制

入境货物报检单（见图 2—3—2）有 36 项内容，报检人要认真填写，内容应与买卖合同、商业发票、提（运）单等其他报关、报检单证上的内容一致。报检单应填写完整、无漏项，字迹清楚，不得涂改，且中英文一致，并加盖申请单位公章。没有内容填写的栏目应以“***”表示，不得留空。

中华人民共和国出入境检验检疫

入境货物报检单

报检单位(加盖公章)(1)　　　　　　　　　　　　　　　　　　　　　　　　　　＊编号(2)

报检单位登记号(3)　　　　　　　　联系人　　　　电话　　　　　　　　　　　报检日期(4)

收货人 (5)	(中文)	企业性质(划"√")	□合资□私营□三资
	(外文)		
发货人 (6)	(中文)		
	(外文)		

货物名称(中/外文)	H.S. 编码	原产国(地区)	数/重量	货物总值	包装种类及数量
(7)	(8)	(9)	(10)	(11)	(12)

(13)运输工具名称号码				(14)合同号	
(15)贸易方式		(16)贸易国别(地区)		(17)提单/运单号	
(18)到岸日期		(19)起运国家(地区)		(20)许可证/审批号	
(21)卸毕日期		(22)起运口岸		(23)入境口岸	
(24)索赔有效期至		(25)经停口岸		(26)目的地	
(27)集装箱规格、数量及号码					

(28)合同订立的特殊条款及其他要求		(29)货物存放地点	
		(30)用途	
(31)随附单据(划"√"或补填)	(32)标记及号码	(33)＊外商投资财产划("√")	□是□否

随附单据			(34)＊检验检疫费	
□合同	□到货通知			
□发票	□装箱单		总金额(人民币元)	
□提/运单	□质保书			
□兽医卫生证书	□理货清单		计费人	
□植物检疫证书	□磅码单			
□动物检验证书	□验收报告		收费人	
□卫生证书	□			
□原产地证	□			
□许可/审批文件	□			

报检人郑重声明:(35)	领取证单(36)	
1. 本人被授权报检	日期	
2. 上列填写内容正确属实		
签名:	签名	

注:有"＊"号栏由出入境检验检疫机构填写　　　　　　　　　　　　◆国家出入境检验检疫局制

图 2—3—2　入境货物报检单

具体填制方法如下:

(1) 报检单位:此栏填写向检验检疫机构申报检验检疫、鉴定业务的单位,必须是经国家质量监督检验检疫总局审核,获得许可、登记,并取得国家质检总局颁发的"自理报检单位备案登记证明书"或"代理报检单位备案登记证明书"的企业,并加盖单位公章。

(2) 编号:此栏由检验检疫机构填写,目前的编号为15位数字。前6位为检验检疫局机关代码，第 7 位为报检类别代码，第 8、9 位为年代码，第 10 至 15 位为流水号。

（3）报检单位登记号：此栏填写报检单位在检验检疫机构登记的号码，并加注报检员姓名（联系人）和电话号码（电话）。

（4）报检日期：此栏填写检验检疫机构实际受理报检的日期，如“2009 年 8 月 12 日”。

（5）收货人：此栏填写进口合同中的收货人，应中英文对照填写。

（6）发货人：此栏填写进口合同中的发货人，可以只填写英文，中文栏目则填写“***”。

（7）货物名称（中/外文）：此栏填写进口货物的品名，应与买卖合同、商业发票上显示的名称一致，如为可再利用的废旧物，应当注明。

（8）H. S. 编码：此栏填写进口货物的商品编码，以当年海关公布的商品税则编码分类为准。

（9）原产国（地区）：此栏填写报检的进口货物的原产国家或地区。

（10）数/重量：此栏填写报检货物的数量，以商品编码分类中标准重量为准，并注明数/重量单位。例如，某进口货物 10 公吨，商品编码分类中按千克计，则应填写“10 000 千克”，而不能填写“10 公吨”。

（11）货物总值：此栏填写报检货物的总值及币制，应与合同、发票或报关单上所列的货物总值一致。

（12）包装种类及数量：此栏填写报检货物的实际运输包装的种类及数量，如果是木质包装，还应注明材质及尺寸。例如，松木托盘半塑封，12 个。

（13）运输工具名称号码：此栏填写运输工具的名称和号码。例如，PIL SENTOSA V. 308。

（14）合同号：此栏填写买卖合同的号码，如果是以订单或形式发票成交的，也可填写订单或形式发票的号码。

（15）贸易方式：填写报检货物的贸易方式，如信用证、付款交单等。

（16）贸易国别（地区）：此栏填写进口货物的贸易国别，也就是签订买卖合同的出口商所在的国家。

（17）提单/运单号：此栏填写进口货物的海运提单号码或航空货运单号码，有二程提单的，应同时填写。

（18）到岸日期：此栏填写进口货物到达口岸的日期。

（19）起运国家（地区）：此栏填写进口货物的起运国家或地区。

（20）许可证/审批号：需办理进口许可证或审批的货物，应在此栏填写有关许可证号或审批号；不需要办理进口许可证或审批的货物，则填写“***”。

（21）卸毕日期：此栏填写货物在入境口岸的卸毕日期。

（22）起运口岸：此栏填写进口货物的起运口岸。

（23）入境口岸：此栏填写进口货物的入境口岸。

（24）索赔有效期至：此栏填写买卖合同中约定的索赔期限。

（25）经停口岸：此栏填写进口货物在运输中曾经停靠的外国口岸，如果没有，则填写“***”。

（26）目的地：此栏填写进口货物的最终境内目的地。

（27）集装箱规格、数量及号码：此栏填写装载进口货物的集装箱的规格、数量及号码。如果是拼箱的，要注明集装箱的规格与号码；非集装箱运输的，则填写“***”。

（28）合同订立的特殊条款及其他要求：此栏填写在合同中订立的有关检验检疫的特殊条款及其他要求。

（29）货物存放地点：此栏填写货物存放的实际地点。

（30）用途：按照有关规定，“用途”共九种，分别是繁殖或种用、奶用、药用、饲用、食用、实验、动物伴侣、观赏或演艺、其他。申报时在九种用途中选择一种，也只能选一种。

（31）随附单据：在随附单据种类前的□内划“√”或补填。

（32）标记及号码：此栏填写进口货物的唛头，散装货物、裸装货物或者包装上没有标记号码的，则填“N/M”，但必须与买卖合同、商业发票等有关单据上显示的唛头一致。

（33）外商投资财产：此栏由检验检疫机构报检受理人员填写。

（34）检验检疫费：此栏由检验检疫机构人员填写。

（35）报检人郑重声明：此栏的声明内容已印就，由报检单位持有报检员证的报检人员手签。

（36）领取证单：报检人在领取检验检疫机构出具的有关单证时，填写领证日期和领证人姓名。

四、入境货物报检时应注意的事项

（1）同一合同、同一发票、同一提单仅限填一份报检单；同一合同、不同发票或提运单的，应分别填写报检单。

（2）对装船前已经过预检验、监造监制的进口法检商品到达口岸时，仍应按规定进行报验。以货到后检验检疫机构的检验结果为最终结果，并对检验不合格的进口商品签发检验证书，按合同规定对外索赔。

（3）对列入《实施安全质量许可制度的进口商品目录》内的进口商品按法定检验商品办理报验，并加附进口质量许可证复件或提供许可证编号。

工作任务实训

一、任务情境

富阳飞思升纸业有限公司购买的第一批废纸250公吨于2009年2月27装运，公司2009年3月9日收到了FIBRE SUPPLY EUROPE公司寄过来的单据：1/3正本提单、无木质包装证明、发票、装箱单、14天免箱期证明、CCIC认证。经审核无误后，单证员凌晓婷填好代理报检委托书，委托上海临港国际物流有限公司为其办理入境报检手续。

其他相关资料：

企业性质：私营　　H. S. 编码：4707300000

贸易方式：一般贸易　　信用证号码：LC9100225/09

提单号码：NL1348347　　船名与航次：CMA CGM FIDELIO/FA250E
包装件数：250 包　　发票金额：24 500.00 美元
到岸日期：2009 年 3 月 25 日　　卸毕日期：2009 年 3 月 25 日
入境口岸：上海　　用途：企业自用
索赔有效期：卸货后 56 天内　　固体废物进口许可证：09-2000M-201771
货物堆放地点：外港码头堆场　　自动进口许可证号：097012769
毛重：251.25 公吨　　净重：250 公吨
合同号码：AFY0230　　起运口岸：鹿特丹
集装箱数量：10 个 40 尺

集装箱号码：CMAU402478-6，CMAU402878-4，TEXU413931-6，TGHU453304-0，TRLU459391-4，CLHU464791-3，CATU409837-1，CMAU 419661-4，WFHU408924-2，CMAU413106-4

合同中无其他特殊报检要求

报检提供的单据：提单、发票、装箱单、无木制包装证明、合同副本、国家环境保护总局批准证书（商检联）、进口废物原料境外供货企业注册证书、装运前检验证书

二、工作任务

单证员凌晓婷根据本篇项目 2 中的 AFY0230 号合同（见图 2—2—2）和上述相关资料，填写一份入境货物报检单（此份入境货物报检单供上海临港国际物流有限公司填写入境货物报检单时参考）。

三、任务实施

第 1 栏，由上海临港国际物流有限公司填写并加盖公章。

第 2 栏，留空不填。

第 3 栏，填写临港公司在上海出入境检验检疫机构的登记号码，以及报检员姓名与联系电话。

第 4 栏，由临港公司的报检员填写实际报检日期。

第 5 栏，填写富阳飞思升纸业有限公司的中英文名称。

第 6 栏，发货人的中文名称填“***”，英文名称填写“FIBRE SUPPLY EUROPE”。

第 7 栏，根据合同填写“欧洲废纸”和“EUROPE WASTE PAPER”。

第 8 栏，根据相关资料填写“4707300000”。

第 9 栏，根据合同填写“荷兰”。

第 10 栏，根据相关资料填写“250 000.00 千克”。

第 11 栏，根据相关资料填写“24 500.00 美元”。

第 12 栏，根据相关资料填写“250 包”。

第 13 栏，根据相关资料填写“CMA CGM FIDELIO/FA250E”。

第 14 栏，填写“AFY0230”。

第 15 栏，根据相关资料填写“一般贸易”。

第 16 栏，根据合同填写“荷兰”。

第 17 栏，根据相关资料填写“NL1348347”。

第 18 栏，根据相关资料填写“2009 年 3 月 25 日”。

第 19 栏，根据合同填写“荷兰”。

第 20 栏，根据相关资料填写“固体废物进口许可证：09-2000M-201771”和“自动进口许可证：097012769”。

第 21 栏，根据相关资料填写“2009 年 3 月 25 日”。

第 22 栏，根据相关资料填写“鹿特丹”。

第 23 栏，根据相关资料填写“上海”。

第 24 栏，根据相关资料填写“卸货后 56 天内”。

第 25 栏，无中转，填写“ *** ”。

第 26 栏，根据相关资料填写“杭州富阳”。

第 27 栏，根据相关资料填写“10 个 40 尺”，以及相关集装箱号码。

第 28 栏，填写“ *** ”。

第 29 栏，根据相关资料填写“外港码头堆场”。

第 30 栏，填写“其他”。

第 31 栏，在合同、发票、提/运单、装箱单、许可/审批文件等相关单证前的□内打“√”，没有印就的单证名称（无木制包装证明、装运前检验证书和境外企业注册证书）要另加上去，并且在□内打“√”。

第 32 栏，根据相关资料填写“N/M”。

第 33 至 36 栏的内容留空不填，由上海出入境检验检疫机构或临港公司的报检员填写。

单证员凌晓婷填写完毕的入境货物报检单如图 2—3—3 所示。

? 训练测试题目

根据本篇项目 2“训练测试题目”中的合同（见图 2—2—4），以及下列商业发票（见图 2—3—4）、装箱单（见图 2—3—5）、海运提单（见图 2—3—6），以进口企业的报检员的身份填写入境货物报检单。

注意：三元一丙胶不属于法定商检范围内，但由于德国出口商使用了木质托盘半塑封包装，因而要向出入境检验检疫机构办理报检手续。

其他相关资料：

报检单位：杭州胜康橡胶有限公司	企业性质：外商独资企业
报检单位登记号：4406783576	报检员：蒋红，0571-69346798
报检日期：2009 年 7 月 28 日	用途：加工返销
贸易方式：进料加工	税则号：4002701000

到岸日期：2009 年 7 月 25 日　　　　卸毕日期：2009 年 7 月 25 日
入境口岸：上海　　　　　　　　　　货物存在地点：洋山二码头三仓库
索赔有效期：无　　　　　　　　　　合同中无特殊检验条款
报检所需单据：合同、发票、装箱单、提单

中华人民共和国出入境检验检疫

入境货物报检单

报检单位(加盖公章)　　　　　　　　　　　　　　　　　　　　* 编号

报检单位登记号　　　　　　联系人　　电话　　　　　　　　　　报检日期

收货人	(中文) 富阳飞思升纸业有限公司			企业性质(划“√”) □合资☑私营□三资	
	(外文) FUYANG FEISISHENG CO.，LTD.				
发货人	(中文) /				
	(外文) FIBRE SUPPLY EUROPE				
货物名称(中/外文)	H. S. 编号	原产国(地区)	数/重量	货物总值	包装种类及数量
欧洲废纸 EUROPE WASTE PAPER	4707300000	荷兰	250 000.00千克	24 500.00 美元	250 包 * 097012769
运输工具名称号码	CMA CGM FIDELIO / FA250E			合同号	AFY0230
贸易方式	一般贸易	贸易国别(地区)	荷兰	提单/运单号	NL1348347
到岸日期	2009 年 3 月 25 日	起运国家(地区)	荷兰	许可证/审批号	09-2000M-201771 和 *
卸毕日期	2009 年 3 月 25 日	起运口岸	鹿特丹	入境口岸	上海
索赔有效期至	卸货后 56 天内	经停口岸	/	目的地	杭州富阳
集装箱规格、数量及号码	10 个 40 尺，CMAU402478-6，CMAU402878-4，TEXU413931-6 等				

合同订立的特殊条款及其他要求	/	货物存放地点	外港码头堆场
		用途	其他
随附单据(划“√”或补填)	标记及号码	* 外商投资财产划(“√”)	□是□否
☑合同　□到货通知 ☑发票　☑装箱单 ☑提/运单　□质保书 □兽医卫生证书　□理货清单 □植物检疫证书　□磅码单 □动物检验证书　□验收报告 □卫生证书　☑无木质包装证明 □原产地证　☑装运前检验证书 ☑许可/审批文件　☑境外企业注册证书	N/M	* 检验检疫费	
		总金额(人民币元)	
		计费人	
		收费人	

报检人郑重声明： 1. 本人被授权报检 2. 上列填写内容正确属实 签名：	领取证单	
	日期	
	签名	

注：有“*”号栏由出入境检验检疫机构填写　　　　　　　　◆国家出入境检验检疫局制

图 2—3—3　入境货物报检单实例

INVOICE

No. 834900186 　　　　 Date: 16 JUN., 2009

Delivery Address:	Exporter:
HANGZHOU SHENCON RUBBER CO., LTD NO. A-17 XIASHA AVE HANGZHOU CHINA TEL: 0571-69346798 FAX: 0571-69346797	LANXESS DEUTSCHLAND GMBH 103567 LEVERKUSEN GERMANY TEL: 0214/30-66321 FAX: 0214/30-66328

Marks & Nos	Description of Goods	Quantity	Unit Price	Total Value
	BUNA EP G 5962			
SHENCON	ART. NO. 08P3			
RUBBER		8 759.00KGS	USD2.60/KG	USD22 773.40
P009050511				
MADE IN GERMANY				
GROSS WT:	4 WOODEN PALLETS, HEAT TREATED			
NET WT:	3 500.00KGS			
	3 WOODEN PALLETS, HEAT TREATED			
	2 628.00KGS			
	3 WOODEN PALLETS, HEAT TREATED			
	2 631.00KGS			

CONTRACT NO. P103188 AND CREDIT NO. LC9101274/09
COUNTRY OF ORIGIN: GERMANY
CONDITION OF DELIVERY: FOB HAMBURG
BATCH NUMBER: 9050713001
PAYMENT: L/C AT SIGHT ON PAYMENT
PLEASE INDICATE PARTNER NUMBER 7227546 AND INVOICE NUMBER 834900186
ORDER. NO. 415344

LEVERKUSEN 16 JUN., 2009

LANXESS BUNA GMBH

La Mpenoyg (Manually Signed)

图 2—3—4 商业发票

PACKING LIST

No. 834900186 **Date**：16 JUN.，2009

Delivery Address：	**Exporter**：
HANGZHOU SHERCON RUBBER CO.，LTD NO A-17 XIASHA AVE HANGZHOU CHINA TEL：0571-69346798 FAX：0571-69346797	LANXESS DEUTSCHLAND GMBH 103567 LEVERKUSEN GERMANY TEL：0214/30-66321 FAX：0214/30-66328

Description of Goods	**Net Weight**	**Gross Weight**	**Pallets' Weight**	**Total G. Weight**
BUNA EP G 5962				
ART. NO. 08P3	4 WOODEN PALLETS, HEAT TREATED			
	@875/3 500.00Kgs	@907/3 628.00Kgs	96.00Kgs	3 724.00Kgs
	3 WOODEN PALLETS, HEAT TREATED			
	@876/2 628.00Kgs	@908/2 724.00Kgs	72.00Kgs	2 796.00Kgs
	3 WOODEN PALLETS, HEAT TREATED			
	@877/2 631.00Kgs	@909/2 727.00Kgs	72.00Kgs	2 799.00Kgs
TOTAL：	8 759.00KGS	9 079.00KGS	240.00KGS	9 319.00KGS

Marks & Nos
SHENCON
RUBBER
P009050511
MADE IN GERMANY
GROSS WT：
NET WT：

BATCH NUMBER：9050713001
COUNTRY OF ORIGIN：GERMANY
CONTAINER NUMBER：MSKU240603-5
CONTRACT NO. P103188
CREDIT NO. LC9101274/09

LEVERKUSEN 16 JUN.，2009

LANXESS BUNA GMBH

La Mpenoyg (Stamped)

图 2—3—5 装箱单

MAERSK LINE

BILL OF LADING FOR OCEAN TRANSPORT OR MULTIMODAL TRANSPORT

B/L No. 528350435

Shipper
LANXESSDEUTSCHLANDGMBH
103567 LEVERKUSEN, GERMANY
TEL: 0214/30-66321
FAX: 0214/30-66328

Booking No.
528350453

Exporter Reference
10. 11419

Svc Contract
243688

Onward inland routing (not part of Carriage as defined in clause. For account and risk of Merchant)

Consignee (negotiable only if consigned "to order", "to order of" a named Person or "to order of bearer")
TO ORDER

Notify Party (see clause 22)
HANGZHOU SHERCON RUBBER CO., LTD
NO. A-17 XIASHA AVE
HANGZHOU CHINA
TEL: 0571-69346798 FAX: 0571-69346797

Vessel (see clause 1+19)
SKAGEN MAERSK

Voyage No.
0907

Place of Receipt *
Applicable only when document used as Multimodal Transport (see clause 1)
MARL (KR RECKLINGHAUSE)

Port of Loading
HAMBURG

Port of Discharge
SHANGHAI

PARTICULARS FURNISHED BY SHIPPER

Kind of Package; Description of Goods; Marks & Nos; Container No. /Seal No.
SAID TO CONTAIN 10 PALLETS
BUNA EP G 5962

Weight
9 319. 00KGS

Measurement
18. 720CBM

MARKS & NOS:
SHERCON
RUBBER
P009050511
MADE IN GERMANY
GROSS WT:
NET WT:

FREIGHT COLLECT
SHIPPER'S LOAD, STOW, WEIGHT AND COUNT

ORIGINAL

CONTAINER NO.: MSKU240603-5
SEAL: 8005453

CONTRACT NO. P103188
CREDIT NO. LC9101274/09

Freight and Charges	Rate	Unit	Currency	Prepaid	Collect

Carrier's Receipt
(see clause 1 and 14). Total number of containers or packages received by Carrier
1 * 20 CONTAINER

Place of Issue of B/L
HAMBURG

Number & Sequence of Original B (s) /L
THREE (3)

Date of Issue of B/L
(UTC time)
29 JUN., 2009

Declared Value
(see clause 7-3)

Shipped on Board Date
(Local Time)
29 JUN., 2009

Signed by: MAERSK BEMELUX BV
As Agents for the Carrier: A. P. MOLLER-MAERSK A/S TRADING AS MAERSK LINE
Markdown

Shipped, as far as ascertained by reasonable means of checking, in apparent good order and condition unless otherwise stated herein, the total number of quantity of Container or other packages or units indicated in the box entitled "Carrier's Receipt for carriage from the Port of Loading (or the Place of Receipt, if mentioned above) to the Port of Discharge (or the Place of Delivery, if mentioned above)", such carriage being always subject to the terms, rights, defenses, provisions, conditions, exceptions, limitations, and liberties hereof and the Merchant's attention is drawn in particular to the Carrier's liberties in respect of on deck stowage (see clause 18) and the carrying vessel (see clause 19). Where the bill of lading is non-negotiable the Carrier may give delivery of the Goods to the named consignee upon reasonable proof of identity and without requiring surrender of an original bill of lading. Where the bill of lading is negotiable, the Merchant is obliged to surrender one original, duly endorsed, in exchange for the Goods.

图 2—3—6 海运提单

进口货物报关

项目引入

进口商办理完入境货物报检手续，接下来的工作就是按照我国有关法律法规的规定填写进口货物报关单，并随附国外商业发票、装箱单、进口贸易合同及提单等进口相关单据，及时向入境口岸海关办理进口报关手续。如果超过了申报的期限，海关将按照相关规定对进口的货物进行处理。

在实务中，进口商一般是委托货代公司或者报关行进行报关的。因此，作为进口企业的单证员，要填写一份进口报关委托书。进口报关委托书的内容和出口报关委托书的内容差不多，在出口单证操作中已经详细介绍，在进口单证操作里只介绍进口报关单的填写方法。

学习目标

应知目标

1. 了解进口货物报关的相关规定
2. 熟悉进口货物报关单的内容和缮制要求

应会目标

能够根据进口发票、提单等资料填制进口货物报关单

任务 填制进口货物报关单

★ 知识支撑

一、一般进口货物的通关流程

一般进口货物是指在货物进出境环节缴纳了应征的进口税费，并办结了所有必要的海关手续，海关放行后不再进行监管的进口货物。一般进口货物的报关程序由四个环节组成：进口申报、配合查验、缴纳税费、提取货物。

(一) 进口申报

申报是指进口货物的收货人或者其委托的代理人在进口货物时，在海关规定的期限内，以书面或者电子数据交换（EDI）方式向海关报告其进口货物的情况，并随附有关货运和商业单证，申请海关审查放行，并对所报告内容的真实准确性承担法律责任的行为。

运载进口货物的运输工具申报自进境之日起14天内（期限的最后一天是星期六、星期天或法定节假日的，可顺延至周末或法定节假日之后的第一个工作日），进口货物的收货人或其代理人必须向运输工具进境地海关申报，并提供进口货物报关单及随附单据。逾期不申报的，海关将征收滞报金，超过三个月未申报的，货物由海关依法提取变卖。

(二) 配合查验

查验是指海关在接受报关单位的申报后，依法为确定进境货物的性质、原产地、货物状况、数量和价值是否与货物申报单上已填报的详细内容相符，对货物进行实际检查的行政执法行为。

海关查验进口货物时，进口货物的收货人或其代理人必须在场，并按照海关的要求负责搬移货物、开拆和重封货物的包装等。

(三) 缴纳税费

进口货物的收货人或其代理人将报关单及随附单据提交给货物入境地海关后，海关对报关单进行审核，对需要查验的货物进行查验，然后核对计算机系统，计算税费，开具缴款书和收费票据。

进口货物的收货人或其代理人应当在税款书和收费票据开具之日起 15 日内，持缴款书和收费票据向指定银行办理税费交付手续，也可以通过网络进行电子支付。一俟收到银行缴款成功的信息，收货人即可报请海关办理货物放行手续。超过 15 天不缴纳的，自第 16 天开始，海关征收滞纳金。缴款期限满日遇星期六、星期天或法定节假日的，可顺延至周末或法定节假日之后的第一个工作日。

（四）提取货物

进口货物的收货人或其代理人在办理了进口申报、配合查验、缴纳税费等手续，海关决定放行后，凭海关加盖放行章的出口装货凭证，或海关通过计算机发送的发行通知书，提取进口货物。

二、进口货物报关单的填写

进口货物报关单（见图 2—4—1）有 47 项内容，与出口货物报关单的填制方法大致相同，因在出口货物报关的项目中，已经详细介绍了出口货物报关单的填写，这里侧重介绍与出口货物报关单不同的栏目的填写。这些栏目是（3）、（5）、（6）、（8）、（14）、（16）、（17）、（18）、（19）、（21）、（22）、（31）、（37），共 13 个栏目。

（1）第 3 栏，进口口岸：此栏目应根据货物实际入境的口岸海关，填报海关规定的《关区代码表》中相应口岸海关的名称及代码。部分关区代码及关区名称可参见本书第一篇项目 4 中的表 1—4—3。

（2）第 5 栏，进口日期：此栏的日期指运载所申报货物的运输工具的进境日期，无实际进境的，则填写申请办理货物进口手续的日期。按照我国海关目前的规定，进口货物的收货人或其代理人在申报时无法确知相应的运输工具的实际进境日期时，此栏允许留空。此栏目为 8 位数字，顺序为年（4 位）、月（2 位）、日（2 位）。

（3）第 6 栏，申报日期：此栏指进口货物的收货人或其代理人申请办理货物进口手续的日期。除特殊情况外，进口货物的申报日期不得早于进口日期。根据我国《海关法》的规定，进口货物的收货人或其代理人应当自运输工具申报进境之日起 14 日内，向货物的进出境地海关申报。

（4）第 8 栏，收货单位：此栏指已知进口货物在境内的最终消费、使用单位，如自行从境外进口货物的单位，委托有外贸进出口经营权的企业进口货物的单位等。加工贸易报关单的收货单位应与加工贸易手册中的货主单位一致，减免税报关单的收货单位应与减免税证明的申请单位一致。

（5）第 14 栏，征税比例：此栏仅用于“进料非对口”（代码 0715）贸易方式下进口料件的进口报关单，现已不需要填报。

（6）第 16 栏，起运国（地区）：指在未与任何中间国发生任何商业性交易或其他改变货物法律地位的活动情况下，把货物发出并运往进口国（地区）的国家或地区。如果货物在运抵进口国（地区）之前，在第三国发生中转，并且发生某种商业性交易或活动，则应把第三国作为起运国（地区）。报关单上应填写中文名称或代码。

中华人民共和国海关进口货物报关单

预录入编号： (1)　　　　海关编号： (2)

进口口岸 (3)	备案号 (4)	进口日期 (5)	申报日期 (6)
经营单位 (7)	运输方式 (9)	运输工具名称 (10)	提运单号 (11)
收货单位 (8)	贸易方式 (12)	征免性质 (13)	征税比例 (14)
许可证号 (15)	起运国（地区） (16)	装货港 (17)	境内目的地 (18)

批准文号 (19)	成交方式 (20)	运费 (21)	保费 (22)	杂费 (23)
合同协议号 (24)	件数 (25)	包装种类 (26)	毛重（千克） (27)	净重（千克） (28)
集装箱号 (29)	随附单据 (30)		用途 (31)	

标记唛码及备注 (32)

项号	商品编号	商品名称、规格类型	数量及单位	原产国（地区）	单价	总价	币制	征免
(33)	(34)	(35)	(36)	(37)	(38)	(39)	(40)	(41)

税费征收情况 (42)

录入 (43) 录入单位 (44)	兹声明以上申报无讹并承担法律责任	海关审单批注及放行日期（盖章） (47)
报关员		审单　审价
单位地址		征税　统计
邮编　电话	申报单位（签章） (45) 填制日期 (46)	查验　放行

图 2—4—1　进口货物报关单

例如，上海某进出口公司与菲律宾某公司签约进口 1 000 台日本品牌索尼音响，从菲律宾马尼拉起运，经香港中转运抵上海，起运国应填写“菲律宾”。

(7) 第 17 栏，装货港：此栏也称装运港，是指进口货物在运抵我国关境前的最后一个装运港。报关单上应填写中文名称或代码。

在上述例子中，装货港应填写“香港”。

（8）第 18 栏，境内目的地：此栏填写已知的进口货物在国内的消费、使用地或最终运抵地点。

（9）第 19 栏，批准文号：此栏原填写进口核销单号码，现已免于填报。

（10）第 21 栏，运费：此栏指进口货物从始发地至目的地的国际运输所需要的各种费用，进口成交方式为 FOB 和 CFR 的，应在本栏填报运费。

（11）第 22 栏，保费：此栏用于填报进口货物的全部国际运输的保险费用，包括成交价格中不包含保险费的进口货物的保险费，即进口成交方式为 FOB 和 CFR 的，应在本栏填写。

（12）第 31 栏，用途：此栏指进口货物在境内应用的范围。进口货物应根据进口货物的实际用途，按海关规定的《用途代码表》选择填报相应的用途名称或代码。常见用途代码见表 2—4—1。

表 2—4—1　常见用途代码

代码	名称	代码	名称	代码	名称
01	外贸自营内销	02	特区内销	03	其他内销
04	企业自用	05	加工返销	06	借用
07	收保证金	08	免费提供	09	作价提供
10	货样，广告品	11	其他	13	以产顶进

（13）第 37 栏，原产国（地区）：此栏指进口货物的生产、开采或加工制造的国家或地区。对经过几个国家或地区加工制造的进口货物，以最后一个对货物进行经济上可以视为实质性加工的国家或地区作为该货物的原产国（地区）。例如，我国某公司从泰国进口日本品牌电视机 800 台，其显像管为韩国产，音响与塑料部件为菲律宾产，在泰国组装成形，原产国应填报泰国。填写时根据《国别（地区）代码表》选择填报相应的国家（地区）名称或代码。

工作任务实训

一、任务情境

2009 年 3 月 14 日，通过报检拿到入境货物通关单后，上海临港国际物流有限公司根据富阳飞思升纸业有限公司的单证员凌晓婷提供的进口货物报关单、报关委托书、进口商业发票、装箱单等单证向上海外港海关（2225）办理报关手续。

其他相关资料：

进口日期：2009 年 3 月 25 日　　　　申报日期：2009 年 3 月 30 日

"飞思升"10位数代码：3301963093	贸易方式：一般贸易
固体废物进口许可证：09-2000M-201771	自动进口许可证号：097012769
用途：企业自用	H. S. 编码：4707300000
成交单位：公吨	海关第一计量单位：千克

二、工作任务

单证员凌晓婷根据FIBRE SUPPLY EUROPE公司寄来的商业发票（见图2—4—2）、装箱单（见图2—4—3）及海运提单（见图2—4—4）等单据填写进口货物报关单，供上海临港国际物流有限公司参考。

FIBRE SUPPLY EUROPE

Feethoven 10, 5247 The Netherlands

Tel: 0031-73-5224390 Fax: 0031-73-5224389

To:
FUYANG FEISISHENG CO., LTD
SHANGJIANG VILLAGE,
CHUNJIANG TOWN, FUYANG CITY,
HANGZHOU, CHINA

Commercial Invoice

Invoice number: 29018

Date: 23 FEB., 2009

Documentary credit: LC9100225/09

Contract number: AFY0230

Order number	Quantity	Price/MT	Amount
SD29037	250.00MT	US$ 98.00	US$ 24 500.00

EUROPEAN WASTE PAPER, ONP80/20
CIF SHANGHAI INCL. THC AND CCIC CHARGE
PACKING: STANDARD BALE PACKING
SHIPPING MARK: N/M
COUNTRY OF ORIGIN: THE NETHERLANDS
THIS SHIPMENT DOES NOT CONTAIN ANY SOLID WOOD PACKING MATERIALS
SHIPMENT HAS BEEN EFFECTED IN 40' CONTAINERS
H/S NUMBER: 4707300000

FIBRE SUPPLY EUROPE
Martin (Manually Signed)

图2—4—2 商业发票

FIBRE SUPPLY EUROPE

Feethoven 10, 5247 The Netherlands

Tel: 0031-73-5224390 Fax: 0031-73-5224389

To:

FUYANG FEISISHENG CO., LTD
SHANGJIANG VILLAGE,
CHUNJIANG TOWN, FUYANG CITY,
HANGZHOU, CHINA

Packing List

Invoice number: 29018

Date: 23 FEB., 2009

Documentary credit: LC9100225/09

Contract number: AFY0230

SHIPMENT FROM: ROTTERDAM PORT, THE NETHERLANDS
SHIPMENT TO: SHANGHAI, CHINA
EUROPEAN WASTE PAPER, ONP80/20
QUANTITY: 250.00M/T
PACKING: STANDARD BALE PACKING
SHIPPING MARK: N/M

Container number	Seal No.	No. of bales	Gross weight	Net weight
CMAU402478-6	021534	25	25 385.00KGS	25 260.00KGS
CMAU402878-4	023225	26	25 830.00KGS	25 700.00KGS
TEXU413931-6	023226	26	25 670.00KGS	25 540.00KGS
TGHU453304-0	018189	22	22 350.00KGS	22 240.00KGS
TRLU459391-4	021641	23	22 995.00KGS	22 880.00KGS
CLHU464791-3	018083	25	25 565.00KGS	25 440.00KGS
CATU409837-1	018010	25	25 225.00KGS	25 100.00KGS
CMAU419661-4	017978	26	26 130.00KGS	26 000.00KGS
WFHU408924-2	021693	26	26 130.00KGS	26 000.00KGS
CMAU413106-4	023327	26	25 970.00KGS	25 840.00KGS
		250BALES	251 250.00KGS	250 000.00KGS

SHIPMENT HAS BEEN EFFECTED IN 40' CONTAINERS

FIBRE SUPPLY EUROPE

Martin (Stamped)

图 2—4—3 装箱单

Shipper	B/L No.	Booking Ref.
FIBRE SUPPLY EUROPE FEETHOVEN 10, 5247 THE NETHERLANDS	NL1348347	SD29037

Carrier
CMA CGM Société Anonyme au Capital de 175 000 000 Euros

BILL OF LADING

For Ocean Transport or Multimodal Transport

Head Office
4 quai d'Arenc 13002 Marseille-France
Tel: +33 (0) 4 88 91 90 00 Fax: +33 4 88 91 90 95
Telex: 401 667 F B562 024 422 R. C. S. Marseille

Consignee
CONSIGNED TO FUYANG FEISISHENG CO., LTD.
SHANGJIANG VILLAGE, CHUNJIANG TOWN
FUYANG CITY, HANGZHOU CHINA

Notify Party
FUYANG FEISISHENG CO., LTD.
SHANGJIANG VILLAGE, CHUNJIANG TOWN
FUYANG CITY, HANGZHOU
CHINA

Pre-Carriage	Place Of Receipt

Ocean Vessel	Voyage No.	Freight Receipt	Freight Payable at
CMA CGM FIDELIO	FA250E	ROTTERDAM	
Port of Loading	**Port of Discharge**	**Final Place of Delivery**	**No. of Original Bill of Lading**
ROTTERDAM	SHANGHAI		THREE

Marks and Nos Container & Seal No.	No. and Kind of Packages	Description of Goods As stated by Shipper	Gross	Tare	Measurement
N/M	250BALES	EUROPE WASTE PAPER CONTRACT NUMBER: AFY0230			
CN.	SN.	BALES	KGS	KGS	CBM
CMAU402478-6	021534	25	25 385.00	3 900	58.00
CMAU402878-4	023225	26	25 830.00	3 900	59.00
TEXU413931-6	023226	26	25 670.00	3 900	58.00
TGHU453304-0	018189	22	22 350.00	3 500	57.00
TRLU459391-4	021641	23	22 995.00	3 500	57.00
CLHU464791-3	018083	25	25 565.00	3 800	59.00
CATU409837-1	018010	25	25 225.00	3 800	59.00
CMAU419661-4	017978	26	26 130.00	3 900	60.00
WFHU408924-2	021693	26	26 130.00	3 900	60.00
CMAU413106-4	023327	26	25 970.00	3 900	60.00
		250BALES	251 250.00KGS		587.00CBM

10 * 40 CONTAINERS, CY/CY
CONTRACT NO. AFY0230

Total No. of Container and /or Packages (in words)	SAY TWO HUNDRED AND FIFTY BALES ONLY

Above particulars declared by shipper and the carrier does not response

RECEIVED by the carrier from the shipper in apparent good order and condition (unless otherwise noted herein) the total number or quantity of Container or other packages or units indicated above stated by the shipper to comprise the cargo a pacified above for transportation subject to all the terms hereof (Including the terms on pages one) from the place of receipt or the port of loading, made on payment of all freight and charges. On presentation of the documents (duly endorsed) to the carrier, by of on behalf of the holder, the rights and liabilities arising in accordance with the terms hereof shall (without prejudices to any rule of common law or statutes rendering them binding upon the shipper, holder and carrier) become binding in all respects between the carrier and the holder as through the contract contained herein of evidence hereby had been made between them. All claims and disputes arising under or in connection with the bill of lading shall be determined by the COURTS of MARSEILLE & the execution of the courts of any other country. In witness where of three (3) originals Bill of Lading, unless otherwise stated above, here been Issued, one of which being accomplished, the others to be void (other terms and conditions of the contract on page one).

Place and Date of Issue		Signed by
ROTTERDAM 27 FEB., 2009		CGM HOLLAND As agent for the Carrier Named above John Philips
On Board Date	**By**	
27 FEB., 2009	CGM HOLLAND	

图 2—4—4 海运提单

三、任务实施

进口货物报关单填写如下：

（1）预录入编号：留空，由上海临港国际物流有限公司填写。

（2）海关编号：留空，由接受申报的海关的计算机系统自动生成。

（3）进口口岸：填写“外港海关 2225”。

（4）备案号：一般贸易情况下留空不填。

（5）进口日期：留空，由上海临港国际物流有限公司填写。

（6）申报日期：填写“2009.03.30”。

（7）经营单位：填写“富阳飞思升纸业有限公司”和“3301963093”。

（8）收货单位：填写“富阳飞思升纸业有限公司”和“3301963093”。

（9）运输方式：填写“水路运输”。

（10）运输工具名称：根据提单的信息填写“CMA CGM FIDELIO/ FA250E”。

（11）提/运单号：根据提单的信息填写“NL1348347”。

（12）贸易方式：填写“一般贸易”。

（13）征免性质：填写“一般征税”。

（14）征税比例：留空不填。

（15）许可证号：留空不填。

（16）起运国（地区）：根据资料填写“荷兰”。

（17）装货港：根据提单信息填写“鹿特丹”。

（18）境内目的地：填写“杭州富阳”。

（19）批准文号：留空不填。

（20）成交方式：填写“CIF”。

（21）运费：因为成交方式是 CIF，所以不填。

（22）保费：因为成交方式是 CIF，所以不填。

（23）杂费：留空不填。

（24）合同协议号：填写“AFY0230”。

（25）件数：根据装箱单上的信息填写“250”。

（26）包装种类：填写“包”。

（27）毛重：根据装箱单上的信息填写“251 250.00”。

（28）净重：根据装箱单上的信息填写“250 000.00”。

（29）集装箱号：从装箱单和海运提单来看，集装箱 10 个，此栏只能填写第一个集装箱的号码（CMAU402478－6）、对应的规格（40）及自重（3 900），剩余的填在“标记唛码及备注”栏目里。

（30）随附单据：根据海关监管条件，废纸的监管条件有三种，即代码为 7＊（自动进口许可证）、A＊（入境货物通关单）和 P＊（固体废物进口批件）三种，在这里优先填写“A＊”，其余两种随附单据填写在“标记唛码及备注”栏里。因为入境通关单在上海临港国际物流有限公司里，所以这里可以先空着，由上海临港国际物流有限公司补充填写（代码见第一篇项目 4 中的表 1—4—4）。

（31）用途：填写“企业自用”。

（32）标记唛码及备注：从发票和装箱单来看，此笔货物无唛头，所以先填写“N/M”，然后再填写剩余的 9 个集装箱号码和另外两种随附单据的代码和号码。在实务中，如果集装箱个数太多，填写不下，可另附页。

（33）项号：填“1”。

（34）商品编号：填写“4707300000”。

（35）商品名称、规格型号：第一行填写商品名称的中文“欧洲废纸”，第二行填写英文“EUROPE WASTE PAPER”。

（36）数量及单位：此笔合同项下成交单位是公吨，法定计量单位是千克，无第二法定计量单位，因此第一行填写“250 000 千克”，第二行填写“***”，第三行填写“250 公吨”。

（37）原产国（地区）：填写“荷兰”。

（38）单价：根据商业发票的信息填写“98”。

（39）总价：根据商业发票的信息填写“24 500.00”。

（40）币制：填写“美元”或货币代码“502”。

（41）征免：与第 12 栏的贸易方式相对应，填写“照章征税”。

后面的各个栏目留空不填，由上海临港国际物流有限公司的报关员和海关的工作人员分别填写。

填好后的报关单如图 2—4—5 所示。此报关单因是供上海临港国际物流有限公司报关参考用，所以有些栏目可以留空不填。

? 训练测试题目

请根据杭州胜康橡胶有限公司的合同 P103188（见图 2—2—3），以及下列相关资料填写进口货物报关单。

品名：三元一丙胶 BUNA EP G 5962

进口日期：2009 年 7 月 25 日　　申报日期：2009 年 7 月 31 日

起运国：德国　　装货港：汉堡

入境口岸：洋山港区 2248　　计量单位：千克

经营单位：杭州胜康橡胶有限公司　　海关 10 位数代码：3301540024

贸易方式：进料加工　　入境货物通关单号码：220203209451298

电子账册号：C29914001025　　货物在加工贸易手册中的项号是 5 号

包装状况：10 个托盘　　集装箱：MSKU2406035/20/1 800

税则号：40027010　　海运费：1 500 美元

毛重：9 319.00 千克　　净重：8 759.00 千克

成交单位：千克　　保险费：50 美元

单价：2.60 美元/千克　　进口数量：8 759 千克

船名与航次：SKAGEN MAERSK / 0907　　提单号：528350453

唛头：SHENCON

RUBBER

P103188

MADE IN GERMANY

GROSS WT

NET WT

中华人民共和国海关出口货物报关单

预录入编号：　　　　　　　　　　　海关编号：

进口口岸 外港海关 2225	备案号	进口日期	申报日期 2009.03.30
经营单位 3301963093 富阳飞思升纸业有限公司	运输方式 水路运输	运输工具名称 CMA CGM FIDELIO / FA250E	提运单号 NL1348347
收货单位 3301963093 富阳飞思升纸业有限公司	贸易方式 一般贸易	征免性质 一般征税	征税比例
许可证号	起运国（地区） 荷兰	装货港 鹿特丹	境内目的地 杭州富阳
批准文号	成交方式 CIF	运费	保费	杂费
合同协议号 AFY0230	件数 250	包装种类 包	毛重（千克） 251 250.00	净重（千克） 250 000.00
集装箱号 CMAU402478-6/40/3 900	随附单据 A＊	用途 企业自用

标记唛码及备注

N/M	CMAU402878-4/40/3 900	
	TEXU413931-6/40/3 900	CATU409837-1/40/3 800
	TGHU453304-0/40/3 500	CMAU419661-4/40/3 900
7＊097012769	TRLU459391-4/40/3 500	WFHU408924-2/40/3 900
P＊09-2000M-201771	CLHU464791-3/40/3 800	CMAU413106-4/40/3 900

项号	商品编号	商品名称、规格类型	数量及单位	原产国（地区）	单价	总价	币制	征免
1	4707300000	欧洲废纸 EUROPE WASTE PAPER	250 000 千克 ＊＊＊ 250 公吨	荷兰	98	24 500.00	美元	照章征税

税费征收情况

录入员　录入单位	兹声明以上申报无讹并承担法律责任	海关审单批注及放行日期（盖章）
报关员		审单　审价
单位地址		征税　统计
邮编　电话	申报单位（签章） 填制日期	查验　放行

图 2—4—5　报关单实例

项目5 进口付汇核销

项目引入

根据我国《贸易进口付汇核销监管暂行办法》的规定，进口单位应当在有关货物进口报关后一个月内向外管局办理核销报审手续。因此，在报关完后一个月内，进口商必须去外管局办理进口付汇核销手续。

学习目标

应知目标

1. 了解我国进口付汇核销的管理范围和进口付汇核销的基本操作程序
2. 熟悉贸易进口付汇核销单的填写内容

应会目标

能够根据资料填写贸易进口付汇核销单

任务　填制贸易进口付汇核销单

★ 知识支撑

一、进口付汇核销及其管理范围

（一）进口付汇核销

进口付汇，主要是配合国家的外汇管理政策，通过“电子底账＋联网核查”的方式，防止不法企业伪造报关单或者利用报关单进行重复付汇。

进口付汇核销单的主要数据来自于进口货物报关单、银行核注结案信息等。

进口付汇核销是以外贸付汇的金额为标准，核对是否有相应的实际货物进口或有其他证明抵冲的一种事后管理措施。核对的依据是海关对相应进口货物的监督情况。进口付汇核销的管理办法是逐笔核销。即一笔进口付汇，对应一套单据资料，办理一次核销手续。

（二）进口付汇核销的管理范围

对于进口贸易项下的进口付汇核销，国家要求：经商务部或其授权单位批准（或登记）的经营进出口业务的企业（包括外商投资企业）/事业单位，以通过银行购汇或从现汇账户支付的方式向境外支付有关进口商品的货款/预付款/尾款等（简称进口付汇），应按照《贸易进口付汇核销监管暂行办法》的规定，办理核销手续。

二、进口付汇核销的基本操作程序

（一）企业登记

未开立经常项目外汇账户的企业凭介绍信/工商营业执照/组织机构代码证/进出口企业资格证（批准证书或备案表）到外管局登记；已开立经常项目外汇的企业凭申请书/进出口经营权备案登记表或相关证明/银行经常项目外汇账户证明办理登记。外管局将企业信息录入贸易进口付汇监管系统。

（二）办理进口付汇备案表

“不在名录”、“异地付汇”和“由外管局审核真实性的进口单位”付汇，则须先持有关材料到外管局办理进口付汇备案手续，领取外管局签发的进口付汇备案表，然后到外汇指定银行办理开证或购/付汇。

（三）银行付汇数据录入

进口单位付汇后，根据银行报送的贸易进口付汇核销单或对外付汇/承诺通知书，外管局将付汇单位的付汇数据录入到贸易进口付汇监管系统中。

（四）办理进口核销手续

进口单位在有关货物报关一个月内到外管局办理进口核销报审手续（货到付款结算方式的进口付汇除外）。

三、进口付汇核销报审手续

进口单位应当在有关货物进口报关后一个月内向外管局办理核销报审手续。在办理核销报审时，对已到货的，进口单位在办理到货报审手续时，须提供下列单据：

（1）进口付汇核销单（如核销单上的结算方式为“货到付款”，则报关单号栏不得为空）。

（2）进口付汇备案表（如核销单付汇原因为“正常付汇”，企业可不提供该单据）。

（3）进口货物报关单正本（如核销单上的结算方式为“货到付汇”，企业可不提供该单据）。

（4）进口付汇到货核销表（一式两份，均为打印件并加盖公司章）。

（5）结汇水单及收账通知单（如核销单付汇原因不为“境外工程使用物资”及“转口贸易”，企业可不提供该单据）。

（6）外管局要求提供的其他凭证、文件。

应如实填写贸易进口付汇到货核销表。对未到货的，填写贸易进口付汇未到货核销表。

四、贸易进口付汇核销单

（一）贸易进口付汇核销单的含义

“贸易进口付汇核销单（代申报单）”（以下简称进口核销单）系指由国家外管局监制、保管和发放，进口单位和银行填写，银行凭以为进口单位办理贸易进口项下的进口付汇核销的凭证。每份进口核销单只能凭以办理一笔售付汇手续。

根据《国际收支统计申报办法实施细则》，进口核销单既用于贸易项下进口付汇核销，又用于国际收支申报统计。

知识链接

进口企业付汇备案分为如下三种。

1. 不在名录备案

企业申请进入“对外付汇进口单位名录”后，外管局向外汇指定银行公布前，此期间若需要对外付汇，进口企业要进行“不在名录”备案。其备案材料有：

(1) 办理备案表的申请报告。

(2) 进口合同。

(3) 不同结算方式下外管局规定的相关单证：信用证项下的开证申请书；托收项下的托收付款通知书；预付货款项下的商业发票或形式发票和外方银行开立的、国内银行核对密押的预付货款保函或备用信用证；货到汇款项下的发票、进口货物报关单。

注：对不在名录企业的备案程序，有些外管局已经取消，而是在企业进行“名录”登记时，即时审核，予以登记，并发给“名录已登记证明”。新登记企业在名录发布之前，即可凭此“已登记证明”，在指定地区的外汇指定银行办理进口付汇业务。

2. 异地付汇备案

进口单位申请在注册地所在省、自治区、直辖市以外的银行付汇时，要进行异地付汇备案，并提供如下备案材料：

(1) 办理备案表的申请报告。

(2) 进口合同。

(3) 委托代理协议（代理项下）。

(4) 不同结算方式下外管局规定的相关单证：信用证项下的开证申请书；托收项下的托收付款通知书；预付货款项下的发票；货到汇款项下的商业发票、提单及进口货物报关单及中国电子口岸操作员 IC 卡。

(5) 针对前述材料应当提供的补充说明材料。

注：开证申请书和托收通知书均需银行加盖公章予以确认。

3. 真实性审核进口付汇备案

须提供如下备案材料：

(1) 办理备案表的申请报告。

(2) 进口合同。

(3) 商业发票或形式发票。

(4) 根据不同结算方式，还须提供：信用证项下的开证申请书；托收项下的托收付款通知书；预付货款项下的商业发票或形式发票和外方银行开立的、国内银行核对密押的预付货款保函或备用信用证；货到汇款项下的商业发票、进口货物报关单。

（二）贸易进口付汇核销单的填制

在填写进口核销单时，应注意各项内容与售付汇情况是否一致。

（1）印单局代码：为印制本核销单的外管局代码（6 位，在申领时已经印就）。

（2）核销单编号：由印制本核销单的外管局自行编制。

（3）单位代码：填写国家技术监督局颁发的组织机构代码。

（4）单位名称：填写申报单位的公司名称。

（5）所在地外管局名称：指付汇单位所在地的外管局名称。

（6）付汇银行名称：通常为进口地银行。

（7）收款人国别：指本笔对外付款的实际收款人常驻国家，即出口国家，如“Japan”。

（8）交易编码：根据本笔对外付汇交易的性质，对应国家外管局国际收支交易编码表（见表 2—5—1）填写。

表 2—5—1　　部分国际收支交易编码

代码	贸易方式	代码	贸易方式
0101	一般贸易	0109	来料加工装配进口的设备
0102	国家间、国际组织无偿援助和赠送的物资	0111	租赁贸易
0103	华侨、港澳台同胞、外籍华人捐赠物资	0112	免税外汇商品
0104	补偿贸易	0113	出料加工贸易
0105	来料加工装配贸易	0114	易货贸易
0106	进料加工装配贸易	0115	外商投资企业进口供加工内销的料、件
0107	寄售代销贸易	0116	其他
0108	边境小额贸易	0201	预付货款

（9）收款人是否保税区：由于进口付汇核销系统的数据是从国际收支申报系统中转化而来的，因此，对保税区的贸易付汇需要在国际收支申报系统中进行录入，如果“收款人是否保税区”选择“是”，收款人国别则为“中国”。

（10）进口商品名称：填写进口商品的名称，与报关单上一致。

（11）对外付汇币种：应按币种的英文缩写填写，如 USD。

（12）对外付汇总额、折美元总额，购汇金额、现汇金额、其他方式金额：应用阿拉伯数字填写。

（13）人民币账号、外汇账号：如所付款项系从现汇账户中支出，则在“外汇账号”栏填写该现汇账户的账号；如所付款项系从银行购得的外汇，则在“人民币账号”栏填写其用于购汇的人民币账户的账号。

（14）付汇性质：应选择适当的付汇性质打“×”。其中，“正常付汇”系指除“不在名录”、“90 天以上信用证”、“90 天以上托收”、“异地付汇”、“90 天以上到货”、“转口贸易”、“境外工程使用物资”、“真实性审查”以外，无须办理进口付汇备案业务的付款业务；“90 天以上信用证”及“90 天以上托收”均系指付汇日期距承兑日期在 90 天以上的对外付汇业务；除“正常付汇”之外的各付汇性质，在标注“×”时，均须对应填写备案表编号。

（15）预计到货日期：填写货物到港的日期。

（16）进口批件号：如有进口批件号，则填写相应的进口批件的号码。

（17）合同/发票号：填写合同号和发票号。

（18）结算方式：应选择适当的结算方式打“×”。其中，“90 天以内信用证”、“90 天以内托收”的付汇日期距该笔付汇的承兑日期均小于90天且含90天；“90天以上信用证”、“90天以上托收”的付汇日期距该笔付汇的承兑日期均大于90天。

（19）汇款：如果结算方式为“货到付汇”，则要填写相对应的“报关单号”、“报关日期”、“报关单币种”、“金额”。如果结算方式为“正常付汇”或“预付货款”，则不用填写上述内容。

（20）付汇日期：按照实际情况填写。

其他各栏均应按栏目提示对应填写，空白贸易进口付汇核销单见图2—5—1。

贸易进口付汇核销单（代申报单）

（1）印单局代码　　　　（2）核销单编号

（3）单位代码　　（4）单位名称　　（5）所在地外管局名称

（6）付汇银行名称　　（7）收款人国别　　（8）交易编码

（9）收款人是否保税区　是□　否□　　（10）进口商品名称

（11）对外付汇币种　　（12）对外付汇总额　　折美元总额

其中：购汇金额　　现汇金额　　其他方式金额

（13）人民币账号　　外汇账号

（14）付汇性质

□正常付汇

□不在名录　□90天以上信用证　□90天以上托收　□异地付汇

□90天以上到货　□转口贸易　□境外工程使用物资　□真实性审查

备案表编号

（15）预计到货日期　　（16）进口批件号　　（17）合同/发票号

（18）结算方式

信用证　90天以内□　90天以上□　承兑日期　/　/　付汇日期　/　/　期限　天

托收　90天以内□　90天以上□　承兑日期　/　/　付汇日期　/　/　期限　天

（19）汇款

预付货款□　货到付汇（凭报关单付汇）□　付汇日期

报关单号　报关日期　报关单币种　金额

报关单号　报关日期　报关单币种　金额

报关单号　报关日期　报关单币种　金额

报关单号　报关日期　报关单币种　金额

报关单号　报关日期　报关单币种　金额

（若报关单填写不完，可另附纸）

其他□

（20）付汇日期

以下由付汇银行填写

申报号码：

业务编号：

（付款银行签章）

审核日期

进口单位（签章）

图2—5—1　贸易进口付汇核销单

五、贸易进口付汇到货核销表

贸易进口付汇到货核销表（见图 2—5—2）是指由外管局规定格式，进口单位如实逐月填写上报，按年汇总进口付汇到货核销情况的核销报审表。

年　月贸易进口付汇到货核销表

进口单位名称：　　　　进口单位编号：　　　　核销单编号：

付汇情况							报关到货情况								
序号	核销单号	备案表号	付汇币种金额	付汇日期	结算方式	付汇银行名称	应到货日期	报关单号	到货企业名称	报关币种金额	报关日期	与付汇差额		凭报关单付汇	备注
												退汇	其他		

付汇合计笔数：	付汇合计金额：	到货报关合计笔数：	到货报关合计金额：	退汇合计金额：	凭报关单合计金额：
至本月累计笔数：	至本月累计金额：	至本月累计笔数：	至本月累计金额：	至本月累计金额：	至本月累计金额：

填表人：　　　　负责人：　　　　填表日期：

联系电话：　　　　本核销表内容无讹。

（进口单位签章）

注：

1. 本表一式两联，第一联外管局留存，第二联进口单位留存；
2. 付汇金额与报关进度有差额的，应勾选余额是否留用，不留用的在备注栏注明“核销结案”字样；
3. 属“境外工程使用物资”、“转口贸易”核销的，“最迟装运期”填写实际收汇日期；
4. 报关单号填写进口货物报关单的“预录入编号”。

图 2—5—2　贸易进口付汇到货核销表

贸易进口付汇到货核销表的填写内容主要是付汇情况、报关到货情况两大栏，具体的填写方法如下：

（1）付汇情况：核销单号、备案表号（在外管名录除外）、付汇币种金额、付汇银行名称、结算方式、付汇日期，根据核销单的信息填写。

（2）报关到货情况：报关单号（预录入编号）、报关日期、报关币种金额、到货企业

（收货单位）名称、凭报关单付汇、备注，根据报关单上的信息填写。

工作任务实训

一、任务情境

富阳飞思升纸业有限公司于 2009 年 4 月 20 日收到了上海临港国际物流有限公司寄来的正本报关单（核销联），根据《贸易进口付汇核销监管暂行办法》的规定，进口单位应当在有关货物进口报关后一个月内向外管局办理核销报审手续。付款方式为提单日后 60 天，提单日期为 2 月 27 日，因此，单证员凌晓婷准备好相关的资料（报关单、商业发票、合同），于 4 月 28 日去中国银行浙江分行办理付汇手续。

其他相关资料：

印单局代码：330000　　核销单号码：70029674

单位代码：609231794　　贸易方式：一般贸易

交易编码：0101　　购汇、付汇金额：24 500 美元

人民币账号：601381034568966　　到货日期：2009 年 3 月 25 日

合同号码：AFY0230　　发票号码：29018

固体废物进口许可证：09-2000M-201771　　自动进口许可证号：097012769

付汇日期：2009 年 4 月 28 日　　报关单号：968104106011

注：分批装运的贸易进口核销需要分批核销

二、工作任务

单证员凌晓婷提供相关信息给公司财务人员，以供公司财务办理进口付汇核销手续。

三、任务实施

第 1、2 栏：印单局代码和核销单编号在申领时已经印好，不用进口企业填写。

第 3、4 栏：如实填写单位代码和单位名称。

第 5 栏：填写要去付汇核销的外管局的名称“杭州市外汇管理局”。

第 6 栏：付汇银行，填写“中国银行浙江分行”。

第 7 栏：收款人国别，填写出口国的国别“荷兰”。

第 8 栏：一般贸易，填写其代码“0101”。

第 9 栏：收款人是否保税区，在“否”后的□内打“×”。

第 10 栏：进口商品名称，根据交易性质填写“欧洲废纸”，这里的商品可以用统称。

第 11、12 栏：对外付汇币种，选择交易的货币名称及付汇的总额，根据交易的实际情况填写。

第13栏：人民币账号，填写富阳飞思升纸业有限公司在中国银行浙江分行的账号。

第14栏：付汇性质，因此笔交易属于正常付汇，所以选择“正常付汇”，备案表编号不用填写。

第15栏：预计到货日期，根据实际日期填写。

第16栏：因废纸的进口需要固体废物进口许可证和自动进口许可证两种进口批件，所以填写两种证件的号码。

第17栏：填写此笔交易的合同号和发票号码。

第18栏：此笔交易的结算方式为远期（提单日后60天）信用证付款，所以选择“信用证”和“90天以内”。

第19栏：因此笔交易是正常付汇，所以汇款这栏不用填写。

第20栏：填写“2009年4月28日”。

剩下的栏目由付汇银行填写。

填好的单据样本见图2—5—3。

贸易进口付汇核销单一式三联，填写完毕后交付汇银行审核，审核盖章后留存第三联作备查。

填好的贸易进口付汇到货核销表见图2—5—4。

知识链接

根据国家外汇管理局2012年第1号公告，自2012年8月1日起，货物贸易外汇管理制度改革后，进口付汇核销手续简化，进口企业只要凭进口报关单（进口付汇证明联）或合同或发票再填写“对外付款/承兑通知书”（见图2—5—5，信用证结算与进口托收结算方式下用“对外付款/承兑通知书”，TT结算方式下用境外汇款申请书，见图2—5—6）交给银行即可完成进口付汇核销手续。

训练测试题目

杭州胜康橡胶有限公司于2009年7月15日收到了德国LANXESS DEUTSCHLAND GMBH寄来的全套议付单据，经审核无误，于7月18日向中国银行杭州支行申请付汇。请根据下列信息填写贸易进口付汇核销单。

单位代码：455897325　　印单局代码：330000
交易编码：0101　　单位代码：609231794
核销单号码：95352170　　贸易方式：进料加工
付汇银行：中国银行杭州支行　　购汇、付汇金额：22 773.40美元
商品名称：三元一丙胶　　人民币账号：456353763106236
付款方式：即期信用证　　合同号：P103188
预计到货日期：2009年7月25日　　付汇日期：2009年7月18日

发票号：834900186

贸易进口付汇核销单（代申报单）

印单局代码 **330000**　　　　核销单编号 **70029674**

单位代码 609231794	单位名称 富阳飞思升纸业有限公司	所在地外管局名称 杭州市外汇管理局
付汇银行名称　中国银行浙江分行	收款人国别　荷兰	交易编码　0101
收款人是否保税区　是□ 否☒	进口商品名称　欧洲废纸	
对外付汇币种　美元 其中：购汇金额　USD24 500.00 人民币账号　601381034568966	对外付汇总额　USD24 500.00 现汇金额 外汇账号	折美元总额　USD24 500.00 其他方式金额
付汇性质		
☒正常付汇 □不在名录　□90天以上信用证　□90天以上托收　□异地付汇 □90天以上到货　□转口贸易　□境外工程使用物资　□真实性审查 备案表编号		
预计到货日期　2009年3月25日	进口批件号　097012769 09-2000M-201771	合同/发票号　AFY0230/29018
结算方式		
信用证　90天以内☒　90天以上□　承兑日期　/　/　付汇日期　/　/　期限　天		
托收　90天以内□　90天以上□　承兑日期　/　/　付汇日期　/　/　期限　天		
汇款　预付货款□　货到付汇（凭报关单付汇）□　付汇日期 报关单号　报关日期　报关单币种　金额 报关单号　报关日期　报关单币种　金额 报关单号　报关日期　报关单币种　金额 报关单号　报关日期　报关单币种　金额 报关单号　报关日期　报关单币种　金额 （若报关单填写不完，可另附纸）		
其他□ 付汇日期　2009年4月28日		
以下由付汇银行填写 申报号码： 业务编号： （印章：富阳飞思升纸业有限公司） （付款银行签章） 审核日期		

进口单位（签章）

图2—5—3　贸易进口付汇核销单实例

2009 年 4 月贸易进口付汇到货核销表

进口单位名称：富阳飞思升纸业有限公司　　进口单位编号：609231794　　核销单编号：70029674

付汇情况							报关到货情况								
序号	核销单号	备案表号	付汇币种金额	付汇日期	结算方式	付汇银行名称	应到货日期	报关单号	到货企业名称	报关币种金额	报关日期	与付汇差额		凭报关单付汇	备注
												退汇	其他		
1	70029674		24 500美元	4月28日	信用证	浙江省中行	3月25日	968104106011	富阳飞思升纸业有限公司	24 500美元	3月30日				

付汇合计笔数：1 至本月累计笔数：1	付汇合计金额：USD24 500.00 至本月累计金额：USD24 500.00	到货报关合计笔数：1 至本月累计笔数：1	到货报关合计金额：USD24 500.00 至本月累计金额：USD24 500.00	退汇合计金额： 至本月累计金额：	凭报关单合计金额： 至本月累计金额：

填表人：凌晓婷　　负责人：　　填表日期：2009 年 4 月 28 日

联系电话：0571-23266789　　本核销表内容无讹。

（进口单位签章）　富阳飞思升纸业有限公司

注：
1. 本表一式两联，第一联外管局留存，第二联进口单位留存；
2. 付汇金额与报关进度有差额的，应勾选余额是否留用，不留用的在备注栏注明“核销结案”字样；
3. 属“境外工程使用物资”、“转口贸易”核销的，“最迟装运期”填写实际收汇日期；
4. 报关单号填写进口货物报关单的“预录人编号”。

图 2—5—4　贸易进口付汇到货核销表实例

对外付款/承兑通知书

银行业务编号（1）

日期（2）

结算方式	（3）□信用证 □保函 □托收 □其他	信用证/保函编号	（4）
来单币种及金额	（5）	开证日期	（10）
索汇币种及金额	（6）	期限	（11）
来单行名称	（7）	来单行编号	（12）
收款人名称	（8）		
收款行名称及地址	（9）		
付款人名称	（13）		

□对公组织机构代码	□□□□□□□□□—□	□对私	个人身份证件号码
扣费币种及金额	（14）		□中国居民个人 □中国非居民个人
合同号	（15）	发票号	（16）
提运单号	（17）	合同金额	（18）

银行附言（19）

上述信用证项下单据已到，按照信用证条款和国际商会《跟单信用证统一惯例》（2007 年修订）第 600 号出版物规定，我行正在审核。

如单证相符，我行将按规定对外承兑/付款；如单证不一，我行将另行通知。

请贵公司准备资金，或保证指定账户余额足以支付。

单据清单如下：

申报号码	（20）	实际付款币种及金额	（21）
付款编号	（22）	若为购汇支出，则购汇汇率	（23）
收款人常驻国家（地区）名称及代码	（24） □□□	是否为进口核查项下付款	（25）□是 □否
是否为预付款	（26）□是 □否　最迟装运日期 （27）	外管局批件/登记表号	（28）

付款币种及金额		（29）	金额大写	（31）
其中（30）	购汇金额		账　号	（32）
	现汇金额		账　号	
	其他金额		账　号	

交易编码（33）	□□□□□□ □□□□□□	相应币种及金额	（34）	交易附言	（35）

□同意即期付款 □同意承兑并到期付款 □申请拒付 联系人及电话 （36） 申报日期	付款人印鉴（银行预留印鉴） （37）	银行业务章 （38） 经办　复核

图 2—5—5　对外付款/承兑通知书

境外汇款申请书
APPLICATION FOR FUNDS TRANSFERS (OVERSEAS)

致
TO:

日期
Date

	□ 电汇 T/T □ 票汇 D/D □ 信汇 M/T	发电等级 Priority □ 普通 Normal □ 加急 Urgent	
申报号码 BOP Reporting No.	□□□□□□ □□□□ □□ □□□□□□ □□□□		
20 银行业务编号 Bank Transac. Ref. No.		收电行/付款行 Receiver / Drawn on	
32A 汇款币种及金额 Currency & Interbank Settlement Amount		金额大写 Amount in Words	
现汇金额 Amount in FX		账号 Account No. /Credit Card No.	
购汇金额 Amount of Purchase		账号 Account No. /Credit Card No.	
其他金额 Amount of Others		账号 Account No. /Credit Card No.	
50a 汇款人名称及地址 Remitter's Name & Address			
□对公组织机构代码 Unit Code	□□□□□□□□—□	□ 对私	个人身份证件号码 Individual ID NO. □中国居民个人 Resident Individual □中国非居民个人 Non-Resident Individual
54/56a 收款银行之代理行名称及地址 Correspondent of Beneficiary's Bank Name & Address			
57a 收款人开户银行名称及地址 Beneficiary's Bank Name & Address	收款人开户银行在其代理行账号 Bene's Bank A/C No.		
收款人名称及地址 Beneficiary's Name & Address	收款人账号 Bene's A/C No.		
70 汇款附言 Remittance Information	只限 140 个字位 Not Exceeding 140 Characters	71A 国内外费用承担 All Bank's Charges If Any Are To Be Borne By □汇款人 OUR □收款人 BEN □共同 SHA	

收款人常驻国家（地区）名称及代码 Resident Country/Region Name & Code					□□□
请选择：□ 预付货款 Advance Payment □ 货到付款 Payment Against Delivery □ 退款 Refund □ 其他 Others			最迟装运日期		
交易编码 BOP Transac. Code	□□□□□□ □□□□□□	相应币种及金额 Currency & Amount		交易附言 Transac. Remark	
是否为进口核销项下付款		□ 是 □ 否	合同号	发票号	
外管局批件/备案表号			报关单经营单位代码	□□□□□□□□□□	
报关单号		报关单币种及总金额		本次核注金额	
报关单号		报关单币种及总金额		本次核注金额	
银行专用栏 For Bank Use Only		申请人签章 Applicant's Signature		银行签章 Bank's Signature	

<table>
<tr><td>购汇汇率
Rate</td><td></td><td rowspan="6">请按照贵行背页所列条款代办以上汇款并进行申报
Please Effect The Upwards Remittance, Subject To The Conditions Overleaf.

申请人姓名
Name of Applicant
电话
Phone No.</td><td rowspan="6">核准人签字
Authorized Person
日期
Date</td></tr>
<tr><td>等值人民币
RMB Equivalent</td><td></td></tr>
<tr><td>手续费
Commission</td><td></td></tr>
<tr><td>电报费
Cable Charges</td><td></td></tr>
<tr><td>合计
Total Charges</td><td></td></tr>
<tr><td>支付费用方式
In Payment of the Remittance</td><td>□ 现金 by Cash
□ 支票 by Check
□ 账户 from Account</td></tr>
<tr><td>核印 Sig. Ver.</td><td></td><td>经办 Maker</td><td>复核 Checker</td></tr>
</table>

图 2—5—6　境外汇款申请书

参考文献

1. 龚玉和，齐朝阳．外贸单证解惑280例．北京：中国海关出版社，2009.

2. 国家质检总局报检员资格考试委员会．报检员资格全国统一考试教材．北京：中国标准出版社，2012.

3. 海关总署报关员资格考试教材编写委员会．报关员资格全国统一考试教材．北京：中国海关出版社，2012.

4. 曾美艳．国际商务单证操作能力训练．天津：天津大学出版社，2009.

5. 全国国际商务单证专业培训考试办公室．国际商务单证理论与实务．北京：中国商务出版社，2012.

6. 中国国际贸易学会商务专业培训考试办公室．外贸业务理论与实务．北京：中国商务出版社，2012.

7. 余世明．国际商务单证实务．广州：暨南大学出版社，2009.

8. 王胜华．国际商务单证操作实训教程．重庆：重庆大学出版社，2008.

9. 刘春林，严美姬．外贸单证制作实训教程．上海：华东师范大学出版社，2008.

10. 中国国际货运代理协会．国际货运代理理论与实务．北京：中国商务出版社，2007.

11. 李秀华．货代作业实务．北京：机械工业出版社，2007.

12. 童宏祥．新编外贸单证实务．上海：华东理工大学出版社，2007.

13. 徐伟．报关实务．北京：中国商务出版社，2006.

14. 肖玉珍．国际结算与外贸单证．长沙：国防科技大学出版社，2006.

15. 王莉等．进出口业务单证操作手册．广州：广东经济出版社，2005.

16. 安徽．国际贸易实务教程．北京：北京大学出版社，2005.

17. 卓乃坚．国际贸易支付与结算及其单证实务．上海：东华大学出版社，2005.

18. 李元旭，吴国新．国际贸易单证实务．北京：清华大学出版社，2005.

图书在版编目(CIP)数据

进出口单证实务/芮宝娟主编．—2版．—北京：中国人民大学出版社，2012.10
21世纪高职高专规划教材．国际经济与贸易系列
ISBN 978-7-300-16363-5

Ⅰ．①进… Ⅱ．①芮… Ⅲ．①进出口贸易-原始凭证-高等职业教育-教材 Ⅳ．①F740.44

中国版本图书馆CIP数据核字（2012）第229514号

浙江省重点教材建设项目
21世纪高职高专规划教材·国际经济与贸易系列
进出口单证实务（第二版）
主　编　芮宝娟
副主编　齐朝阳　朱惠茹　张娴

出版发行　中国人民大学出版社
社　　址　北京中关村大街31号　　邮政编码　100080
电　　话　010-62511242（总编室）　010-62511398（质管部）
　　　　　010-82501766（邮购部）　010-62514148（门市部）
　　　　　010-62515195（发行公司）　010-62515275（盗版举报）
网　　址　http://www.crup.com.cn
　　　　　http://www.ttrnet.com(人大教研网)
经　　销　新华书店
印　　刷　北京密兴印刷有限公司　　版　　次　2010年3月第1版
规　　格　185 mm×260 mm　16开本　　　　　　2013年1月第2版
印　　张　18.5　　印　　次　2014年7月第2次印刷
字　　数　438 000　　定　　价　35.00元

教师信息反馈表

为了更好地为您服务，提高教学质量，中国人民大学出版社愿意为您提供全面的教学支持，期望与您建立更广泛的合作关系。请您填好下表后以电子邮件或信件的形式反馈给我们。

您使用过或正在使用的我社教材名称		版次	
您希望获得哪些相关教学资料			
您对本书的建议（可附页）			
您的姓名			
您所在的学校、院系			
您所讲授课程名称			
学生人数			
您的联系地址			
邮政编码		联系电话	
电子邮件（必填）			
您是否为人大社教研网会员	□ 是，会员卡号：________ □ 不是，现在申请		
您在相关专业是否有主编或参编教材意向	□ 是 □ 否 □ 不一定		
您所希望参编或主编的教材的基本情况（包括内容、框架结构、特色等，可附页）			

我们的联系方式：北京市海淀区中关村大街 31 号
中国人民大学出版社教育分社
邮政编码：100080
电话：010-62515912
网址：http://www.crup.com.cn/jiaoyu
E-mail：cruplya@126.com